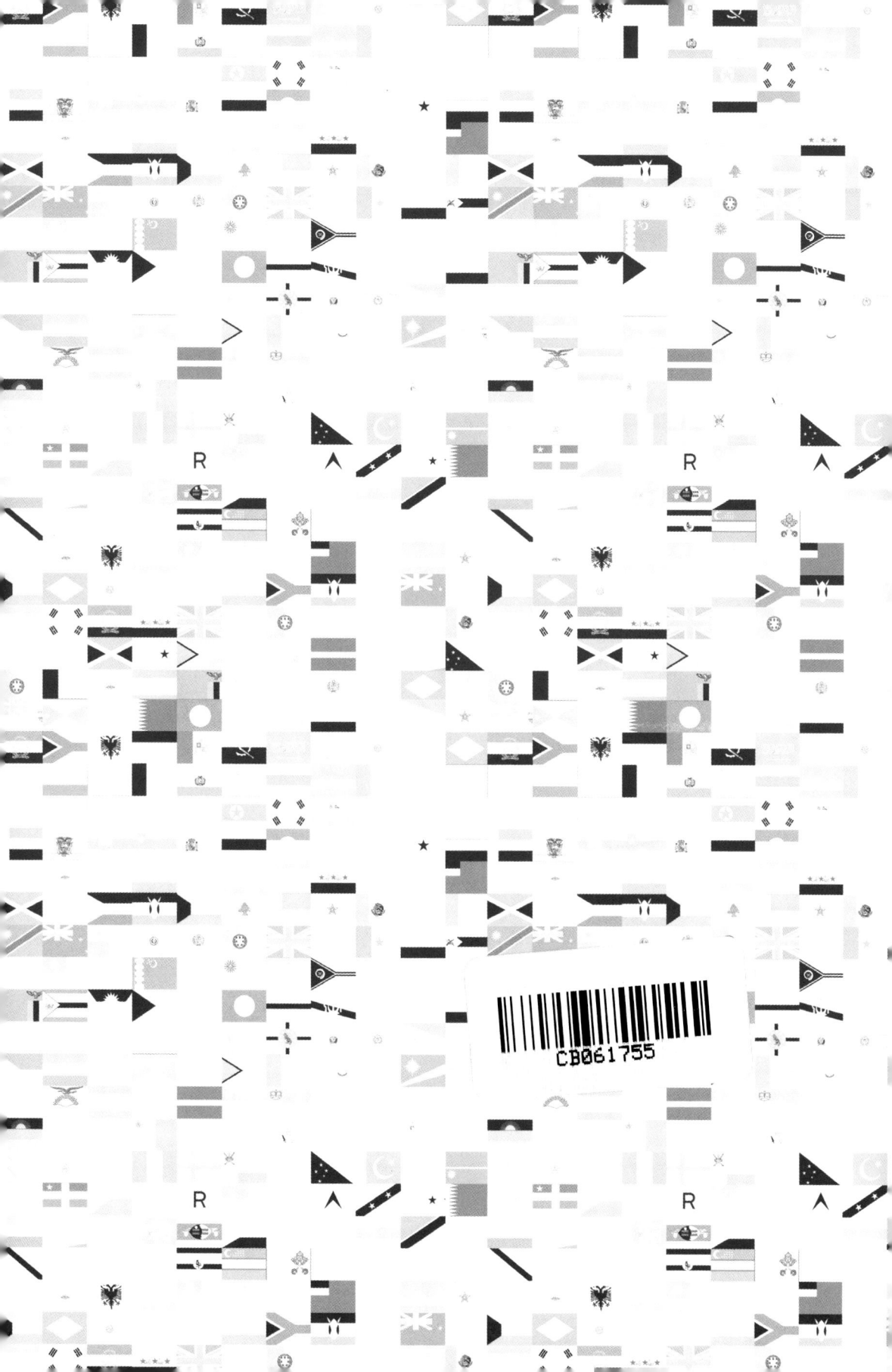

hinos
detodosospaísesdomundo

TIAGO JOSÉ BERG

Copyright © 2008 Tiago José Berg

Supervisão editorial :: MARCELO DUARTE
Assistente editorial :: TATIANA FULAS
Capa e projeto gráfico :: MARINA MATTOS e RAQUEL MATSUSHITA | Entrelinha Design
Diagramação :: MARCEL URSINI | Entrelinha Design
Revisão :: ALEXANDRA COSTA e TELMA BAEZA G. DIAS

CIP – BRASIL. CATALOGAÇÃO NA FONTE
SINDICATO NACIONAL DOS EDITORES DE LIVROS, RJ

Berg, Tiago José
   Hinos de todos os países do mundo / Tiago José Berg. – 1ª ed.
São Paulo : Panda Books, 2008.

1. Hinos nacionais. I. Título.

08-0924.	CDD: 781.599
	CDU: 784.71

2008
Todos os direitos reservados à
Panda Books
Um selo da Editora Original Ltda.
Rua Lisboa, 502 – 05413-000 – São Paulo – SP
Tel.: (11) 3088-8444 – Fax: (11) 3063-4998
edoriginal@pandabooks.com.br
www.pandabooks.com.br

Para meus pais, José Carlos e Luzia Cristina,
e minha irmã, Patrícia Camila.

Sumário

11 *Apresentação*
13 Afeganistão
15 África do Sul
17 Albânia
18 Alemanha
19 Andorra
20 Angola
21 Antígua e Barbuda
23 Arábia Saudita
24 Argélia
26 Argentina
27 Armênia
29 Austrália
31 Áustria
33 Azerbaijão
34 Bahamas
35 Bangladesh
37 Barbados
39 Barein
40 Belarus
42 Bélgica
44 Belize
46 Benin
48 Bolívia
49 Bósnia-Herzegovina
50 Botsuana
51 Brasil
54 Brunei
55 Bulgária
56 Burquina Fasso
59 Burundi
61 Butão
62 Cabo Verde
63 Camarões
66 Camboja
68 Canadá
70 Catar
71 Cazaquistão
72 Chade
73 Chile
74 China (República Popular)
75 Chipre
76 Cingapura
77 Colômbia
78 Comores
80 Congo (República)
82 Congo (República Democrática)
84 Coréia do Norte
85 Coréia do Sul
86 Costa do Marfim
87 Costa Rica
88 Croácia
90 Cuba
91 Dinamarca
93 Djibuti
94 Dominica
96 Egito
97 El Salvador
98 Emirados Árabes Unidos
99 Equador
100 Eritréia
101 Eslováquia
102 Eslovênia
103 Espanha
104 Estados Unidos
107 Estônia

108	Etiópia	161	Lesoto
109	Fiji	162	Letônia
111	Filipinas	163	Líbano
113	Finlândia	165	Libéria
115	França	167	Líbia
117	Gabão	168	Liechtenstein
119	Gâmbia	169	Lituânia
120	Gana	170	Luxemburgo
122	Geórgia	171	Macedônia
123	Granada	172	Madagascar
124	Grécia	173	Malásia
125	Guatemala	174	Malauí
126	Guiana	176	Maldivas
128	Guiné	177	Mali
129	Guiné-Bissau	179	Malta
131	Guiné Equatorial	180	Marrocos
132	Haiti	181	Maurício
134	Holanda (Países Baixos)	182	Mauritânia
136	Honduras	184	México
138	Hungria	186	Mianmá
139	Iêmen	187	Micronésia
140	Ilhas Marshall	188	Moçambique
141	Ilhas Salomão	190	Moldávia
142	Índia	192	Mônaco
143	Indonésia	193	Mongólia
144	Irã	194	Montenegro
145	Iraque	195	Namíbia
147	Irlanda	196	Nauru
149	Islândia	197	Nepal
150	Israel	198	Nicarágua
151	Itália	199	Níger
153	Jamaica	201	Nigéria
154	Japão	202	Noruega
155	Jordânia	204	Nova Zelândia
156	Kiribati	208	Omã
158	Kuait	209	Palau
160	Laos	211	Panamá

213	Papua Nova Guiné	264	Timor Leste
214	Paquistão	265	Togo
215	Paraguai	266	Tonga
216	Peru	267	Trinidad e Tobago
217	Polônia	268	Tunísia
218	Portugal	269	Turcomenistão
220	Quênia	271	Turquia
222	Quirguistão	272	Tuvalu
223	Reino Unido	273	Ucrânia
225	República Centro-Africana	274	Uganda
226	República Dominicana	275	Uruguai
227	República Tcheca	276	Uzbequistão
228	Romênia	277	Vanuatu
230	Ruanda	278	Vaticano
232	Rússia	280	Venezuela
234	Samoa	282	Vietnã
235	San Marino	284	Zâmbia
236	Santa Lúcia	286	Zimbábue
237	São Cristóvão e Névis	289	*Fatos e curiosidades*
238	São Tomé e Príncipe	293	*Índice de compositores e autores de hinos nacionais*
240	São Vicente e Granadinas		
241	Seicheles	299	*Referências bibliográficas*
242	Senegal		
244	Serra Leoa		
246	Sérvia		
248	Síria		
249	Somália		
250	Sri Lanka		
252	Suazilândia		
253	Sudão		
254	Suécia		
255	Suíça		
259	Suriname		
260	Tailândia		
261	Taiwan (República da China)		
262	Tajiquistão		
263	Tanzânia		

Apresentação
:: TIAGO JOSÉ BERG

Hinos são símbolos patrióticos oficiais – canções que despertam o sentimento de identidade nacional; signos que mantêm uma relação especial com as nações que representam. Enquanto as bandeiras e os brasões de armas portam-se como os ícones visuais de um determinado país, os hinos nacionais apresentam-se como os ícones musicais da nacionalidade.

Ao cantarmos um hino criamos uma identidade coletiva em que experimentamos magicamente a nação em nós mesmos; não importa que as palavras sejam enfáticas ou triviais, que a música seja pretensiosa ou simplória. A consonância provocada pelo hino torna a pátria mais próxima, mais acessível ao nosso imaginário através de sua representação.

A pátria adquire forma, configura-se no amor cantado a ela pelos atributos maternais, militares, naturais, monárquicos, divinos; complementarmente, com traços de exaltação à independência e à idéia de liberdade, na defesa de sua honra e glória.

Delineando um capítulo recente dentro da história do simbolismo coletivo e da própria humanidade, os hinos nacionais surgiram com esse *status* no final do século XVIII, quando, com a formação dos primeiros estados nacionais modernos, passaram a figurar como elementos acessórios em um período de expansão do nacionalismo e das idéias de identidade e soberania. Presentes nas cerimônias políticas, diplomáticas, nos eventos esportivos (em especial nas Olimpíadas e Copas do Mundo); executados em rádios, cinemas, teatros, cerimônias políticas, festivais e paradas militares, os hinos nacionais atualmente promovem em sua solenidade o conhecimento e o respeito mútuos entre os povos no cotidiano da "família das nações".

Organizar os hinos de todos os países do mundo não é uma tarefa considerada simples *a priori*. Hoje, a grande diversidade no quadro geopolítico e as realidades distintas vividas por quase duas centenas de estados nacionais independentes revelam as dificuldades de inventariar informações precisas sobre todos os hinos nacionais, suas origens e suas constantes mudanças; por esse motivo, me baseei nas poucas fontes disponíveis, principalmente na bibliografia estrangeira relatada, nas representações diplomáticas e nos sites governamentais e fóruns específicos sobre o assunto.

Apesar do que o título possa inicialmente prometer, nesta obra me restringi apenas a apresentar os hinos nacionais de 194 países reconhecidamente independentes ao longo do mundo. A despeito de muitas nações em busca da independência, de territórios e dependências possuírem canções com o *status* de "nacional" e serem dignas de figurar nesta categoria, procurarei abordá-las em uma futura publicação, que melhor atenda às demais entidades internacionais.

Além da organização em ordem alfabética, com o nome usual do país, apresento uma pequena história sobre a origem do hino de cada nação, buscando situar o leitor no contexto em que ele foi elaborado e adotado. Também me dei ao trabalho de traduzir e interpretar grande parte dos hinos nacionais presentes neste livro devido à grande dificuldade de encontrar traduções acuradas em língua portuguesa para a maioria das letras, fato este que procurei enfatizar em minhas interpretações nas traduções realizadas. Gostaria de esclarecer que as traduções que me foram enviadas estão referenciadas com sua devida autoria (quando mencionadas) e que as letras em que não encontrei a origem da tradução foram creditadas às representações diplomáticas[1] que gentilmente me cederam a versão de seu hino em língua portuguesa. Nas nações que não possuem a letra original do hino em alfabeto latino, procurei apresentá-las na versão fonética romanizada, de forma a propiciar o entendimento do leitor na oportunidade de futuramente acompanhar o hino cantado. No final do livro apresento um quadro de curiosidades que possam enriquecer as informações a respeito dos autores e compositores de cada hino nacional.

Aproveito a oportunidade para agradecer primeiramente a meus pais e à minha irmã pelo imensurável apoio recebido nestes quase dez anos em que iniciei minha pesquisa, um caminho que moldou meu caráter e me levou a conhecer novos mundos. Manifesto igualmente o meu agradecimento a todas as embaixadas, consulados e demais representações diplomáticas no Brasil e no exterior com os quais me correspondi e que nobremente me enviaram informações e sugestões a respeito de seus símbolos patrióticos.

Caso o leitor ou diplomata disponha de informações diferentes a respeito das fontes, datas e traduções apresentadas ao longo das próximas páginas, pode enviá-las para o e-mail disponibilizado na orelha da capa deste livro, para que sejam atualizadas em uma futura edição. Gostaria de salientar que, insistentemente, busquei fontes confiáveis, e que (se por infelicidade) qualquer omissão ocorreu, esta seja creditada à dificuldade que tive de encontrar tais informações.

Finalmente, espero que esta obra possa proporcionar ao leitor uma forma curiosa e profícua de conhecer as nações do mundo, servindo também como uma fonte de pesquisa e referência para ampliar o enriquecimento intelectual, acadêmico e cultural, além de possibilitar uma nova visão sobre o tema "hinos nacionais".

---

[1] A maioria das traduções é de caráter "não-oficial".

AFEGANISTÃO

A República Islâmica do Afeganistão já mudou por cinco vezes o seu hino nacional desde 1926. Entre 1999 e 2002 o país não possuía um hino oficial, pois o governo, sob comando do regime do *Taliban*,[1] proibia qualquer manifestação musical. A recente Constituição afegã de 2004 já indicava a escolha de novos símbolos nacionais e o presente hino foi adotado em maio de 2006, com letra do poeta local Abdul Bari Jahani (1948-), acompanhado da música composta por Babrak Wasa (1948-).

HINO

Daa watan Afghanistan di
Daa ezzat de har afghan di
Kor de soli kor de tori
Har bachi ye qahraman di.

Daa watan di tolo kor di
De balocho, de uzbako
De pashtoon aw hazarwoo
De turkmano de tajeko
Worsara arab, gojar di
Pamirian, noristanian
Barahawi di, qizilbash di
Ham aimaq, ham pashaiyean.

TRADUÇÃO :: TIAGO JOSÉ BERG

Esta terra é o Afeganistão,
Ela é o orgulho de todo afegão,
A terra da paz, a terra da espada,
Onde seus filhos são todos bravos.

Este é o país de todas as tribos,
A terra dos baluches[2] e uzbeques,[3]
Pashtuns[4] e hazaras,[5]
Turcomenos[6] e tajiques,[7]
Com eles, árabes[8] e gojares,[9]
Pamirians,[10] nuristanes,[11]
Barahawis[12] e qizilbashes,[13]
Também os aimaq[14] e pashayes.[15]

---

1 O *Taliban* foi um movimento estudantil afegão, de fundamentalismo religioso, fundado em 1989, que ganhou força militar no início da década de 1990 e assumiu o poder no país entre 1996 e 2001.
2 O povo baluche é significativo no Sul do Paquistão, Afeganistão e Irã.
3 Este povo de origem túrquica habita o Norte do Afeganistão.
4 Grupo etno-lingüístico que habita o Paquistão e o Sudeste afegão.
5 Este grupo étnico habita as diversas regiões montanhosas do Afeganistão, chamadas Hazaristão.
6 Povos de origem túrquica que habitam o Nordeste do Afeganistão.
7 Este povo de origem persa vive no Norte do Afeganistão.
8 Os árabes são outro grupo que coabita diversas regiões afegãs.
9 Este povo habita a província de Ghor, no Oeste do Afeganistão.
10 Habitantes das Montanhas Pamir, no extremo Nordeste do Afeganistão.
11 Habitantes da província afegã de Nuristan, no Nordeste do país.
12 Etnia que coabita diversas regiões afegãs.
13 Povos de descendência túrquica; habitam as áreas próximas à capital, Cabul.
14 Tribos nômades que habitam os planaltos centrais do Afeganistão.
15 A tribo *pahaye* vive no Norte da província afegã de Nangarhar, na divisa com o Paquistão.

Daa hiwan ba til zaligi	Esta terra brilhará para sempre,
Laka limar pa eshna aasman	Como o sol no azul do céu,
Pa sina ki de Asia	No coração da Ásia,
Laka zera wi jawidan	Ela sempre permanecerá.
Noom de haq mo di rahbar	Nós seguiremos um só Deus,
Wayoo Allaho Akbar,	E diremos: Deus é grande!
Wayoo Allaho Akbar.	E diremos: Deus é grande!

ÁFRICA DO SUL

Em 1997 a África do Sul adotou um "hino híbrido", combinando os versos da canção *Nkosi Sikelel' iAfrika* (Deus abençoe a África), popular entre os povos de origem negra do país desde 1897, quando foi escrita na Missão de Lovedale, Província do Cabo, por Enoch Mankayi Sontonga (1860-1904), e da canção *Die Stem van Suid Afrika* (O chamado da África do Sul), escrita por Cornelis Jacob Langenhoven (1873-1932), com música de Marthinus Lourens de Villiers (1885-1977) e usada como hino oficial do país pelos sul-africanos de origem branca entre 1957 e 1995. O novo hino utiliza versos de quatro das onze línguas oficiais do país.

HINO

(xhosa/zulu)
Nkosi Sikelel' iAfrika
Maluphakanyisw' uphondo lwayo,
Yizwa imithandazo yethu,
Nkosi sikelela, thina lusapho lwayo.

(sesotho)
Morena boloka setjhaba sa heso,
O fedise dintwa la matshwenyeho,
O se boloke, o se boloke
Setjhaba sa heso,
Setjhaba sa South Afrika –
South Afrika.

(africânder)
Uit die blou van onse hemel,
Uit die diepte van ons see,
Oor ons ewige gebergtes,
Waar die kranse antwoord gee.

TRADUÇÃO :: TIAGO JOSÉ BERG

(xhosa/zulu)
Deus abençoe a África,
Que tua glória se eleve aos céus,
Ouça e bendiga nossas orações.
Deus nos abençoe; somos os filhos teus.

(sesotho)
Deus proteja esta nossa nação,
Intervenha e acabe
Com as guerras e lutas.
Proteja-nos, proteja nossa nação,
Nossa nação, a África do Sul –
África do Sul.

(africânder)
Retumbando além de nosso céu azul,
O quebrar de nossos profundos mares,
Sobre nossas perpétuas montanhas,
Onde os ecos dos rochedos ressoam...

(inglês)
Sounds the call to come together,
And united we shall stand,
Let us live and strive for freedom,
In South Africa our land.

(inglês)
Sons a chamar para seguirmos juntos,
E unidos nós estaremos,
Nos deixem viver e lutar por liberdade,
Na África do Sul nossa terra.

ALBÂNIA

Escrito por Aleksander Stavre Drenova (1872-1947), o hino nacional albanês foi publicado pela primeira vez sob a forma de um poema em um jornal chamado *Liri e Shqipërisë* (Liberdade da Albânia) em Sófia, Bulgária, em abril de 1912. A música foi composta mais tarde pelo romeno Ciprian Porumbescu (1853-1883). O hino oficial seria adotado após a independência da Albânia, em novembro de 1912, com o título de *Hymmi i Flamurit* (Hino à Bandeira).

- -

HINO

Hymni i Flamurit

Rreth flamurit të përbashkuar,
Me një dëshirë dhe një qëllim,
Të gjithë Atij duke iu betuar,
Të lidhim besën për shpëtim.

Coro
Prej lufte veç ay largohet,
Që është lindur tradhëtor,
Kush është burrë nuk friksohet,
Po vdes, po vdes si një dëshmor.

TRADUÇÃO :: TIAGO JOSÉ BERG.

Hino à Bandeira

Unidos em torno da bandeira,
Com uma única meta e intenção,
Daremos a nossa palavra de honra
Combatendo pela nossa salvação.

Coro[1]
Da luta só se afasta
Quem já nasceu um traidor.
O bravo não desanima,
Mas cai, cai como um herói!

---

[1] Geralmente repete-se o coro. Apenas a primeira estrofe e o coro são oficiais.

ALEMANHA

A letra do hino nacional alemão foi escrita pelo professor de literatura e poeta August Heinrich Hoffmann von Fallersleben (1798-1874) em agosto de 1841, durante o seu exílio nas ilhas Helgoland, na época uma possessão britânica, pois sentia muita saudade de sua terra natal. Fallersleben utilizou a melodia que Joseph Haydn (1732-1809) compôs em 1797 em honra ao imperador Francisco II, chamada *Kaiser Quartett*. A versão original da "Canção dos Alemães" possuía um total de três estrofes; as duas primeiras foram suprimidas após a Segunda Guerra Mundial.[1] Em novembro de 1991, a terceira estrofe foi declarada hino oficial, após a unificação do país.

HINO

Einigkeit und Recht und Freiheit
Für das deutsche Vaterland!
Danach laßt uns alle streben
Brüderlich mit Herz und Hand!
Einigkeit und Recht und Freiheit
Sind des Glükkes Unterpfand.
Blüh im Glanze dieses Glükkes,
Blühe, deutsches Vaterland!
Blüh im Glanze dieses Glükkes,
Blühe, deutsches Vaterland!

TRADUÇÃO :: INSTITUTO GOETHE

Unidade e Direito e Liberdade,
Para a Pátria Alemã!
Isso queremos alcançar
Fraternamente, com Coração e Mão!
Unidade e Direito e Liberdade,
São a garantia da felicidade.
Floresça na Luz dessa Felicidade,
Floresça, Pátria alemã!
Floresça na Luz dessa Felicidade,
Floresça, Pátria alemã!

---

1 As evocações nas duas primeiras estofes já se encontravam ultrapassadas. Na época que a letra foi escrita, ainda não havia um Estado alemão unificado e as referências usadas por Fallersleben se estendiam aos rios e territórios de fala alemã, muito mais extensas do que as atuais fronteiras da Alemanha.

ANDORRA

O hino nacional andorrano foi adotado em 8 de setembro de 1914. A letra foi escrita por Joan Benlloch i Vivó (1864-1926) e conta a história da fundação de Andorra por Carlos Magno.[1] Desde 1278 o pequeno principado mantém sua autonomia, na região dos Pirineus, entre a Espanha e a França. Já a música foi composta por Enric Marfany Bons (1871-1942).

• •

HINO

El gran Carlemany, mon Pare,
Dels alarbs me deslliurá,
I del cel vida em doná
De Meritxell la gran Mare.

Princesa nasquí i Pubilla
Entre dos nacions neutrals,
Sols resto l'única filla
Del imperi Carlemany.

Creient i lliure onze segles
Creient i lliure vull ser.
Siguen els furs mos tutors!
I mos Prínceps defensors!
I mos Prínceps defensors!

TRADUÇÃO :: TIAGO JOSÉ BERG

O grande Carlos Magno, meu Pai,
Dos árabes me libertou,
E do céu a vida me doou
De Meritxell[2] a grande Mãe.

Princesa nasci e herdeira
Neutra entre duas nações,
Sou a única filha restante
Do império de Carlos Magno.

Crendo e livre onze séculos
Crendo e livre vou ser.
Sejam os foros[3] meus tutores!
E meus Príncipes defensores!
E meus Príncipes defensores!

---

1 Nobre, conquistador e rei dos francos e dos lombardos (771-814). Reuniu sob sua coroa quase toda a Europa cristã ocidental como primeiro imperador do Sacro-Império Romano. Ajudou a fundar o principado de Andorra.
2 Nossa Senhora de Meritxell (Virgem Maria) é a santa padroeira de Andorra. Sua festa é realizada anualmente em 8 de setembro – dia nacional do país.
3 De *fuero juzgo*. Eram os estatutos jurídicos que, na Idade Média, regulavam as normas de conduta em cada localidade ibérica; o direito costumeiro.

ANGOLA

A República de Angola conquistou sua independência de Portugal em 11 de novembro de 1975. Naquele mesmo ano, durante a luta pela libertação do país, o hino nacional foi escolhido através de um concurso organizado pelo Ministério da Informação, cuja letra é de autoria do professor, advogado e ex-ministro da Informação Manuel Rui Alves Monteiro (1941-); para acompanhar os versos, a música foi composta por Rui Alberto Vieira Dias Mingas (1939-).

HINO

Oh! Pátria nunca mais esqueceremos
Os heróis do quatro de fevereiro[1]
Oh! Pátria nós saudamos os teus filhos
Tombados pela nossa independência.
Honramos o passado e a nossa história,
Construindo no trabalho o homem novo.
Honramos o passado e a nossa história,
Construindo no trabalho o homem novo.

Coro
Angola, avante!
Revolução, pelo Poder Popular!
Pátria Unida, Liberdade,
Um só Povo, uma só Nação!

Levantemos nossas vozes libertadas
Para a glória dos povos africanos
Marchemos, combatentes angolanos,
Solidários com os povos oprimidos.
Orgulhosos lutaremos pela Paz
Com as forças progressistas do mundo.
Orgulhosos lutaremos pela Paz
Com as forças progressistas do mundo.

---

[1] Data do início da luta pela independência de Angola, em 1962.

ANTÍGUA E BARBUDA

O hino nacional de Antígua e Barbuda foi originalmente adotado em 1967, quando o país ganhou autonomia administrativa junto ao governo britânico, e oficializado em novembro de 1981, ano de sua independência. A letra foi escrita pelo estadista, deputado e presidente do Senado Novelle Hamilton Richards (1917-1986); já a música foi composta por Walter Garnet Picart Chambers (1908-2003).

. . . .

HINO

I
Fair Antigua, we salute thee!
Proudly we this anthem raise
To thy glory and thy beauty,
Joyfully we sing the praise
Of the virtues, all bestowed
On thy sons and daughters free;
Ever striving, ever seeking,
Dwell in love and unity.

II
Raise the standard! Raise it boldly!
Answer now to duty's call
To the service of your country,
Sparing nothing, giving all;
Gird your lions and join the battle
Gains fear, hate and poverty,
Each endeavouring, all achieving,
Live in peace where man is free.

TRADUÇÃO :: TIAGO JOSÉ BERG

I
Digna Antígua, nós te saudamos!
Este hino com orgulho entoamos
Pela tua glória e tua beleza,
Em louvor alegremente cantamos
Das virtudes, todas elas outorgadas
Livremente aos teus filhos e filhas;
Sempre combatendo e demandando,
Vivemos em amor e unidade.

II
Levantai o estandarte com bravura!
Respondei agora ao dever chamado
Ao serviço do teu país,
Nada guardando, tudo ofertando;
Armai-vos e juntai-vos à batalha
Contra o medo, o ódio e a pobreza,
Conseguindo, pelo esforço de todos,
Vida em paz onde o homem é livre.

III
God of nations, let thy blessing
Fall upon this land of ours;
Rain and sunshine ever sending,
Fill her fields with crops and flowers;
We her children do implore thee,
Give us strength, faith, loyalty,
Never failing, all enduring,
To defend her liberty.

III
Deus das nações, que as tuas bênçãos
Caiam sobre a nossa terra;
Que não nos falte chuva e sol,
A encher os campos de flores e colheitas;
Nós, filhos desta terra te imploramos,
Dá-nos força, fé e lealdade,
Nunca vacilando, em tudo perseverando,
Para defender a sua liberdade.

ARÁBIA SAUDITA

Apresentado ao público pela primeira vez em 1947, o hino foi escrito por Ibrahim Khafaji (1935-) e teve sua música composta por Abdel Arman Al-Khateeb (1923-). Em 1950 foi oficializado como hino nacional do Reino da Arábia Saudita.

HINO

Sarei Lil Majd Walalya
Majjedi Le Khaleg Assama
Warfai El Khaffag Akhdar
Yahmil Annoor al mosattar
Raddedy Allah Wakbar
Yamawteni Mawtenii Gad
Isht Fakhr Al Moslemeen
Aash Al Maleek Lelalam Walwatan.

TRADUÇÃO :: TIAGO JOSÉ BERG

Apressai-vos à glória e supremacia!
Glorifica o Criador dos céus
E eleve a bandeira verde
Que porta o emblema da Luz!
Repita: Deus é Grande!
Viva! Ó minha pátria,
Orgulho para os muçulmanos
Viva ao rei, à bandeira, à pátria!

ARGÉLIA

Qassaman (O Juramento) foi escrito em 25 de abril de 1955 na prisão de Barberousse, em Argel, pelo poeta Moufdi Zakariah (1930-1978), quando foi preso pelas tropas coloniais francesas. A letra recebeu, mais tarde, música do compositor egípcio Mohamed Fawzi (1918-1966) e foi adotada como hino nacional da Argélia em 1963, após a independência do país.

HINO

Qassaman

I

Qassaman Binnazilat Ilmahiqat
Waddimaa Izzakiyat Ittahirat
Qassa Walbonood Illamiaat Ilkhafiqat
F'Ilgibal Ishshamikhat
Ishshahiqat
Nahno Thurna
Fahayaton Aw ma maat
Wa Aqadna Alazma An Tahya Algazair
Fashhadoo! Fashhadoo!
Fashhadoo!

II
Nahno Gondon
Fi Sabil Il hakki Thorna
Wa Ila Isstiqlalina Bilharbi Kumna.
Lam Yakon Yossgha Lana Lamma Natakna
Fattakhathna Rannat Albaroodi Wazna.
Wa Azafna Naghamat
Alrashshashi Lahna
Wa Aqadna Alazmat An Tahya Algazair.
Fashhadoo! Fashhadoo!
Fashhadoo!

TRADUÇÃO :: TIAGO JOSÉ BERG

O Juramento[1]

I

Nós juramos, pelo raio que destrói,
Pelos rios de generoso sangue derramado,
Pelas brilhantes bandeiras que drapejam,
Pairando orgulhosas
Sobre as altas montanhas.
Que levantaremos
E se vivermos ou morrermos.
Estamos decididos que a Argélia viva!
Testemunharemos! Testemunharemos!
Testemunharemos!

II
Somos soldados
Em combate pela verdade
E por nossa independência lutamos,
Quando falamos ninguém nos ouviu,
Então adotamos
O som da pólvora para nosso ritmo,
E o som das armas como nossa melodia.
Estamos decididos que a Argélia viva!
Testemunharemos! Testemunharemos!
Testemunharemos!

---

[1] A versão original do poema continha cinco estrofes no total.

III
Nahno min Abtalina Nadfaoo Gondan
Wa Ala Ashlaina Nassnaoo
Magdan.
Wa Ala Arwahena Nassado
Khuldan
Wa Ala Hamatina Narfao
Bandan.
Gabhato' Ltahreeri
Aataynaki Ahdan
Wa Aqadna Alazma An Tahya Algazair.
Fashhadoo! Fashhadoo!
Fashhadoo!

IV
Sarkhato 'lawtani
Min Sah Ilfida
Issmaooha Wasstageebo Linnida
Waktobooha
Bidimaa Ilshohadaa
Wakraooha Libany Ilgeeli ghadan.
Kad Madadna
Laka Ya Magdo Yada
Wa Aqadna Alazma An Tahya Algazair.
Fashhadoo! Fashhadoo!
Fashhadoo!

III
Com os nossos heróis faremos um exército.
Com os nossos mortos
Edificaremos uma glória.
Os nossos espíritos
Ascenderão à imortalidade.
E sobre nossos ombros
Ergueremos o estandarte.
E à Frente de Libertação,
Fizemos um juramento:
Estamos decididos que a Argélia viva!
Testemunharemos! Testemunharemos!
Testemunharemos!

IV
O clamor da Pátria
Soa nos campos de batalha.
Escutai e respondei à chamada!
Que seja escrito
Com o sangue dos mártires,
E lido pelas gerações futuras.
Oh! Glória,
Resistimos com nossas vidas por ti!
Estamos decididos que a Argélia viva!
Testemunharemos! Testemunharemos!
Testemunharemos!

ARGENTINA

A "Marcha da Pátria", também conhecida como "Canção Patriótica", foi escrita pelo portenho Vicente López y Planes (1785-1856), baseada na música composta pelo espanhol de origem catalã Blas Parera (1765-1830) em 1812. Em 11 de maio de 1813 o hino foi aprovado pela Assembléia Geral Constituinte, mas foi por volta de 1847 que a canção apareceu pela primeira vez com o título de "Hino Nacional Argentino". Em 30 de março de 1900, um decreto presidencial reformulou as estrofes do hino para a presente versão. [1]

HINO

Oíd ¡mortales! El grito sagrado:
¡Libertad, libertad, libertad!
Oíd el ruido de rotas cadenas,
Ved en trono a la noble Igualdad
Ya su trono dignísimo abrieron
Las Provincias Unidas del Sud!
Y los libres del mundo responden:
Al gran Pueblo Argentino, Salud!

Coro
Sean eternos los laureles
Que supimos conseguir:
Coronados de gloria vivamos
O juremos con gloria morir.

TRADUÇÃO :: TIAGO JOSÉ BERG

Ouçam, mortais! O grito sagrado:
Liberdade, liberdade, liberdade!
Ouçam o ruído de romper as correntes,
Vejam em trono a nobre Igualdade.
Já seu trono digníssimo abriram
As Províncias Unidas do Sul!
E os livres do mundo respondem:
Ao grande Povo Argentino, Saúdam!

Coro
Sejam eternos os lauréis
Que soubemos conseguir:
Coroados de glória vivamos,
Ou juremos com glória morrer!

---

[1] A versão original do hino contava com um total de nove estrofes.

ARMÊNIA

A letra de *Mer Hayrenik* (Nossa Pátria) foi escrita em meados do século XIX pelo poeta Miqáyel Ghazari Nalbandyan (1829-1866). O hino foi usado pela primeira vez entre os anos 1918 e 1920, quando se formou a primeira República da Armênia, e recebeu música do compositor Barsegh Kanachyan (1885-1967). Assim como os símbolos nacionais das repúblicas que foram incorporadas à União Soviética, foi criado um hino estatal para o país em 1944, com música do compositor clássico Aram Khatchaturian. Após a declaração de independência da Armênia da União Soviética, *Mer Hayrenik* foi restaurado como hino nacional do país em 1º de julho de 1991.

HINO

Mer Hayrenik

I
Mer Hayrenik, azat, ankakh,
Vor aprel eh dareh dar
Yur vortikeh ard kanchoom eh
Azat, ankakh Hayastan.

II
Aha yeghbair kez mi drosh,
Vor im dzerkov gortzetsi
Gishernereh yes koon chegha,
Artasoonkov lvatsi.

III
Nayir nran yerek gooynov,
Nvirakan mer nshan,
Togh poghpoghi tshnamoo dem,
Togh misht pantza Hayastan.

TRADUÇÃO :: TIAGO JOSÉ BERG

Nossa Pátria

I
Nossa pátria, livre, independente,
Que tem vivido por séculos,
Eis que chama seus filhos
À Armênia livre, independente.

II
A ti, irmão, esta bandeira
Que teci com as minhas mãos
Passei noites sem dormir
Lavando-a com minhas lágrimas.

III
Vide-a em suas três cores
Este nosso símbolo sagrado
Que flamule perante o inimigo
Que glorifique sempre a Armênia.

IV
Amenayn tegh maheh mi eh
Mard mee ankam pit merni,
Baytz yerani vor yur azgi
Azatootyan keh zohvi.

IV
A morte é igual em qualquer lugar,
O homem morre uma única vez,
Que seja abençoado quem perece
Pela liberdade de sua nação.

AUSTRÁLIA

O hino nacional australiano foi composto por Peter Dodds McCormick (1834-1916) e apresentado pela primeira vez em Sidney, em 30 de novembro de 1878. Em 1907 o governo da Austrália recompensou McCormick com 100 libras por sua composição patriótica. Entretanto, *God Save The Queen* (hino nacional britânico) era usado como hino nacional do país desde o final do século XIX, e *Waltzig Matilda, Song of Australia,* e *Advance Australia Fair* eram as canções mais populares entre os australianos até então. Em 1977 o governo australiano organizou um plebiscito para a escolha do hino que mais agradava à população. *Advance Australia Fair* recebeu 43% dos votos e se tornou o hino oficial do país em 19 de abril de 1984.

HINO

Advance Australia Fair

I
Australians all let us rejoice,
For we are young and free;
We've golden soil and wealth for toil,
Our home is girt by sea.
Our land abounds in nature's gifts
Of beauty rich and rare;
In history's page, let every stage
Advance Australia Fair.
In joyful strains then let us sing,
Advance Australia Fair.

TRADUÇÃO :: TIAGO JOSÉ BERG

Avance Justa Austrália

I
Australianos alegremo-nos todos,
Por nós sermos jovens e livres;
Nós temos rica e áurea terra a labutar,
Nossa pátria é cingida pelo mar.
Nossa terra abunda em dons naturais
De beleza rica e rara;
Na página da história, sempre consiga
Avançar Justa Austrália.
Em jovial harmonia nos deixem cantar,
Avance Justa Austrália!

II	II
Beneath our radiant Southern Cross	Sob nosso radiante Cruzeiro do Sul[1]
We'll toil with hearts and hands;	Nós labutaremos com corações e mãos;
To make this Commonwealth of ours	Fazendo de nossa Comunidade
Renowned of all the lands;	Renomada por todas as terras;
For those who've come across the seas	Para os que vieram cruzando os mares
We've boundless plains to share;	Nós temos planícies ilimitadas a repartir;
With courage let us all combine	Com coragem nos deixem a todos unir
To Advance Australia Fair.	Para avançar Justa Austrália.
In joyful strains then let us sing,	Em jovial harmonia nos deixem cantar,
Advance Australia Fair.	Avance Justa Austrália!

---

1 O "Cruzeiro do Sul" é uma constelação presente no hemisfério celestial sul; símbolo indicativo de vários países austrais.

ÁUSTRIA

Tanto a letra quanto a música do atual hino nacional austríaco foram selecionadas em uma competição de âmbito nacional realizada em 1946, para substituir o antigo hino da década de 1920. A música é atribuída ao compositor Wolfgang Amadeus Mozart (1756-1791), mas foi provavelmente composta por Johann Holzer (1753-1818). A letra foi adaptada pela poetisa vienense Paula von Preradovic (1887-1951). Em 25 de fevereiro de 1947, ele foi decretado hino oficial do país.

. . . .

HINO

I
Land der Berge,
Land am Strome,
Land der Äcker, Land der Dome,
Land der Hämmer, zukunftsreich!
Heimat bist du großer Söhne,
Volk, begnadet für das Schöne,
Vielgerühmtes Österreich!
Vielgerühmtes Österreich!

II
Heiß umfehdet,
Wild umstitten,
Liegst dem Erdteil du inmitten
Einen starken Herzen gleich!
Hast seit frühen Ahnentagen hoher
Sendung Last getragen.
Vielgeprüftes Österreich!
Vielgeprüftes Österreich!

TRADUÇÃO :: TIAGO JOSÉ BERG

I
Terra de montanhas,
Terra na margem do rio,[1]
Terra de campos, terra das catedrais,[2]
Terra dos martelos,[3] de futuro próspero!
Tu és a pátria de grandes filhos,
Uma nação dotada de belezas,
Áustria, de muitas glórias!
Áustria, de muitas glórias!

II
Arduamente combativa,
Defendida bravamente,
Estás no meio de teu continente,
Como um forte coração!
Desde outrora, o pressentir destas alturas
Conduz o peso de tuas determinações.
Áustria, de muitas provas!
Áustria, de muitas provas!

---

1 Rio Danúbio; importante rio europeu que percorre o Norte da Áustria. A cadeia dos Alpes Orientais atravessa o país de Oeste para Leste; entre os Alpes e o maciço da Boêmia, ao Norte, ficam os pré-Alpes, com o vale do Danúbio. A Áustria é assim, um país geograficamente alpino e danubiano.
2 Deve-se ao grande número de igrejas que existem em toda a Áustria e cuja arquitetura destaca-se na paisagem.
3 Refere-se à arte milenar dos austríacos de forjar o ferro incandescente com a ajuda do martelo. Este trabalho ainda hoje é muito apreciado e usado como elemento decorativo tanto para ambientes exteriores como interiores do país.

III
Mutig in die neuen Zeiten,
Frei und gläubig
Sieh uns schreiten,
Arbeitsfroh und hoffnungsreich!
Einig lass in Brüderchören,
Vaterland, dir Treue schwören,
Vielgeliebtes Österreich!
Vielgeliebtes Österreich!

III
Valentes nestes novos tempos,
Nos vejam livres
E fiéis a caminhar,
Alegres no labor e ricos em esperança!
Unidos deixem-nos em coro fraternal
Nossa pátria, jurar tua lealdade
Áustria, muito amada!
Áustria, muito amada!

AZERBAIJÃO

Em janeiro de 1920, o poema de Ahmed Javad (1892-1937), com música de Uzeir Hajibeyov (1885-1948), venceu o concurso para a escolha do primeiro hino nacional do Azerbaijão. Em abril do mesmo ano o país foi incorporado à União Soviética e o hino não chegou a ser adotado. De 1944 a 1991, um hino estatal foi criado para servir de símbolo à então República Socialista Soviética do Azerbaijão. Após o país declarar sua independência dos soviéticos, em 30 de agosto de 1991, a composição criada por Javad e Hajibeyov foi oficialmente adotada como hino nacional no dia 27 de maio de 1992.

· ·

HINO

Azerbaijan! Azerbaijan!
A gahraman övladen shanle vatan.
Sandan ötr jan
Vermae jomle hazeriz.
Sandan ötr gan
Tökmae jomle hazeriz!
Oochrangle bayraginle massaud yasha!
Meanlerle jan goorban olde!
Senan harba maydon olde!
Hogogindan kechan asgar
Hara beer gahraman olde!
San olasan goolostan,
Sana har on jan goorban!
Sana mean beer manhabat
Senamde totmosh makan!
Namosoono hifz etmae,
Bayragine oksaltmae.
Jomle gangler moshtagder!
Shanle Vaten! Shanle Vaten!
Azerbaijan! Azerbaijan!
Azerbaijan! Azerbaijan!

TRADUÇÃO :: TIAGO JOSÉ BERG

Azerbaijão! Azerbaijão!
Ó grande pátria, teus filhos são heróis.
Estamos prontos
Para sermos os teus mártires.
Estamos prontos
Para lhe verter o nosso sangue!
A bandeira tricolor floresça honorável!
Milhares de vidas se sacrificaram!
Um campo de batalhas em ti se fez!
Todo soldado devoto, um herói tornou-se!
E prosperastes então!
Minha vida lhe é dedicada,
Meu amor por ti está gravado
Profundamente em meu coração!
Uma vez entre milhares,
Para tudo resguardar,
E para a tua bandeira honrar.
Toda a juventude está pronta!
Grande Pátria! Grande Pátria!
Azerbaijão! Azerbaijão!
Azerbaijão! Azerbaijão!

BAHAMAS

O hino nacional das Bahamas foi adotado em 10 de julho de 1973, data da independência do país. Ele foi selecionado em um concurso nacional realizado no começo daquele ano, que foi vencido pelo professor de música Timothy Gibson (1903-1978). A composição de Gibson, escrita quatro anos antes, foi escolhida pelos juízes por unanimidade, concorrendo com mais dois hinos de sua autoria que fizeram parte das 12 melhores canções participantes da grande final.

HINO

Lift up your head to the rising sun,
Bahamaland;
March on to glory,
Your bright banners waving high.
See how the world
Marks the manner of your bearing!
Pledge to excel
Through love and unity.
Pressing onward,
March together to a common loftier goal.
Steady sunward,
Though the weather hide
The wide and treacherous shoal.
Lift up your head to the rising sun,
Bahamaland;
Till the road you've trod
Lead unto your God,
March on, Bahamaland!

TRADUÇÃO :: TIAGO JOSÉ BERG

Erga-te a cabeça ao raiar do sol,
Terra das Bahamas,
Marche para a glória,
Teu brilhante pendão tremula ao alto,
Veja como o mundo
Ressalta teus ilustres atos!
Garanta a excelência
Para a unidade e amor.
Avance premente,
Marche unida por uma meta maior.
Firme-se ao sol,
Ainda que o tempo obscuro
Vos ensine os empecilhos.
Erga-te a cabeça ao raiar do sol,
Terra das Bahamas,
Prepare o teu caminho
Para guiar-lhe até Deus,
Marche, terra das Bahamas!

BANGLADESH

A letra e a música do hino nacional de Bangladesh são de autoria do célebre escritor, poeta, músico e filósofo Rabindranath Tagore (1861-1941), primeiro asiático a receber o Prêmio Nobel de Literatura, em 1913. *Amar sonar Bangla* (Minha Bengala dourada) foi escrita originalmente em 1905 e se tornou uma canção popular de unidade do povo bengali desde então. Ela foi adotada como hino nacional em 1971 pelo governo de Bangladesh e oficializada em 13 de janeiro de 1972, após a independência do país. Tagore também compôs o hino nacional da Índia.

· ·

HINO

Amar Sonar Bangla

Amar sonar Bangla,
Ami tomake bhalobashi.
Chirodin tomar akash,
Tomar batash,
Amar prane bajae bashi.

O ma,
Phagune tor amer bone
Ghrane pagol kôre,
Mori hae, hae re,
O ma,
Ôghrane tor bhôra khete
Ami ki dekhechhi modhur hashi.

Ki shobha, ki chhaea go,
Ki sneho, ki maea go,
Ki āchol bichhaeechho
Bô er mule,
Nodir kule kule!

TRADUÇÃO :: TIAGO JOSÉ BERG

Minha Bengala Dourada[1]

Minha Bengala dourada,
Eu te amo!
Teus céus eternos,
Teu ar... Deixaram meu coração
Em melodia como uma flauta.

Na primavera, oh minha mãe,
A fragrância de tuas mangueiras
Me faz pular de alegria
Ah! Que emoção!
No outono, ó, minha mãe,
Em pura floração nos arrozais,
Eu vejo por toda parte: doces sorrisos!

Ah, que beleza, que sombras,
Que afeição, que ternura!
Que uma colcha tu estendeste
Aos pés das figueiras
E ao longo das margens dos rios!

---

1 Região histórico-geográfica no delta do rio Ganges, dividida entre os territórios de Bangladesh e da Índia.

Ma, tor mukher bani
Amar kane lage,
Shudhar môto,
Mori hae,
Hae re,
Ma, tor bôdonkhani molin hole,
Ami nôeon jôle bhashi.

Ó, minha mãe,
Palavras de teus lábios
São como néctar para meus ouvidos!
Ah, que emoção!
Ó, minha mãe,
Se a tristeza encobre tua face,
Meus olhos também se enchem de lágrimas!

BARBADOS

O hino nacional de Barbados foi adotado em 30 de novembro de 1966, após a independência do país. A letra foi escrita por Irvine Louis Burguie (1924-), que nasceu no bairro do Brooklyn, em Nova York, Estados Unidos, filho de pai americano e mãe barbadiana. A música foi composta por Roland Edwards (1912-1985). Por causa de sua cegueira parcial, ele foi ajudado por suas filhas, Nannette e Eullia, durante os arranjos musicais do hino.

HINO

I
In plenty and in time of need
When this fair land was young
Our brave forefathers
Sowed the seed
From which our pride is sprung,
A pride that makes no wanton boast
Of what it has withstood
That binds our hearts
From coast to coast,
The pride of nationhood.

Coro
We loyal sons and daughters all
Do hereby make it known
These fields and hills beyond recall
Are now our very own.
We write our names
On history's page
With expectations great,
Strict guardians of our heritage,
Firm craftsmen of our fate.

TRADUÇÃO :: TIAGO JOSÉ BERG

I
Na abundância e no tempo de falta,
Quando esta digna terra era jovem
Nossos bravos ancestrais
Semearam a semente
Do qual nosso orgulho floresceu,
Um orgulho que não se faz vangloriar
Do qual tudo isso resistiu
Que atou nossos corações
De costa a costa,
O orgulho da nacionalidade.

Coro
A todos nós, leais filhos e filhas
Que isto se faça conhecer.
Estes campos e colinas imemoráveis
Agora são a nossa própria verdade.
Escrevemos nossos nomes
Nas páginas da história
Com expectações grandiosas,
Estritos guardiões de nossa herança,
Firmes artesões de nosso destino.

II
The Lord has been the people's guide
For past three hundred years.
With Him still on the people's side
We have no doubts of fears.
Upward and onward we shall go,
Inspired, exulting, free,
And greater will our nation grow
In strength and unity.

II
O Senhor foi o guia do povo
Por trezentos anos passados.
Com Ele ainda ao lado do povo
Nós não temos dúvidas ou medos.
Além e adiante nós avançaremos,
Inspirados, exaltados, livres,
E grandiosa nossa nação crescerá,
Em poder e unidade.

BAREIN

O Reino do Barein, país insular na península Arábica, adotou seu hino nacional em agosto 1971, de autoria de Mohamed Sudqi Ayyash (1925-2000), logo após a independência. Em 2002 a letra do hino foi revisada pelo rei Hamad bin Isa Al Khalifa (1950-) e a música original foi mantida.[1]

HINO

Bahrainona,
Maleekuna,
Ramz-ul-wi'am,
Dustooruha 'alil-makanati
Wal-maqam;
Meethaqoha nahjush-shari'ati
Wal-uroobati wal-qiyam,
'Ashat mamlakat-ul-bahrain,
Baladol kiram,
Mahdos-salam,
Dustooruha 'alil-makanati
Wal-maqam;
Meethaqoha nahjush-shari'ati
Wal-uroobati wal-qiyam,
'Ashat mamlakat-ul-bahrain.

TRADUÇÃO :: TIAGO JOSÉ BERG

Nosso Barein!
Nosso Rei!
Um símbolo de harmonia;
Sua constituição,
Em elevada ordem e posição,
É escrita nos modos da sharia,[2]
Do arabismo, dos valores;
Vida longa ao Reino do Barein!
País de nobres,
Berço da Paz,
Sua constituição,
Em elevada ordem e posição,
É escrita nos modos da sharia,
Do arabismo, dos valores;
Vida longa ao Reino do Barein!

---

[1] Informações acerca da autoria do novo hino ainda não estão disponíveis.
[2] Sharia (ou Charia) são as leis de jurisprudência religiosa baseadas nas escrituras do *Alcorão* (ou *Corão*), o livro sagrado do Islã.

BELARUS

Em 1995, a República de Belarus (ou Bielorússia) manteve como hino nacional a melodia de Nester Sakalouski (1902-1950), adotada em 1955, quando o país era integrante da União Soviética. A antiga letra deixou de ser usada em 1991, logo depois da declaração de independência. O hino permaneceria sem uma letra oficial até 2 de julho de 2002, quando um decreto do presidente Alexander Lukashenko oficializou os versos escritos por Minkhas Klimkovich (1899-1954) e Uladzimir Karyzna (1938-).

HINO

My Bielarusy

I
My, Belarusy – mirnyja ljudzi,
Sertsam addanyja rodnaj zjamli.
Shchyra sjabrujem, sily gartujem
My w pratsavitaj, vol'naj sjam'i!

Coro
Slawsja zjamli nashaj svetlaje imja,
Slawsja, narodaw braterski sajuz!
Nasha ljubimaja matsi-Radzima,
Vechna czyvi i kvitnej, Belarus!

II
Razam z bratami muczna vjakami
My baranili rodny parog,
W bitvach za volju, bitvach za dolju
Svoj zdabyvali stsjag peramog!

TRADUÇÃO :: TIAGO JOSÉ BERG

Nós Bielo-Russos

I
Nós, Bielo-russos – um povo pacífico,
Nosso coração é por nossa terra natal,
Em cordialidade, nos fortalecemos,
Dentro de uma família laboriosa e livre!

Coro
Glória ao brilhante nome de nossa terra,
Glória à união fraternal de nossos povos!
Nossa bem-amada Pátria-Mãe,
Vida longa e próspera, Belarus!

II
Juntos como irmãos, em coragem, por séculos,
Defendemos nossos natos princípios,
Nas lutas pela liberdade, nas lutas pelo destino,
Ganhamos nossas bandeiras da vitória!

III
Druczba narodaw – sila narodaw –
Nash zapavetny, sonechny shljach.
Gorda cz uzvisja w jasnyja vysi,
Stsag peramoczny – radastsi stsjag!

III
A amizade dos povos é o poder dos povos,
É o nosso caminho iluminado e venerável,
Elevaremos orgulhosos, nas brilhantes alturas,
A bandeira da vitória, a bandeira do júbilo!

BÉLGICA

O hino apareceu pela primeira vez em setembro de 1830, escrito por revolucionários no café *l'Aigle d'Or*, em Bruxelas, durante o movimento pela independência do país. A letra recebeu música do maestro, violinista e cantor de ópera François van Campenhout (1779-1848) e foi apresentada ao público naquele mesmo mês. Em 1860 o primeiro-ministro belga, Charles Rogier (1800-1885), reformulou alguns versos do hino, redigindo-lhe em quatro estrofes. Em 8 de agosto de 1921, a quarta estrofe escrita por Rogier foi decretada oficialmente como hino nacional da Bélgica. A versão em holandês do hino foi escrita em 1918 por Victor Ceulemans (1887-1969) e adotada em 1938.

HINO (FRANCÊS)

La Brabançonne

Ò Belgique,
Ò mère chérie,
A toi nous cœur sa toi nos bras!
A toi notre sang,
Ô Patrie!
Nous le jurons tous, tu vivrás!
Tu vivrás toujours grande et belle
Et ton invincible unité
Aura pour devise
Immortelle:
Le Roi, la Loi, la Liberté!
Aura pour divise
Immortelle:
Le Roi, la Loi, la Liberté!
Le Roi, la Loi, la Liberté!
Le Roi, la Loi, la Liberté!

HINO (HOLANDÊS)

La Brabançonne

O dierbaar België,
O heilig land der vaardren
Onze ziel en ons hart zijn U gewijd.
Aan vaard ons kracht
En het bloed van ons aadren,
Wees ons doel in arbeid en in strijd.
Bloei, o land in eendracht niet te breken,
Wees immer U zelf en ongeknecht.
Het woord getrouw dat ge onbevreesd
Moogt spreken:
Voor Vorst, voor vrijheid en voor recht,
Het woord getrouw dat ge onbevreesd
Moogt spreken:
Voor Vorst, voor vrijheid en voor recht,
Voor Vorst, voor vrijheid en voor recht,
Voor Vorst, voor vrijheid en voor recht.

TRADUÇÃO :: EMBAIXADA DA BÉLGICA EM BRASÍLIA

A Canção de Brabante[1]

Ó Bélgica,
Ó mãe querida,
A ti nossos corações, a ti nossos braços!
A ti nosso sangue,
Ó Pátria!
Nós todos juramos, tu viverás!
Tu viverás sempre grande e bela
E tua invencível unidade.
Terá por lema imortal:
O Rei, a Lei, a Liberdade!
Terá por lema imortal:
O Rei, a Lei, a Liberdade!
O Rei, a Lei, a Liberdade!
O Rei, a Lei, a Liberdade!

---

[1] Brabante é uma região histórica localizada entre a Bélgica e os Países Baixos (Holanda); foi nesta região que o hino belga começou a ganhar popularidade por volta de 1860.

BELIZE

Land of the Free (Terra dos Livres) foi escrito em 1963 por Samuel Alfred Haynes (1898-1971), um soldado que lutou ao lado dos britânicos durante a Primeira Guerra Mundial. Mais tarde, o poema recebeu música do compositor Selwyn Walford Young (1899-1977). Foi oficialmente adotado como hino nacional em 1981, após a independência do país.

· ·

HINO

TRADUÇÃO :: TIAGO JOSÉ BERG

Land of the Free

Terra dos Livres

I
O, Land of the Free
By the Carib Sea,
Our manhood
We pledge to thy liberty!
No tyrants here linger,
Despots must flee
This tranquil haven of democracy
The blood of our sires
Which hallows the sod,
Brought freedom
From slavery oppression's rod,
By the might of truth
And the grace of God.
No longer shall we be hewers of wood.

Coro
Arise! Ye sons of the Baymen's clan,
Put on your armours, clear the land!
Drive back the tyrants, let despots flee!
Land of the Free by the Carib Sea!

I
Ó, Terra dos Livres
Junto ao Mar do Caribe,
Nossa coragem
Nos garante a tua liberdade!
Aqui nenhum tirano hesita,
Déspotas que fujam
Deste tranqüilo refúgio da democracia.
O sangue de nossos pais,
Que consagra o solo,
Traz liberdade
Ao açoite da escrava opressão,
Pela força da verdade
E a graça de Deus.
Não mais somos lenhadores na floresta.

Coro
Surjam! Vós filhos do clã dos Baymen,[1]
Vistam vossas armaduras, purifiquem a terra!
Rechaçai os tiranos, que fujam os déspotas!
Terra dos Livres junto ao mar do Caribe!

---

[1] *Baymen* é um termo usado para designar os primeiros colonizadores europeus que trabalhavam na extração de madeira em Belize.

II
Nature has blessed thee
With wealth untold,
O'er mountains and valleys
Where prairies roll;
Our fathers, the Baymen,
Valiant and bold
Drove back the invader;
This heritage bold
From proud Rio Hondo
To old Sarstoon,
Through coral isle,
Over blue lagoon;
Keep watch with the angels,
The stars and moon;
For freedom comes
To-morrow's noon.

II
A natureza te abençoa
Com riqueza incontável,
Sobre montanhas e vales
Onde ondulam os campos;
Nossos pais, os Baymen,
Valentes e audazes
Rechaçaram o invasor;
E esta herança persiste
Do impetuoso rio Hondo[1]
Ao antigo Sarstun,[2]
Através da ilha coralina,
Sobre a lagoa azul;
Resguarda-lhe com os anjos,
As estrelas e a lua;
Pois a liberdade chega
Ao meio-dia de amanhã.

---

[1] O rio Hondo demarca a divisa entre Belize e México.
[2] O rio Sarstoon (em espanhol Sarstun) percorre o Sul de Belize, divisa com a Guatemala.

BENIN

Com letra e música de Gilbert Jean Dagnon (1926-), *L'Aube Nouvelle* (A Nova Alvorada), como é conhecido o hino nacional beninense, foi adotado em 1960, época em que esta nação se chamava Daomé. Situado na costa da África Ocidental, o país foi rebatizado de Benin em 1975.

HINO

L'Aube Nouvelle

I
Jadis à son appel,
Nos aieux sans faiblesse
Ont su avec courage,
Ardeur pleins d'allegresse
Livrer au prix du sang
Des combats éclatants.
Accourez-vous aussi,
Bâtisseurs du présent,
Plus forts dans l'unité,
Chaqu'jour a la tache,
Pour la prosperité,
Construisez sans relâche.

Coro
Enfants du Benin debout!
La liberté d'un cri sonore
Chante aux premiers feux de l'aurore;
Enfants du Benin debout!

TRADUÇÃO :: TIAGO JOSÉ BERG

A Nova Alvorada

I
Outrora a seu apelo,
Nossos avós sem fraqueza,
Souberam com coragem,
O pleno ardor da alegria,
Entregues ao preço do sangue
Dos brilhantes combates.
Acorrer a vós ainda,
Edificadores do presente,
Mais fortes na unidade,
Diariamente à tarefa,
Pela prosperidade,
Sem relaxar construístes.

Coro
Filhos do Benin de pé!
A liberdade de um brado sonoro
Cantem aos primeiros raios da aurora,
Filhos do Benin de pé!

II
Quand partout souffle
Un vent de clère et de haine,
Béninois, sois fier,
Et d'une âme sereine,
Confiant dans l'avenir,
Regarde ton drapeau!
Dans le vert tu liras
L'espoir du renouveau,
De tes aïeux le rouge
Évoque le courage;
Des plus riches trésors
Le jaune est le présage.

III
Tes monts ensoleillés,
Tes palmiers, ta verdure,
Cher Bénin, partout font
Ta vive parure.
Ton sol offre à chacun
La richesse des fruits.
Bénin, désormais
Que tes fils tous unis
D'un fraternel élan
Partagent l'espérance
De te voir à jamais heureux
Dans l'abondance.

II
Quando por toda parte sopra
Um vento de ódio e raiva,
Beninenses, sois altivos,
E de uma alma serena,
Confiantes no futuro,
Vejam tua bandeira!
No verde tu destacas
A esperança da primavera,
De teus avós o vermelho
Evoca a coragem;
Dos mais ricos tesouros
O amarelo é o presságio.

III
Teus montes ensolarados,
Tuas palmeiras, tua verdura,
Caro Benin, em todo lugar
Tua vida se enfeita.
Teu solo oferece a cada um
A riqueza dos frutos.
Benin, doravante
Que teus filhos todos unidos
De um arrojo fraternal
Partilhem a esperança
De te ver sempre feliz
Na abundância.

BOLÍVIA

O hino nacional da Bolívia foi apresentado pela primeira vez em 18 de novembro de 1845, quando foi tocado pela banda marcial ao meio-dia diante do Palácio do Governo em La Paz, e durante a noite, na inauguração do Teatro Municipal. A letra foi escrita meses antes pelo advogado e poeta Ignácio Sanjinés (1786-1864), recebendo melodia do italiano Leopoldo Benedetto Vincenti (1815-1914), que havia chegado ao país em setembro daquele mesmo ano e fora contratado para compor a música do hino. Em 1851, sob decreto supremo do presidente Manuel Isidoro Belzú Humerez, o hino foi oficializado.[1]

HINO

Bolivianos: el hado propicio
Coronó nuestros votos y anhelo;
Es ya libre, ya libre este suelo,
Ya cesó su servil condición.
Al estruendo marcial que ayer fuera
Y al clamor de la guerra horroroso,
Siguen hoy, en contraste armonioso,
Dulces himnos de paz y de unión.

Coro
De la Patria, el alto nombre
En glorioso esplendor conservemos
Y en sus aras de nuevo juremos
¡Morir antes que esclavos vivir!

TRADUÇÃO :: TIAGO JOSÉ BERG.

Bolivianos: o fato propício
Coroou nossos votos e anseio;
És já livre, já livre este solo,
Já cessou sua servil condição.
Ao estrondo marcial que ontem fora
E ao clamor da guerra horroroso,
Seguem hoje, em contraste harmonioso,
Doces hinos de paz e união.

Coro
Da Pátria, o alto nome
Em glorioso esplendor conservemos
E em seus altares de novo juremos
Morrer antes que escravos viver!

---

1 A versão completa do hino possui quatro estrofes.

BÓSNIA-HERZEGOVINA

Após conquistar sua independência da ex-Iugoslávia, em março de 1992, e passar por uma violenta guerra civil, a Bósnia-Herzegovina adotou seu primeiro hino nacional em dezembro de 1995, conhecido como *Jedna si Jedina* (Una e Única), cuja letra e música são de autoria do músico pop Edin Dervishalidovic (1962-). Nascido em Sarajevo, Edin criou em 1983 o conjunto musical "Merlin", e até 1990 produziu cinco álbuns; em 1991 lançou sua carreira individual sob o pseudônimo de "Dino Merlin", gravando mais três álbuns. Após divergências por parte das comunidades de origem bósnio-muçulmana e servo-croata do país sobre a exclusão da última na letra de *Jedna si Jedina* (assim como a bandeira e brasão adotados na época da independência), um novo hino nacional foi adotado em 10 de fevereiro de 1998, conhecido por *Intermeco* (*Intermezzo*), apesar de não haver um título oficial. A música foi composta por Dušan Šestić (1946-) e o hino apresenta-se oficialmente como "sem letra", refletindo a neutralidade expressa também pela nova bandeira e brasão de armas do país, adotados na mesma data.

BOTSUANA

Botsuana, país localizado no Sul do continente africano, adotou seu hino nacional em 30 de setembro de 1966, data da independência. A letra e a música foram compostas por Kgalemang Tumedisco Motsete (1900-1974).

. . . .

HINO

I
Fatshe leno la rona,
Ke mpho ya Modimo,
Ke boswa jwa borraetsho,
A le nne ka Kagiso.

Coro
Tsogang, tsogang! Banna, tsogang!
Emang, basadi, emang, Tlhagafalang!
Re ko aneleng go direla
Lefhatshe ya rona.

II
In lentle la tumo,
La chaba ya Botswana,
Ka Kutlwano le kagisano
E bopagantswe mmogo.

TRADUÇÃO :: TIAGO JOSÉ BERG

I
Abençoada seja esta nobre terra,
Herdada da poderosa mão de Deus,
Herança de nossos pais legada a nós.
Que sempre lhe haja a Paz.

Coro
Revivam, revivam, ó homens, revivam!
E com as mulheres unam-se de pé,
E juntos trabalhem a servir
Esta terra, esta próspera terra!

II
Enunciado da beleza e da fama,
O nome Botsuana vem a nós.
Totalizando nossa unidade e harmonia,
Para continuarmos todos juntos em paz.

BRASIL

O Brasil, após declarar sua independência, por nove anos viveu sem um hino e, por quase um século, o hino nacional foi executado sem ter uma letra "oficial". A história começa justamente com uma melodia composta pelo maestro Francisco Manuel da Silva (1795-1865) ainda na euforia de 1822. Ele guardara a música até a data de 13 de abril de 1831, ocasião em que foi apresentada ao público na cerimônia de partida de dom Pedro I para assumir o trono de Portugal. Durante o período imperial a música passou a ser usada e surgiram diferentes letras ao longo dos anos para acompanhá-la, mas nenhuma delas foi oficializada. Após a Proclamação da República em 1889, o governo provisório organizou um concurso para a escolha de um novo hino oficial; porém, seguiu-se que na data de 20 de janeiro de 1890 o Decreto nº 171 do presidente Manuel Deodoro da Fonseca manteve como hino nacional a música de Francisco Manuel da Silva. O hino só receberia uma letra definitiva no ano de 1909,[1] escrita pelo poeta Joaquim Osório Duque Estrada (1870-1927). Finalmente, em 6 de setembro de 1922, na véspera do centenário da independência, o presidente Epitácio Pessoa oficializou o texto do "Hino Nacional Brasileiro".

· ·

Hino Nacional Brasileiro

I
Ouviram do Ipiranga[2] as margens plácidas
De um povo heróico o brado retumbante,
E o sol da liberdade, em raios fúlgidos,
Brilhou no céu da pátria nesse instante.

Se o penhor dessa igualdade
Conseguimos conquistar com braço forte,
Em teu seio, ó liberdade,
Desafia o nosso peito a própria morte!

Ó Pátria amada,
Idolatrada,
Salve! Salve!

---
1 Joaquim Osório ainda faria onze modificações na letra originalmente escrita.
2 Foi às margens deste riacho, na cidade de São Paulo, que, simbolicamente, teria sido declarada a Independência do Brasil em 7 de setembro de 1822 pelo príncipe-herdeiro de Portugal dom Pedro (1798-1834), tornando-se mais tarde o primeiro imperador brasileiro, sob o título de "dom Pedro I".

Brasil, um sonho intenso, um raio vívido
De amor e de esperança à terra desce,
Se em teu formoso céu, risonho e límpido,
A imagem do Cruzeiro[3] resplandece.

Gigante pela própria natureza,
És belo, és forte, impávido colosso,
E o teu futuro espelha essa grandeza.

Terra adorada,
Entre outras mil,
És tu, Brasil,
Ó pátria amada!

Dos filhos deste solo és mãe gentil,
Pátria amada,
Brasil!

II
Deitado eternamente em berço esplêndido,
Ao som do mar e à luz do céu profundo,
Fulguras, ó Brasil, florão da América,
Iluminado ao sol do Novo Mundo!

Do que a terra mais garrida
Teus risonhos, lindos campos têm mais flores;
"Nossos bosques têm mais vida",
"Nossa vida" no teu seio "mais amores".

Ó Pátria amada,
Idolatrada,
Salve! Salve!

---

[3] Referente ao "Cruzeiro do Sul", constelação presente no hemisfério celestial sul; símbolo indicativo de vários países austrais.

Brasil, de amor eterno seja símbolo
O lábaro que ostentas estrelado,
E diga o verde-louro dessa flâmula:
– Paz no futuro e glória no passado.

Mas, se ergues da justiça a clava forte,
Verás que um filho teu não foge à luta,
Nem teme, quem te adora, a própria morte.

Terra adorada,
Entre outras mil,
És tu, Brasil,
Ó pátria amada!

Dos filhos deste solo és mãe gentil,
Pátria amada,
Brasil!

BRUNEI

O hino nacional do pequeno sultanato de Brunei, vizinho da Malásia, na ilha de Bornéu, no Sudeste Asiático, foi composto em 1947 por iniciativa de um grupo de jovens que decidiram que seu país precisava de símbolos nacionais próprios. Pengiran Haji Mohamed Yusuf bin Abdul Rahim (1923-) foi encarregado de escrever a letra do hino e Awang Haji Besar bin Sagap (1914-1988) fez os arranjos musicais que foram apresentados pela primeira vez em uma escola primária na capital do país, Bandar Seri Begawan. Em 1951, a composição seria adotada como hino do protetorado britânico de Brunei. Quase quarenta anos depois de composto, ele seria oficializado quando o sultanato ganhou sua independência, em 1º de janeiro de 1984.

. . . .

HINO	TRADUÇÃO :: TIAGO JOSÉ BERG
Allah Peliharakan Sultan	**Deus Abençoe o Sultão**
Ya, Allah lanjutkanlah usia,	Deus abençoe sua majestade
Kebawah Duli Yang Maha Mulia	Com uma vida longa!
Adil berdaulat, menaungi nosa,	Dignamente e nobremente guie o Reino
Memimpin rakyat kekal bahagia:	E sempre conduza alegremente nosso povo
Hidup sentosa, Negara dan Sultan	Pacificamente seja, nossa Nação e o Sultão[1]
Ilahi selamatkan Brunei Darussalam.	Senhor, salve Brunei, o lar da Paz!

---

1 O atual sultão de Brunei é Hassanal Bolkiah Mu'izzaddin Waddaulah (1946-).

BULGÁRIA

Mila Rodino (Querida Pátria) teve sua letra e música compostas pelo jovem professor Tsvetan Tsvetkov Radoslavov (1863-1931) durante o conflito armado de 1885, entre a Sérvia e a Bulgária. A composição se tornaria hino nacional do país em 1964. Entre 1885 e 1964, a Bulgária havia adotado outros dois hinos nacionais em diferentes contextos de sua história.

HINO

Mila Rodino

Gorda Stara planina,
Do nei Dunava sinei,
Sluntse Trakiya ogryava,
Nad Pirina plamenei.

Coro
Mila Rodino,
Ti si zemen rai,
Tvoita hubost, tvoita prelest,
Ah, te niyamat krai.

TRADUÇÃO :: TIAGO JOSÉ BERG

Querida Pátria

Nobre Stara Planina,[1]
Defronte ao Danúbio azul,[2]
Sobre a Trácia[3] brilha o sol,
Sobre o Pirin[4] o arrebol.

Coro
Querida Pátria,
Um éden tu és,
Tua beleza, teu encanto,
Ah! Infinitos são!

---

1 *Stara Planina* é como são chamados os Bálcãs pelos búlgaros.
2 O Danúbio é um rio europeu que atravessa vários países e serve de limite entre o Norte da Bulgária e o Sul da Romênia.
3 Região histórica de disputa entre Bulgária e Turquia no final do século XIX; atualmente pertence (em grande parte) ao território da Bulgária.
4 Cadeia montanhosa no Sudoeste da Bulgária, na divisa com a Sérvia.

BURQUINA FASSO

Le Ditanyè (Hino da Vitória), também conhecido como *Une Seule Nuit* (Uma Só Noite), foi adotado como hino nacional em 4 de agosto 1984, quando o país mudou de nome. Anteriormente a essa data, Burquina Fasso chamava-se Alto Volta. Ele foi escrito pelo presidente Thomas Isidore Noël Sankara (1949-1987), que além de escritor e governante, atuava como músico em uma banda chamada Tout-à-Coup Jazz, em Uagadugu, capital do país.

HINO

I
Contre la férule humiliante
Il y a deja mille ans
La rapacité venue de loin
Les asservir il y a cent ans
Contre la cynique malice métarmorphosée
En néocolonialisme et ses patits
Servants locaux
Beaucoup flanchèrent et certains résistèrent
Mais les échecs, les success,
La sueur, le sang
Ont fortifié notre peuple courageux
Et fertilisé sa lutte héroïque.

Coro
Et une seule nuit a rassemblé em elle
L'histoire de tout um peuple
Et une seule nuit a déclenché
As marche triomphale
Vers l'horizon du bonheur
Une seule niut a reconcilié
Notre peuple,
Avec tous les peuples du monde
A la conquête de la liberté et du progrès
La patrie ou la mort nous vaincrons.

TRADUÇÃO :: TIAGO JOSÉ BERG

I
Contra a férula humilhante
A lhe deixar mil anos
A rapacidade veio distante
De os escravizar por cem anos.
Contra a cínica malícia metamorfósica
Em neocolonialismo
E seus indignos servidores locais
Muitos fugiram e alguns resistiram
Mas os fracassos, os sucessos,
O suor, o sangue,
Fortificaram nosso povo corajoso
E fertilizaram sua luta heróica.

Coro
E uma só noite lhe reuniu
A história de todo um povo.
E uma só noite desencadeou
Sua marcha triunfal
Ao horizonte da ventura
Uma só noite reconciliou
Nosso povo,
Com todos os povos do mundo,
À conquista da liberdade e do progresso
A pátria ou a morte nós venceremos.

II	II
Nourris à la source vive de la révolution,	Instituímos à fonte viva da revolução.
Les engagés volontaires	Os engajes voluntários
De la liberté et de la paix	Da liberdade e da paz
Dans l'énergie nocturne	Da energia noturna
Et salutaire du 4 août	E salutar do 4 de Agosto,[1]
N'avaient pas que les armes à la main,	Não houve passos que as armas à mão,
Mais aussi et surtout	Mas também e sobretudo
La flamme au coeur	O ardor no coração
Pour légitimement libérer	Por legitimamente libertar
La Faso à jamais	A Fasso[2] para sempre
Des fers de tous ceux qui,	Dos grilhões de todos esses que,
Cà et là en polluaient l'âme sucrée	Cá e lá macularam a alma sagrada
De l'indépendance, de la souveraineté.	Da independência, da soberania.
III	III
Et séant désormais en sa	E decorosa, de hoje em diante,
Dignité recouvrée	Sua dignidade recuperou
L'amour er l'honneur en partage	O amor e a honra em partilha
Avec l'humanité	Com a humanidade.
Le peuple du Burkina	O povo do Burquina
Chante un hymne à la victoire	Canta um hino à vitória,
A la gloire du travail libérateur,	A glória do trabalho libertador,
Émancipateur	Emancipador.
A bas l'exploitation	Abaixo a exploração
De l'homme par l'homme,	Do homem pelo homem!
Hé! En avant pour le bonheur	Oh! Adiante pela felicidade
De tout homme	De todos os homens.
Par tous les hommes aujourd'hui et demain	Por todos os homens de hoje e amanhã.
Par tous les hommes ici et pour toujours.	Por todos os homens agora e para sempre!

---

1 Refere-se a 4 de agosto de 1984, quando o Alto Volta passou a se chamar: República da Burquina Fasso.
2 Burkina em língua maore significa "dignidade". A palavra Fasso, em língua dioula, significa casa paterna e, por extensão, "país". Seu nome pode ser traduzido como "país dos homens honestos" (OTERO, 2006). Neste caso, optei por aportuguesar o nome do país para "Burquina".

IV

Révolution populaire nôtre, sève nourricière
Maternité immortelle
De progrès à visage d'homme
Foyer éternel de démocratie consuelle
Où enfin l'identité nationale
A droit de cité
Où pour toujours
L'injustice perd ses quartiers
Et où des mains des bâtisseurs
D'un monde radieux
Mûrissent partout
Les moissons des voeux patriotique;
Brillent les soleils infinis de joie.

IV

Nossa revolução popular, seiva nutritiva.
Maternidade imortal
Do progresso à vista do homem.
Lar eterno de democracia consensual,
Onde, enfim, a identidade nacional
É consagrada pela tradição.
Onde, para sempre,
A injustiça perde seus quartéis.
E onde, das mãos dos edificadores
De um mundo radiante,
Amadurecem por toda parte
As colheitas dos votos patrióticos,
Brilhando os raios ilimitados de alegria.

BURUNDI

Burundi bwâcu (Caro Burundi) foi redigido por um grupo de escritores liderados pelo primeiro presidente do país: Jean-Baptiste Ntahokaja (1920-). A música ficou a cargo de Marc Barengayabo (1934-), professor da faculdade de direito de Bujumbura. O hino seria adotado em junho de 1962, um mês antes da declaração de independência nacional.

HINO

Burundi Bwâcu

Burundi bwâcu, burundi buhire,
Shinga icúmu mu mashinga,
Gaba intahe y'úbugabo
Ku bugingo.
Warápfunywe ntíwapfúye,
Waráhabishijwe ntíwahababuka.

Uhagurukana, uhagurukana,
Uhagurukana,
Ubugabo urîkukira.
Komerwamashyí n'ámakúngu,
Habwa impundu nâbâwe,
Isamírane mu mashinga.

Burundi bwâcu,
Rági ry'ábasôkúru,
Ramutswa intahe n'íbihúgu,
Ufatanije ishyaka n'ubú hizi;
Vuza impundu wiganzuye
Uwakúganza uwakúganza.

TRADUÇÃO :: TIAGO JOSÉ BERG

Caro Burundi

Caro burundi, ó doce país,
Retome o teu lugar no conjunto das nações.
Em todo bem, em toda honra,
Ascenda à independência.
Mutilado e pisado,
Ainda permanece como teu próprio mestre.

A hora chegou, tu levantaste
E nobremente chegaste
Ao lugar dos povos livres.
Receba, assim, o cumprimento das nações.
Aceite a homenagem de teus filhos,
Que através do universo retumbam teu nome.

Caro burundi,
Herança sagrada de nossos ancestrais,
Reconhecidos como dignos de te governar
Com coragem, tu alias o sentimento de honra,
E canta a glória
De tua liberdade reconquistada.

Burundi bwâcu,
Nkóramútima kurí twese,
Tugutuye amabóko, umítima n'úbuzima,
Imâna yakúduhaye ikudútungire.
Horana umwami
N'ábagabo n'ítekane.
Sagwa n'úrweze,
Sagwa n'ámahóro mezá.

Caro burundi,
Digno objeto de nosso terno amor,
A teu nobre serviço dedicamos
Nossos braços, corações e vidas.
Possa Deus, que nos fez donos de ti,
Conservar-te à nossa veneração.
Sobre a égide da Unidade;
Na paz, alegria e prosperidade.

BUTÃO

O hino nacional do Butão foi escrito por Gyaldun Dasho Thinley Dorji (1914-1966), fazendo referência às terras butanesas como *Druk tsendhen*, que significa em dzongká (língua do país) o "Reino do Dragão". Para compor a música, Aku Tongmi (1913-) teve que ir estudar na Índia; na sua volta ele se tornou regente da banda real butanesa. A melodia do hino foi baseada em uma antiga canção folclórica da região do Himalaia, acompanhada por uma série de coreografias tradicionais e apresentada ao público pela primeira vez durante a sua cerimônia de oficialização em 1953.

HINO

Druk tsendhen koipi gyelkhap na
Loog ye ki tenpa chongwai gyon
Pel mewang ngadhak rinpo chhe
Ku jurmey tenching chhap tsid pel
Chho sangye ten
Pa goong dho gyel
Bang che kyed nyima
Shar warr sho.

TRADUÇÃO :: TIAGO JOSÉ BERG

No reino do dragão, onde cresce o cipreste
Refúgio da tradição e da glória monacal,
O rei do dragão, precioso soberano,
É eterno e próspero é seu reinado.
Que a iluminada doutrina[1]
Progrida e floresça,
E o sol da paz e felicidade
Brilhe sobre o povo!

---

1 Doutrina da sabedoria budista.

CABO VERDE

De 1975 a 1996, Cabo Verde utilizou o mesmo hino que a República da Guiné-Bissau, sob o título de: "Esta é a Nossa Pátria Amada". O poema foi escrito em 1963 por Amílcar Lopes Cabral (1924-1973), que lutou pela independência de ambos os países. Em 1996, a República de Cabo Verde reformulou seus símbolos oficiais, adotando o "Cântico da Liberdade", com música de Adalberto Higino Tavares Silva (1961-) e letra de Amilcar Spencer Lopes (1948-), como seu novo hino nacional.

. . . .

HINO

Cântico da Liberdade

Coro
Canta, irmão
Canta meu irmão
Que a Liberdade é hino
E o Homem a certeza.

Com dignidade, enterra a semente
No pó da ilha nua;
No despenhadeiro da vida
A esperança é do tamanho do mar
Que nos abraça.
Sentinela de mares e ventos
Perseverante
Entre estrelas e o Atlântico
Entoa o cântico da Liberdade.

CAMARÕES

O hino nacional de Camarões tem suas origens no canto patriótico composto em 1928 durante a visita do governador francês Théodore Paul Marchand à escola normal da missão presbiteriana em Foulassi, no Sul do país. A letra da canção foi escrita originalmente por René Djam Afane (1910-1981), com a melodia composta por Samuel Minkio Bamba (1911-).[1] O hino seria adotado pela Assembléia Legislativa de Camarões em 10 de maio de 1957. Uma lei em 20 de maio de 1970 alterou a letra original em virtude das circunstâncias históricas na qual vivia o país e novos versos foram escritos por Moïse Nyatte Nko'o (1910-1978). Em 1978 foi adotada uma versão em inglês para o hino, escrita por Bernard Nsokika Fonlon (1924-1986), para melhor refletir a condição do biculturalismo institucional da República de Camarões.

HINO (FRANCÊS)

I
O Cameroun, berceau de nos ancêtres,
Va, debout et jaloux de ta liberté.
Comme un soleil
Ton drapeau fier doit être,
Un symbole ardent de foi et d'unité.
Que tous tes enfants du Nord au Sud,
De l'Est à l'Ouest soient tout amour!
Te servir que ce soit leur seul but
Pour remplir leur devoir toujours!

Coro
Chère Patrie, Terre Chèrie,
Tu es notre seul et vrai bonheur,
Notre joie et notre vie.
A toi l'amour et le grand honneur!

TRADUÇÃO :: TIAGO JOSÉ BERG

I
Ó Camarões, berço de nossos ancestrais,
Siga de pé e defenda a tua liberdade.
Como um sol
Tua nobre bandeira deve ser,
Um símbolo ardente de fé e unidade.
Que todos os teus filhos de Norte a Sul,
De Leste a Oeste sejam o teu amor!
Servir-te, que só isto seja vossa meta
Para realizar sempre o teu dever!

Coro
Querida Pátria, Terra Adorada,
Tu és nossa única e verídica felicidade,
Nossa alegria e nossa vida.
A ti o amor e a grande honra!

---

1 A data de falecimento do compositor ainda não foi divulgada.

II
Tu es la tombe où dorment nos pères,
Le jardín que
Nos aïeux ont cultivé.
Nous travaillons pour te rendre prospère,
Un beau jour en fin nous seront arribes.
De l'Afrique soit fidèle enfant!
Et progresse toujours en paix
Espérant que tes jeunes enfants
T'aimeront sans bornes à jamais.

II
Tu és a tumba onde dormem nossos pais,
O jardim que
Nossos ancestrais cultivaram.
Nós trabalhamos para te fazer próspero,
Um belo dia, enfim, nos há de chegar.
Da África és o filho fiel!
E sempre progride em paz
Espera que teus jovens filhos,
Sempre te amarão sem limites.

HINO (INGLÊS)

I
O Cameroon, thou Cradle of our Fathers,
Holy Shrine where
In our midst they now repose,
Their tears
And blood and sweat thy soil did water,
On thy hills and valleys
Once their tillage rose.
Dear Fatherland, thy worth no tongue can tell!
How can we ever pay thy due?
Thy welfare we will win
In toil and love and peace,
Will be to thy name ever true!

Coro
Land of Promise, land of Glory!
Thou, of life and joy, our only store!
Thine be honour, thine devotion,
And deep endearment, for evermore.

TRADUÇÃO :: TIAGO JOSÉ BERG

I
Ó Camarões, tu és o berço de nossos pais.
O relicário sagrado
Onde eles agora descansam.
Suas lágrimas,
Sangue e suor regaram teu solo,
Em teus montes e vales
Onde lavouras cresceram.
Querida Pátria, o teu valor nada pode falar!
Como nós podemos te recompensar?
Com trabalho, amor e paz,
Obteremos teu bem-estar,
Teu nome, sincero para sempre será!

Coro
Terra promissora, terra de glória,
Tu, de alegria e vida, nossa única riqueza!
Teu amor, tua devoção,
E profunda estima, são para sempre.

II
From Shari, from where
The Mungo meanders
From along the banks
Of lowly Boumba Stream,
Muster thy sons
In union close around thee,
Mighty as the Buea Mountain
Be their team;
Instil in them the love of gentle ways,
Regret for errors of the past;
Foster, for Mother Africa, a loyalty
That true shall remain to the last.

II
Do Shari[1] até onde
O Mungo[2] meandra,
Nas margens onde
O modesto Boumba[3] corre,
Envolvendo teus filhos
Em união ao longo de ti,
Fortes como a Montanha Buea[4]
A congregar-te;
Instila neles o amor de forma suave,
Arrependendo-os dos erros do passado,
Nutrindo, da Mãe África, a lealdade,
Que permanecerá verdadeira até o final.

---
1 Afluente do lago Chade, no extremo Norte de Camarões.
2 Delta na região litorânea do Sudoeste de Camarões.
3 Sudeste de Camarões, na divisa do Congo e da República Centro-Africana.
4 Monte vulcânico no Oeste de Camarões, próximo ao Golfo da Guiné.

CAMBOJA

O hino nacional do Camboja passou metaforicamente por mortes e ressurreições. Ele foi adotado pela primeira vez em 1941 e oficializado em 1947, ano em que o país se tornou independente. Em 1970, quando a monarquia foi destituída, o hino foi substituído. Entre 1975 e 1976 o hino reapareceu com os antigos símbolos reais, logo restituídos pelos símbolos do governo de orientação marxista-comunista. Em 1993 a monarquia foi novamente restaurada e, mais uma vez, o hino conhecido por *Nokoreach* (O Reino) voltou a ser utilizado como símbolo nacional. A letra foi escrita por Chuon Nat (1883-1969) e o compositor da música do hino é desconhecido; ela foi baseada em uma antiga canção folclórica cambojana.

HINO

Nokoreach

I
Som pouk tepda rak sa
Moha khsath yeung
Oy ben roung roeung doy chey
Monkol srey soursdey
Yeung Khnom preah ang som chrok
Krom molup preah Baromey
Ney preah Noropdey vong Khsattra
Del sang preah sat thmr
Kroup Kraung dèn Khmer
Borann thkoeung thkann.

TRADUÇÃO :: TIAGO JOSÉ BERG

O Reino

I
Que o céu proteja
O nosso rei
E lhe conceda
A felicidade e a glória.
Que ele reine
Sobre nossos destinos e corações,
Aquele que,
Herdeiro da soberania edificada,
Governa o fiel
E antigo Reino.

II
Prasath séla kombang kan dal prey
Kuor oy srmay noeuk dl yuos sak
Moha Nokor
Cheat Khmer dauch Thmar
Kong vong ny lar rung peung chom hor.
Yeung sang Khim por pheap preng
Samnang robuos Kampuchea.
Moha rth koeut mien you ang veanh hey.

III
Kroup vath aram lu tè so sap thoeur
Sot doy am no rom lik koun poth sasna
Chol yeung chea neak thioeur thiak smos
Smak tam bep donnta
Kong tè thévoda nùng chuoy chrom
Chrèng phkot phkang pra yoch oy
Dol prateah Khmer
Thea Moha Nokor.

II
Os templos adormecem nas florestas,
Relembrando a grandeza
Do Moha Nokor.[1]
Como a rocha,
A raça Khmer [2] é eterna.
Nós confiamos
No destino do Campuchea.[3]
O Império que desafia os anos.

III
Os cantos elevam-se dos pagodes,
Para a glória da santa fé budista.
Somos fiéis às crenças
De nossos pais.
Assim o céu prodigalizará
Todos os seus benefícios
Ao antigo país Khmer,
O Moha Nokor.

---

[1] Moha Nokor é o conjunto de templos construídos pelo Império Khmer, que teve seu auge no Sudeste Asiático entre os séculos IX e XII. Seu principal monumento arquitetônico, figurando inclusive na bandeira do país como símbolo nacional, chama-se Angkor Wat. A palavra significa ainda a própria extensão territorial (e simbólica) da pátria dos cambojanos.
[2] Principal etnia do Camboja, compondo mais de 90% de sua população.
[3] Antigo nome do Camboja. A palavra é uma tradução direta do nome do país na língua khmer.

CANADÁ

"Oh Canadá" foi proclamado como hino nacional do país em 1º de julho de 1980, um século depois de ser cantado pela primeira vez, em 24 de junho de 1880. A música foi elaborada pelo célebre compositor Calixa Lavallée (1842-1891); para acompanhá-la, *sir* Adolphe-Basile Routhier (1839-1920) escreveu alguns versos em francês. A canção tornava-se cada vez mais popular com o passar dos anos e muitas versões em inglês surgiram para ela. A versão oficial foi escrita em 1908 pelo juiz Robert Stanley Weir (1856-1926). A letra seria revisada em 1968 por um comitê de membros do Senado e da Câmara dos Comuns.

HINO (FRANCÊS)

Ô Canada!

Ô Canada!
Terre de nos aïeux,
Ton front est ceint de fleurons glorieux!
Car ton bras sait porter l'épée
Il sait porter la croix!
Ton histoire est une épopée
Des plus brilliants exploits.
Et ta valeur, de foi trempée,
Protégera nos foyers et nos droits,
Protégera nos foyers et nos droits.

TRADUÇÃO :: TIAGO JOSÉ BERG

Oh! Canadá!

Oh! Canadá!
Terra de nossos ancestrais,
Tua fronte é cingida de florões gloriosos!
Pois teu braço sabe portar a espada
Ele sabe portar a cruz!
Tua história é uma epopéia
Das mais brilhantes proezas.
E teu valor, inunda-se de fé,
Protegerá nossos lares e nossos direitos,
Protegerá nossos lares e nossos direitos.

HINO (INGLÊS)

Oh Canada!

Oh Canada!
Our home and native land!
True patriot love in all thy sons command.
With glowing hearts we see thee rise,
The True North strong and free!
From far and wide, oh Canada,
We stand on guard for thee.
God keep our land glorious and free!
Oh Canada, we stand on guard for thee.
Oh Canada, we stand on guard for thee.

TRADUÇÃO :: TIAGO JOSÉ BERG

Oh! Canadá!

Oh! Canadá!
Nosso lar e terra natal!
O fiel amor patriota em teus filhos comande.
Com corações ardorosos vemos a ti progredir,
O legítimo Norte, forte e livre!
Por toda parte, oh Canadá,
Estamos em guarda por ti.
Deus proteja nossa terra gloriosa e livre!
Oh Canadá, estamos em guarda por ti,
Oh Canadá, estamos em guarda por ti.

CATAR

De 1954 a 1996 o Estado do Catar possuía um hino sem letra. Em 7 de dezembro daquele ano, para celebrar a ascensão ao trono do xeique Hamad bin Khalifa Al-Thani (1952-), um novo hino nacional foi adotado. A letra ficou a cargo de Sheikh Mubarak bin Saïf al-Thani (1953-) e a música foi composta por Abdul Aziz Nasser Obaidan (1952-).

HINO

Qasaman, biman rafa' as-seme'
Qasaman biman nashraz-z.iye'
Qat.arun satbaqa x.auratan
Tasmu birux.i l-aufie'

Siru' 'ala nuhaj il-'u
Wa'la z.ia' il 'anbiya'
Qat.arun biqalbi sirat
'Azul 'amjaad ul-'iba

Qat.arun ir-rajil al-'awain
X.aumatnu yaum al-inda'
Wax.amaymun yaum as-salam
Jawarix.a yaum al-fida'a

TRADUÇÃO :: TIAGO JOSÉ BERG

No juramento por Deus, elevado aos céus,
No juramento por Deus, espalhando a luz
O Catar sempre será livre,
Sublimado pelas almas dos sinceros.

Tu prossegues nos modos dos ascendentes,
E avanças na orientação do profeta[1]
Em meu coração,
O Catar é uma epopéia de glória e dignidade.

O Catar é a terra onde cada homem
Nos protege nos tempos de aflição
Arrojados nos tempos de paz,
São guerreiros nos tempos de sacrifício.

---

1 Refere-se a [Maomé] Muhammad (570-632).

CAZAQUISTÃO

Após declarar sua independência em 16 de dezembro de 1991, a República do Cazaquistão manteve como seu hino nacional uma melodia criada em 1945, durante o regime soviético; somente a letra seria modificada no ano seguinte. Passada quase uma década e meia, o presidente Nursultan Abishevich Nazarbayev (1940-) revisou então uma canção escrita em 1956 por Zhumeken Nazhimedenov (1935-1983) com música de Shamshi Kaldayakov (1930-1992), decretando-a hino nacional em 6 de janeiro de 2006. Nazarbayev se converteu, assim, em co-autor do novo hino nacional de seu país.

HINO

I
Altyn kün aslany,
Altyn dän dalasy,
Erlikting dastany,
Elime qarashy!
Ezhelden er degen,
Dangkymyz shyqty ghoy.
Namysyn bermegen,
Qazaghym myqty ghoy!

Coro
Mening elim, mening elim,
Güling bolyn egilemin,
Zhyryng bolyn tögilemin, elim!
Tughan zherim mening: Qazaqstanym!

II
Urlaqqa zhol ashqan,
Keng baytaq zherim bar.
Birligi zharasqan,
Täuelsiz elim bar.
Qarsy alghan yaqytty,
Mänggilik dosynday.
Bizding el baqytty,
Bizding el osynday!

TRADUÇÃO :: TIAGO JOSÉ BERG

I
No céu o sol dourado,
Na estepe o áureo grão,
De lendária coragem,
Esta é minha nação!
No passado imemorial
Nossa glória nasceu.
Orgulhoso e forte,
É meu povo cazaque!

Coro
Meu país, meu país,
Como suas flores, crescerei então,
Como sua canção, eu soarei, país!
Minha terra natal: o Cazaquistão!

II
Com a ilimitada vastidão
E um caminho aberto ao futuro.
Temos a independência,
E um povo unido.
Como um eterno amigo,
Nossa próspera terra,
Nosso alegre povo,
Saúda este novo tempo!

CHADE

O hino nacional do Chade, chamado *La Tchadiene* (A Chadiana), foi composto em janeiro de 1960 para a proclamação de independência do país, em 11 de agosto do mesmo ano. A letra foi escrita por Louis Gidrol (1922-)[1] em companhia de seu grupo de estudantes da Escola Saint Paul. Os arranjos musicais foram providenciados por Paul Villard (1899-1986).

HINO

La Tchadienne

Coro
Peuple Tchadien, debout et à l'ouvrage!
Tu as conquis la terre et ton droit,
Ta liberté naîtra de ton courage.
Lève les yeux, l'avenir est à Toi.

O mon Pays, que Dieu te prenne en garde,
Que tes voisins admirent tes enfants.
Joyeux, pacifique, avance en chantant,
Fidèle à tes anciens te regardent.

TRADUÇÃO :: TIAGO JOSÉ BERG

A Chadiana

Coro
Povo chadiano, de pé e ao trabalho!
Tu conquistaste a terra e teus direitos,
Tua liberdade nasceu de tua coragem.
Levante os olhos, o futuro é teu!

Ó meu país, que Deus te proteja,
Que teus vizinhos admirem teus filhos.
Joviais, pacíficos, avancem cantando,
Fiéis a teus ancestrais que vos assistem.

---

[1] A data de falecimento do autor ainda não foi divulgada.

CHILE

Em 1819, o general Bernardo O'Higgins solicitou a Bernardo de Vera y Pintado (1789-1826) que escrevesse a letra do primeiro hino chileno, que apresentou um caráter "aguerrido" devido à luta do país para se libertar da Espanha. Mais tarde, foi solicitado ao compositor espanhol Ramón Carnicer y Battle (1780-1855) que compusesse a música, adotada em 17 de setembro de 1847. Neste mesmo ano, restabelecidas as relações diplomáticas do Chile com a Espanha, a letra foi modificada. Os novos versos foram escritos pelo jovem poeta Eusebio Lillo Robles (1826-1910). Como o "coro" escrito por Lillo não agradou, foi utilizado o refrão escrito por Pintado na nova versão do hino, oficializada em 12 de agosto de 1909 e 27 de junho de 1941.[1]

HINO

Puro, Chile, es tu cielo azulado
Puras brisas te cruzan también,
Y tu campo, de flores bordado,
Es la copia feliz del Edén.
Majestuosa es la blanca montaña
Que te dio por baluarte el Señor,
Y ese mar que tranquilo te baña,
Te promete futuro esplendor.

Coro
Dulce Patria, recibe los votos
Con que Chile en tus aras juró
Que, o la tumba serás de los libres,
O el asilo contra la opresión.

TRADUÇÃO :: TIAGO JOSÉ BERG

Puro, Chile, és teu céu azulado
Puras brisas te cruzam também,
E teu campo, de flores bordado,
És a cópia feliz do Éden.
Majestosa és a branca montanha
Que te deu por baluarte o Senhor,
E esse mar que tranqüilo te banha
Te promete um futuro esplendor.

Coro
Doce Pátria, recebe os votos
Com que o Chile em teus altares jurou
Que, ou a tumba será dos livres,
Ou o asilo contra a opressão.

---

1 A versão completa possui seis estrofes; a quinta estrofe é cantada.

CHINA (REPÚBLICA POPULAR)

O hino nacional chinês, intitulado "A Marcha dos Voluntários", nasceu da música-tema do filme *Filhos e filhas sob a tempestade*. Tian Han (1898-1968) havia escrito a letra e Nie Er (1912-1935) tinha composto a música em 1935 para o filme. Por se tratar de uma canção solene e inspiradora, em 27 de setembro de 1949, a Conferência Consultiva Política do Povo Chinês decidiu transformar a canção em hino nacional da República Popular da China.

HINO

Yìyongjūn Jìnxíngqu

Qilai!
Bu yuan zuo nuli de renmen,
Ba women de xuerou zhu
Cheng women xin de Changcheng!
Zhonghua Minzu
Dao liao zui weixian de shihou,
Meige ren beipo zhe fa chu
Zuihou de housheng!
Qilai, qilai, qilai!
Women wanzhongyixin,
Mao zhe diren de paohuo qianjin!
Mao zhe diren de paohuo qianjin!
Qianjin!
Qianjin!
Jin!

TRADUÇÃO

:: EMBAIXADA DA REPÚBLICA POPULAR DA CHINA EM BRASÍLIA

A Marcha dos Voluntários

Levantai-vos!
Vós que recusais a escravatura!
Com o nosso sangue e carne
Construiremos uma nova Grande Muralha!
A Nação Chinesa
Está num momento crítico,
E de cada peito lança-se o último clamor:
De pé! De pé! De pé!
Nós, os milhões de corações
Que batem em uníssono,
Em desafio ao fogo inimigo, marcharemos!
Em desafio ao fogo inimigo, marcharemos!
Marcharemos!
Marcharemos!
Avante!

CHIPRE

A República do Chipre, nação insular localizada na região oriental do mar Mediterrâneo, conquistou sua independência da administração britânica em 16 de agosto de 1960. Desde então, o país utiliza oficialmente o mesmo hino nacional que a Grécia, com letra de Dionysios Solomos (1798-1857) e música de Nikolaos Mantzaros (1795-1873),[1] devido aos laços culturais e étnicos que a maioria dos cipriotas possui com os gregos.[2]

HINO

Imnos eis tin Eleftherian

Se gnorízo apó tin cópsi
Tú spathiú tin tromerí,
Se gnorízo apó tin ópsi
Pú me via metrai ti gui.

Ap'tá cócala vgalmeni
Tón Elínon tá ierá,
Que sán próta andriomeni
Xére, oh xére Elefteriá.

TRADUÇÃO
:: EMBAIXADA DA GRÉCIA EM BRASÍLIA [3]

Hino à Liberdade

Conheço-a pelo corte
Terrível da espada.
Conheço-a pela face
Que, com pressa, mede o chão.

Dos ossos sagrados
Dos gregos tirada,
E valente como outrora
Salve, oh! Salve Liberdade.

---

1 Para mais detalhes históricos a respeito desse hino, ver p. 124.
2 O Norte do país possui uma significativa população cipriota de origem turca, que adota o İstiklâl Marşi (hino nacional turco) como sua canção nacional, assim como uma bandeira e brasão de armas próprios na autodeclarada "República Turca do Norte do Chipre", país reconhecido apenas pela Turquia.
3 Baseado na tradução realizada pela embaixada do hino nacional grego.

CINGAPURA

Quando o primeiro conselho eleito da cidade de Cingapura se formou, em 1957, sentiu-se a necessidade de ter uma canção patriótica. O compositor indonésio Zubir Said (1907-1987), que mais tarde se tornaria famoso por compor músicas para filmes, escreveu a letra e melodia do hino com base no tema de *Majulah Singapura* (Avante Cingapura!), apresentado-a na cerimônia de reinauguração do teatro *Victory*, em 1958. Em 1965, Cingapura se separou da Malásia e o tema se tornou hino nacional do país.

HINO

Majulah Singapura

Mari kita rakyat Singapura
Sama-sama menuju bahagia
Cita-cita kita yang mulia
Berjaya Singapura.

Coro
Marilah kita bersatu
Dengan semangat yang baru
Semua kita berseru
Majulah Singapura!
Majulah Singapura!

TRADUÇÃO :: TIAGO JOSÉ BERG

Avante Cingapura!

Nós, o povo de Cingapura
Juntos marchamos para a felicidade
Em nossa nobre aspiração em fazer
De Cingapura um sucesso!

Coro
Deixe que tudo nos una
Em um novo espírito
E juntos nós proclamamos:
Avante Cingapura!
Avante Cingapura!

COLÔMBIA

A letra do hino nacional colombiano foi escrita pelo presidente Rafael Nuñez (1825-1894) e apresentada pela primeira vez em 11 de novembro de 1887. Sob incentivo do ator José Domingo Torres, o tenor italiano Oreste Sindici (1837-1904), integrante e maestro de uma companhia de ópera que, àquela época, se apresentava em Bogotá, compôs a música do hino, que foi apresentado ao público diante do palácio de *San Carlos* em 6 de dezembro daquele mesmo ano. O hino ganhou grande popularidade a partir de então e seria oficializado em um decreto presidencial de 28 de outubro de 1920.[1]

HINO

Coro
¡Oh gloria inmarcesible!
¡Oh júbilo inmortal!
En surcos de dolores,
El bien germina ya.

Cesó la horrible noche,
La libertad sublime
Derrama las auroras
De su invencible luz.
La humanidad entera,
Que entre cadenas gime,
Comprende las palabras
Del que murió en la Cruz.

TRADUÇÃO :: TIAGO JOSÉ BERG

Coro
Oh! Glória imarcescível!
Oh! Júbilo imortal!
Nas profundas dores,
O bem germina já.

Cessou a horrível noite,
A liberdade sublime,
Derrama as auroras,
De sua invencível luz.
A humanidade inteira,
Que entre correntes geme,
Compreende as palavras,
Do que morreu na Cruz.

---

1 Na versão completa do hino existem no total onze estrofes.

COMORES

O hino nacional de Comores, adotado em 1978, é intitulado *Udzima wa ya Masiwa* (A União das Grandes Ilhas), uma referência às ilhas que formam este arquipélago que está situado entre a costa africana e a ilha de Madagascar, no oceano Índico. A letra foi escrita por Said Hachim Sidi Abderemane (1942-), que também compôs a música ao lado de Kamildine Abdallah (1943-1982).

HINO

Udzima wa ya Masiwa

I
Beramu isi pepeza
Nadi ukombozi piya
Ye daula ivenuha
Tasiba bu ya i dini voya trangaya
hunu komoriya
Narikeni namahaba
Ya huveindza ya masiwa yatru

Coro
Wasiwa komoro damu ndzima
Wasiwa komoro dini ndzima
Ya masiwa radzali wa ya
Masiwa yarileya
Mola ne ari sayidiya
Narikeni ha niya riveindze wataniya
Mahaba ya dine na duniya.

TRADUÇÃO :: TIAGO JOSÉ BERG

A União das Grandes Ilhas

I
A bandeira está tremulando,
Anunciando a liberdade total,
A nação se levanta,
Força de uma mesma religião
No bojo das Comores.
Deixem-nos ter sempre grande devoção,
Para amar nossas grandes ilhas.

Coro
Nós comorenses somos um só sangue,
Nós comorenses somos uma só fé
Nascemos nestas ilhas,
Nelas nos educamos,
Que Deus sempre nos ajude,
A amar nossa religião,
Nossa pátria e o mundo!

II
Beramu isi pepeza
Rang mwesi sita wa zuiye
Ye daula ivenuha zisiwa
Zatru zi pangwi ha
Maore na nzuani, mwalina,
Ngaziya narikeni namahaba
Ya huveindza ya masiwa.

II
A bandeira está tremulando,
Desde o seis de julho,[1]
A nação se levanta,
Sobre nossas ilhas soberanas:
Mahore[2] e Anjouan,[3]
Mohéli[4] e Comore[5]
Guardam nosso amor por estas ilhas.

---

1 Dia da Independência nacional em 6 de julho de 1975.
2 Esta ilha, reivindicada pela República Federal Islâmica de Comores, é a atual coletividade departamental de Mayotte (território ultramar francês).
3 Também chamada de Ndzuane (ou Nzawani), é uma das ilhas que formam o arquipélago de Comores.
4 Uma das ilhas principais, conhecida pelo nome de Muali (ou Mwali).
5 A maior ilha comorense, chamada de Ngazidja, onde fica a capital: Moroni.

CONGO (REPÚBLICA)

A República do Congo adotou seu hino nacional pela primeira vez em 1959, um ano antes de sua independência formal. A letra foi escrita por Levent Kimbangui e a música composta por Françaíse Jacques Tondra.[1] Entre 1969 e 1992 o país se tornaria uma República de orientação marxista-leninista e os símbolos nacionais foram substituídos. No começo da década de 1990, com a adoção de uma nova Constituição e o retorno do multipartidarismo ao país, "A Congolesa" seria restaurada como hino nacional em 10 de junho de 1991.

HINO

La Congolaise

I
En ce jour le soleil se lève
Et notre Congo resplendit.
Une longue nuit s'achève,
Un grand bonheur a surgi.
Chantons tous avec ivresse
Le chant de la liberté.

Coro
Congolais, debout fièrement partout,
Proclamons l'union de notre nation,
Oublions ce qui nous divise,
Soyons plus unis que jamais,
Vivons pour notre devise:
Unité, travail, progrès!
Vivons pour notre devise:
Unité, travail, progrès!

TRADUÇÃO :: TIAGO JOSÉ BERG

A Congolesa

I
Neste dia o sol se levanta,
E nosso Congo resplandece.
Uma longa noite se acabou,
Uma grande alegria surgiu.
Cantemos todos, em felicidade
A canção da liberdade.

Coro
Congoleses, de pé, nobremente por todos,
Proclamamos a união de nossa nação,
Esqueçamos o que nos divide,
Somos mais unidos que nunca,
Vivamos por nossa divisa:
Unidade, trabalho, progresso!
Vivamos por nossa divisa:
Unidade, trabalho, progresso!

---

1 Datas de nascimento e falecimento do autor e compositor são desconhecidas.

II
Des forêts jusqu'à la savanne,
Des savannes jusqu'à la mer,
Un seul peuple, une seule âme,
Un seul cœur, ardent et fier,
Luttons tous, tant que nous sommes,
Pour notre vieux pays noir.

III
Et s'il nous faut mourir, en somme
Qu'importe puisque nos enfants,
Partout, pourront dire comme
On triomphe en combattant,
Et dans le moindre village
Chantent sous nos trois couleurs.

II
Das florestas até a savana,
Das savanas até o mar,
Um só povo, uma só alma,
Um só coração, ardente e altivo,
Lutemos todos, pelo que nós somos,
Por nosso velho país negro.

III
E se for preciso morrer, enfim,
Que importa? Já que nossos filhos,
Por toda parte, possam dizer como
Nós triunfamos como combatentes,
E na pequena aldeia,
Cantem sobre nossas três cores.

CONGO (REPÚBLICA DEMOCRÁTICA)

Um dos maiores países da África, o ex-Congo Belga conquistou sua independência em 30 de junho de 1960. No mesmo ano, a letra e música de Simon-Pierre Boka Di Mpasi Londi (1929-2006) foram adotadas como hino nacional congolês até 1972, quando, sob o comando político de Mobutu Sese Seko, o Congo trocou seus símbolos patrióticos e o nome para Zaire. O presente hino seria restaurado após a queda do regime de Mobutu, em 17 de maio de 1997, quando o país foi rebatizado oficialmente como República Democrática do Congo. Curiosamente, Simon-Pierre também compôs o hino nacional do Zaire.

HINO

Debout Congolais, unis par le sort
Unis dans l'effort pour l'indépendance.
Dressons nos fronts
Longtemps courbés
Et pour de bon
Prenons le plus bel élan.
Dans la paix, ô peuple ardent,
Par le labeur, nous bâtirons un pays
Plus beau qu'avant dans la paix.

Citoyens, entonnez,
L'hymne sacré de votre solidarité,
Fièrement, saluez
L'emblème d'or de votre souveraineté:
Congo.

Don béni, Congo, des aïeux, Congo,
O pays, Congo, bien aimé, Congo,
Nous peuplerons ton sol
Et nous assurerons ta grandeur.

TRADUÇÃO :: TIAGO JOSÉ BERG

De pé congoleses, unidos de fato,
Unidos no esforço pela independência.
Erguei vossas faces
Por muito tempo curvadas,
E para o bem
Manteremos o mais belo ímpeto.
Em paz, ó povo ardente,
Pelo trabalho, nós edificaremos um país,
Mais belo que avança em paz.

Cidadãos, entoemos,
O hino sagrado de vossa solidariedade.
Orgulhosamente, saudemos,
O emblema de ouro de vossa soberania:
Congo.

Dom bendito: Congo! Dos ancestrais: Congo!
Ó país: Congo! Bem-amado: Congo!
Nós povoaremos teu solo,
E asseguraremos tua grandeza.

Trente juin, ô doux soleil	Trinta de junho,[1] ó doce alvorada,
Trente juin, du trente juin,	Trinta de junho, do trinta de junho,
Jour sacré,	Dia sagrado,
Sois le témoin,	Sois a testemunha,
Jour sacré,	Dia sagrado
De l'immortel serment de liberté	Do imortal juramento de liberdade
Que nous léguons	Que nos legou
A notre postérité pour toujours.	A nossa posteridade para sempre.

---

[1] Data da independência do Congo-Kinshasa da Bélgica, em 1960.

CORÉIA DO NORTE

Após a independência, em 1945, Pak Se Yong (1902-1989) escreveu a letra do futuro hino nacional norte-coreano, que recebeu música de Kim Won-Gyun (1917-2002). Ele seria oficializado em 1947, um ano antes da fundação da República Democrática Popular da Coréia.

HINO

Achimŭn pinnara i kangsan
Ŭnkume, cawŏnto katŭk han
Samchŏlli, arŭmtaun nae cokuk,
Panmannyŏn oraen ryŏksa e.
Chanranhan munhwaro caranan
Sŭlkiron inmin yi i yŏngkwang:
Momkwa mam tapachyŏ,
I, cosŏn Kili pattŭse.

Paektusan Kisangŭl ta anko.
Kŭlloyi cŏngsinŭn kittŭlŏ.
Chilriro mungchyŏcin ŏksen ttŭs
On sekye aphsŏ nakara.
Sonnŭn him nototo naemilŏ,
Inminyi ttŭsŭro sŏn nara.
Han ŏpsi pukanghanŭn
I cosŏn kili pinnaese.

TRADUÇÃO :: TIAGO JOSÉ BERG

Que o alvorecer na prata e ouro desta terra,
Encha três mil léguas com riqueza natural.
A minha formosa pátria
É a glória de um sábio povo
Expondo uma cultura brilhante.
Com uma longa história de cinco milênios:
Dedicaremos nossos corpos e mentes
Para sustentar esta Coréia para sempre!

O firme desejo, assegurado pela verdade,
Aninhado para o espírito do labor,
Abraça a atmosfera do monte Paektusan,[1]
Seguindo afora pelo mundo todo.
O país estabelecido pelo desejo do povo
Enfrenta as tormentas com a sublime força.
Glorificaremos esta Coréia para sempre,
Ilimitadamente rica e poderosa!

---

[1] Monte localizado na divisa entre a atual Coréia do Norte e a República Popular da China.

CORÉIA DO SUL

O hino nacional da República da Coréia foi escrito ou pelo estadista Yun Ch'i-Ho (1865-1946) ou pelo educador An Ch'ang-Ho (1878-1938) e cantado em público pela primeira vez em 1896, tornando-se a partir de então popular entre os coreanos. Durante o domínio japonês sobre a península da Coréia (1910-1945) o hino foi proibido de ser cantado. Em 1937, Ahn Eaktay (1905-1965) fez o arranjo musical para a canção, adotado mais tarde pelo governo interino da Coréia (1919-1945) sediado em Xangai, na China. Na época, Eaktay estudava em Viena e era aluno do compositor e maestro alemão Richard Strauss. No mesmo ano, tornou-se condutor da Orquestra Sinfônica de Baleares, na Espanha. Em 15 de agosto de 1948 o hino seria oficializado.

HINO

Tong-hai moolkwa
Paiktusan-i
Marugo taltorok
Hananim-I pohohasa
Uri nara manse.

Coro
Moogungwha
Samchulri
Hwaryu kangsan,
Taehan saram tae han euro
Kiri pochunhasee.

TRADUÇÃO
:: EMBAIXADA DA REPÚBLICA DA CORÉIA EM BRASÍLIA.[1]

Até as ondas do mar do Leste[2] secarem,
E o monte Paektusan[3]
Se desgastar pela erosão,
Deus conserve para sempre nossa terra!
Coréia, nosso lar!

Coro
Rosa de Sharon,[4]
Terra de milhares de milhas
De montanhas e rios!
Guardada por seu povo,
Possa sempre a Coréia subsistir!

---

1 Fonte: Informações sobre a Coréia. Serviço Coreano de Informação para o Exterior, Seul, República da Coréia, 1996.
2 O mar do Leste separa a península da Coréia do mar do Japão.
3 Monte localizado na divisa entre a atual Coréia do Norte e a R. P. da China. Quando o hino foi escrito, a península da Coréia ainda não havia sido dividida.
4 Flor-símbolo da Coréia do Sul, conhecida localmente como *Moogungwha*.

COSTA DO MARFIM

A Costa do Marfim (também chamada de Côte d'Ivoire) adotou seu hino nacional em 7 de agosto de 1960. A letra foi escrita por Mathieu Ekra (1917-),[1] Joachim Bony (1927-) e Pierre Marie Coty (1927-); Ekra e Bony foram, respectivamente, ministros da Informação e Educação e Coty, junto com Pierre Michel Pango (1926-), compuseram a música de *L'Abidjanaise* (A Abdjanesa), como é conhecido o hino. Seu nome é uma referência a Abidjã, que foi a primeira capital quando o país se tornou independente. A atual capital é a cidade de Yamoussoukro.

HINO

L'Abidjanaise

Salut ô terre d'ésperance;
Pays de l'hospitalité.
Tes légions remplies de vaillance,
Ont relevé ta dignité.
Tes fils, chère Côte d'Ivoire,
Fiers artisans de ta grandeur,
Tous rassemblés et pour ta gloire
Te bâtiront dans le bonheur.

Coro
Fiers Ivoiriens, le pays nous apelle.
Si nous avons dans la paix ramené la liberté,
Notre devoir sera d'être un modèle
De l'espéránce promise à l'humanité,
En forgeant, unie dans la foi nouvelle,
La patrie de la vraie fraternité.

TRADUÇÃO :: TIAGO JOSÉ BERG

A Abidjanesa

Saudações, ó terra da esperança;
País da hospitalidade.
Tuas legiões repletas de valor,
Elevam tua dignidade.
Teus filhos, querida Costa do Marfim,
Orgulhosos artesãos de tua grandeza,
Todos reunidos e por tua glória,
Construir-te-ão em felicidade.

Coro
Nobres marfinenses, o país nos chama.
Se nós temos na paz antes a liberdade,
Nosso dever será o de ser um modelo
De esperança prometida à humanidade,
Em forjar, unidos na nova fé,
A pátria da verdadeira fraternidade.

---

1 A data de falecimento do autor é desconhecida.

COSTA RICA

Até 1853 a Costa Rica ainda não tinha um hino oficial. Em virtude da visita da delegação diplomática dos Estados Unidos e Reino Unido ao país, o presidente Juan Rafael Mora solicitou a Manuel Maria Gutiérrez (1829-1887) que compusesse um hino para ser executado durante a cerimônia. O hino ficaria pronto em 11 de junho do mesmo ano e seria apresentado pela primeira vez às autoridades em São José, capital do país. A música não teve letra definitiva até 1903, quando os versos de José María Zeledón Brenes (1877-1949) venceram o concurso público realizado para a escolha da letra do hino nacional costarriquenho, oficializado em 10 de junho de 1949.

HINO

Noble patria tu hermosa bandera
Expresión de tu vida nos da:
Bajo el límpido azul de tu cielo
Blanca y pura descansa la paz.

En la lucha tenaz de fecunda labor
Que enrojece del hombre la faz,
Conquistaron tus hijos,
Labriegos sencillos,
Eterno prestigio, estima y honor.
Eterno prestigio, estima y honor.

¡Salve oh tierra gentil!
¡Salve oh madre de amor!
Cuando alguno pretenda tu gloria manchar,
Verás a tu pueblo, valiente y viril
La tosca herramienta en arma trocar.

¡Salve oh patria! Tu pródigo suelo
Dulce abrigo y sustento nos da:
Bajo el límpido azul de tu cielo
¡Vivan siempre el trabajo y la paz!

TRADUÇÃO :: TIAGO JOSÉ BERG

Nobre pátria tua formosa bandeira
Expressão de tua vida nos dá:
Sob o límpido azul de teu céu
Branca e pura descansa a paz.

Na luta tenaz de fecundo labor,
Que enrubesce do homem a face,
Conquistaram teus filhos,
Simples lavradores,
Eterno prestígio, estima e honra.
Eterno prestígio, estima e honra.

Salve, ó terra gentil!
Salve, ó mãe de amor!
Quando algum pretenda tua glória manchar,
Verás a teu povo, valente e viril
A tosca ferramenta em arma trocar.

Salve ó pátria! Teu pródigo solo
Doce abrigo e sustento nos dá;
Sob o límpido azul de teu céu
Vivam sempre o trabalho e a paz!

CROÁCIA

A letra do hino nacional croata, escrita pelo poeta Antun Mihanović (1796-1861), apareceu pela primeira vez sob o título de *Hrvatska Domovina* (Pátria Croata), em um jornal na cidade de Danica em 1835. Em 1846, Josip Runjanin (1821-1878) compôs a música do poema, harmonizada mais tarde pelo poeta Vatroslav Lichtenegger. Em 1891 o hino foi apresentado ao público na capital Zagreb e utilizado durante a breve independência do país, em 1918. *Liepa naša domovino* (Oh, bela pátria nossa) foi adotado em 22 de dezembro de 1990, meses antes de a Croácia declarar sua independência da ex-Iugoslávia em 25 de junho de 1991.

HINO

Liepa Naša Domovino

I
Liepa naša domovino,
Oj junacka zemlio mila.
Stare slave djedovino,
Da bi vazda sretna bila!

II
Mila, kano si nam slavina,
Mila, si nam ti jedina.
Mila, kuda si nam ravna,
Mila, kuda si planina!

III
Teci Dravo, Savo teci,
Nit' ti Dunav silu gubi.
Kud li šumiš svietu reci,
Da svoj narod Hrvat ljubi.

TRADUÇÃO :: ŽELIMIR BRALA

Oh, Bela Pátria Nossa

I
Oh, bela pátria nossa,
Oh, heróica terra querida,
De antigas glórias herança
Para sempre feliz sejas!

II
Querida, nos és gloriosa,
Querida, nos és única.
Querida nos és onde plana,
Querida nos és onde montanha!

III
Corra Drava,[1] corra Sava,[2]
O Danúbio[3] também te dá força,
Oh, azul do mar, ao mundo diga,
Que o croata seu povo ama.

---

1 Este afluente do rio Danúbio demarca a divisa da Croácia com a Hungria.
2 Rio que atravessa o território croata, também afluente do rio Danúbio.
3 Importante rio que percorre vários países da Europa e limita a fronteira da Croácia com a República da Sérvia.

IV
Dok mu njive sunce grije,
Dok mu hrašce bura dina.
Dok mu tielo grob sakrije
Dok mu živo srce bije.

IV
Até o sol lhe aquecer os campos,
Até o vento lhe dobrar os carvalhos,
Até os túmulos lhe acolherem os mortos,
Até o coração lhe bater vivo!

CUBA

O hino nacional cubano foi composto em 14 de agosto de 1867 por Pedro Figueredo (1819-1870) e apresentado ao público pela primeira vez em 11 de junho de 1868, na Igreja Maior de Bayamo, cidade cubana na província de Granma. Como em "A Marselhesa" (hino nacional francês), cujo nome deriva da cidade de Marselha, na França, *La Bayamesa* faz referência à cidade e seus habitantes: os bayameses. Foi nesta cidade que se iniciou o movimento pela independência de Cuba dos espanhóis naquele mesmo ano. Perucho, como estimadamente é conhecido o autor, foi capturado pelas tropas espanholas e executado em 1870.

HINO

La Bayamesa

Al combate corred, Bayameses,
Que la Patria os contempla orgullosa.
No temáis una muerte gloriosa
Que morir por la Patria es vivir.
En cadenas vivir ¡es vivir!
En afrenta y oprobio sumido.
Del clarín escuchad el sonido.
¡A las armas, valientes, corred!

TRADUÇÃO :: TIAGO JOSÉ BERG

A Bayamesa

Ao combate correi, bayameses,
Que a Pátria os contempla orgulhosa.
Não temais uma morte gloriosa
Que morrer pela Pátria é viver.
Em correntes viver, é viver...
Em ofensa e ultraje profundo.
Do clarim escutai o chamado.
Às armas, valentes, correi!

DINAMARCA

Der er et Yndigt Land (É um Belo País) é o título do hino nacional da Dinamarca. A letra foi escrita em 1819 pelo poeta e dramaturgo Adam Gottlob Oehlenschläger (1779-1850) e recebeu melodia de Hans Ernst Krøyer (1798-1879) em 1835. A canção ganhou popularidade entre os dinamarqueses[1] e foi adotada como hino nacional durante uma cerimônia realizada em 4 de julho de 1844.

HINO

Der er et Yndigt Land

I
Der er et yndigt land,
Det står med brede bøge
Nær salten Østerstrand:
Det bugter sig i bakke, dal,
Det hedder gamle Danmark,
Og det er Frejas Sal.

II
Der sad i fordums tid
De harniskklædte kæmper,
Udhvilede fra strid:
Så drog de frem til fjenders men;
Nu hvile deres bene
Bag højens bavtasten.

TRADUÇÃO :: PAULA JOHNS

É um Belo País[2]

I
É um belo país
Com extensas faias[3]
Junto às salgadas praias do Leste.
Ondula em colinas e vales,
Esta é a velha Dinamarca,
E é a sala de Freja.[4]

II
Aqui assentaram-se nos tempos idos
Gigantes de armadura,
Descansados do combate
Ao encontro dos inimigos marcharam;
Agora descansam das canseiras
Atrás das pedras dos túmulos nas colinas.

---

1 Também é bastante comum na Dinamarca cantar o hino real, que desde 1780 é conhecido por *Kong Kristian* (rei Christian), com letra de Johannes Ewald (1743-1781) e música de Ditlev Ludvig Rogert (1742-1813).
2 A versão original do hino continha doze estrofes. A primeira, terceira, quinta e última estrofes são as mais comumente cantadas. Nas cerimônias públicas (e esportivas), os dinamarqueses cantam a primeira estrofe e, em seguida, repetem parte da última estrofe do hino.
3 Faia é uma árvore caducifólia das zonas temperadas da Europa.
4 Deusa da mitologia nórdica associada à fertilidade e à prosperidade.

III
Det land endnu er skønt;
Thi blå sig søen bælter,
Og løvet står så grønt,
Og ædle kvinder, skønne møer
Og mænd og raske svende
Debo de danskes øer.

Og gamle Danmark skal bestaa,
Så længe bøgen spejler
Sin top i bølgen blaa.

III
Este país continua belo
Porque os mares azuis o circundam
E as folhas se mostram tão verdes,
E nobres mulheres, lindas virgens
E homens e rapazes viris
Habitam as ilhas dinamarquesas.

E a velha Dinamarca deve continuar
Enquanto a faia espelhar
Seu cume na onda azul.

DJIBUTI

A pequena República do Djibuti, localizada na região conhecida como "Chifre da África", alcançou sua independência da França em 27 de junho de 1977. Naquele mesmo ano foi escolhido o hino nacional, com letra escrita por Aden Elmi (1950-) acompanhada da música de Abdi Robleh (1945-), que homenageia a bandeira do país.

HINO

Hinjinne u sara kaca
Calankaan harraad iyo
Haydaar u mudateen.
Hir cagaarku qariyayiyo
Habkay samadu tahayoo
Xiddig dhi igleh hoorshoo
Caddaan lagu hadheeyaay.
Maxaa haybad kugu yaal.

TRADUÇÃO :: TIAGO JOSÉ BERG

Levanta-te com vigor!
Para hastearmos nossa bandeira,
A bandeira que nos custou o valor,
Com extrema sede e dor.
Suas cores são o verde perpétuo da terra,
O azul do céu, o branco da paz;
E no centro a rubra estrela do sangue.
Oh, nossa bandeira, que visão gloriosa!

DOMINICA

A letra do hino nacional de Dominica foi escrita por Wilfred Oscar Morgan Pond (1912-1985) e recebeu música de Lemuel McPherson Christian (1913-2000). O hino foi adotado em 1967 e oficializado em 1978, quando a ilha caribenha ganhou independência total.

. . . .

HINO

I
Isle of beauty, isle of splendour,
Isle to all so sweet and fair,
All must surely gaze in wonder
At thy gifts so rich and rare.
Rivers, valleys, hills and mountains,
All these gifts we do extol.
Healthy land, so like all fountains,
Giving cheer that warms the soul.

II
Dominica, God hath blest thee
With a clime benign and bright,
Pastures green and flowers of beauty
Filling all with pure delight,
And a people strong and healthy,
Full of godly, rev´rent fear.
May we ever seek to praise Thee
For these gifts so rich and rare.

TRADUÇÃO :: TIAGO JOSÉ BERG

I
Ilha de belezas, ilha de esplendor,
Ilha para todos tão doce e digna,
Todo o dever assim se fixa no milagre
De teus dons tão ricos e raros.
Rios, vales, colinas e montanhas,
Nós exaltamos todas estas dádivas.
Pura terra, tão igual em todas as fontes,
Proferindo a alegria que acalenta a alma.

II
Dominica, Deus havia te abençoado
Com um clima gentil e favorável,
Verdes pastos e belas flores,
Completando tudo com puro encanto,
E um povo forte e saudável,
Cheio de devoção, e reverente temor.
Que nós sempre busquemos te louvar,
Por estes dons tão ricos e raros.

III
Come ye forward, sons and daughters
Of this gem beyond compare.
Strive for honour, sons and daughters,
Do the right, be firm, be fair.
Toil with hearts and hands and voices.
We must prosper! Sound the call,
In which ev'ryone rejoices,
"All for Each and Each for All."

III
Apressai-vos, filhos e filhas,
Desta pérola jamais comparada.
Lutem pela honra, filhos e filhas,
Façam a justiça, sejam firmes e justos.
Labutem com corações, mãos e vozes.
Para prosperarmos! Ouçam a chamada,
Com a qual todos vão se alegrar,
"Um por Todos e Todos por Um".

EGITO

O hino egípcio nasceu de uma canção patriótica escrita pelo poeta Younis-al Qadi,[1] inspirada nos discursos do líder nacionalista Mustafá Kamel (1874-1908). A canção, conhecida por *Biladi* (Minha pátria), receberia música de Sayed Darwish (1892-1923) no começo do século XX. Darwish foi um dos mais renomados compositores na vanguarda da música árabe moderna e popular de seu país. A composição é desde 1979 o hino nacional do Egito, substituindo o antigo hino que havia sido adotado em 1960.

HINO

Coro
Biladi, Biladi, Biladi,
Laki Hubbi Wa Fuadi
Biladi Biladi Biladi
Laki Hubbi Wa Fuadi
I
Misr Ya Umm Al Bilad
Inti Ghayati Wal Murad
Wa 'Ala Kull Il 'Ibad
Kam Lineelik Min Ayadi.
II
Misr Inti Aghla Durra
Fawq Gabeen Ad-dahr Ghurra
Ya Biladi 'Aishi Hurra
Wa As 'Adi Ragh-al-adi.
III
Misr Awladik Kiram
Aufiya Yar'u-ziman
Saufa Takhti Bil-maram
Bittihadhim Wa-ittihadi.

TRADUÇÃO :: TIAGO JOSÉ BERG

Coro
Minha pátria, minha pátria, minha pátria,
Meu amor e coração são para ti,
Minha pátria, minha pátria, minha pátria,
Meu amor e coração são para ti.
I
Oh! Egito! Mãe de todas as terras,
Tu és minha esperança e meu desígnio,
Como alguém pode calcular
As graças do Nilo[2] para a humanidade?
II
Oh! Egito! A jóia mais preciosa,
Brilhando no cume da eternidade!
Oh! minha pátria, sejas para sempre livre,
Protegida de todo inimigo.
III
Oh! Egito! Nobres são os teus filhos,
Leais e guardiões de tua terra.
Tanto na paz como na guerra
Nós daremos nossas vidas por tua causa.

---

1 As datas de nascimento e falecimento do autor são desconhecidas.
2 O Nilo é o maior rio do Continente Africano, com uma extensão de 6.650 km aproximadamente. Foi às suas margens que se desenvolveu a civilização egípcia, aproveitando a fertilidade da terra provocada pelas inundações anuais do rio. A maior parte da população e dos assentamentos urbanos desde a época do Egito antigo encontra-se no vale e delta do rio Nilo.

EL SALVADOR

Apresentado pela primeira vez em 15 de setembro de 1879, com letra do general, poeta e diplomata Juán José Cañas (1826-1918), o hino nacional de El Salvador teve sua melodia composta por um italiano chamado Juan Aberle (1846-1930). Em 13 de novembro de 1953, o hino seria oficializado.

HINO

Coro
Saludemos la patria orgullosos
De hijos suyos podernos llamar;
Y juremos la vida animosos,
Sin descanso a su bien consagrar.

De la paz en la dicha suprema
Siempre noble soñó El Salvador;
Fue obtenerla su eterno problema,
Conservarla es su gloria mayor.
Y con fe inquebrantable el camino
Del progreso se afana en seguir
Por llenar su grandioso destino,
Conquistarse un feliz porvenir.
Le proteje una férrea barrera
Contra el choque de ruin deslealtad,
Desde él día que en su alta bandera
Con su sangre escribió: ¡Libertad!

TRADUÇÃO :: TIAGO JOSÉ BERG

Coro
Saudemos a pátria orgulhosos
De seus filhos podemos chamar;
E juremos a vida animosos,
Sem descanso a seu bem consagrar.

Da paz na dita suprema
Sempre nobre sonhou El Salvador;
Foi obtê-la seu eterno problema,
Conservá-la é sua glória maior.
E com fé inquebrantável o caminho
Do progresso se apressa em seguir
Por ocupar seu grandioso destino,
De conquistar um feliz porvir.
Protege-lhe uma férrea barreira
Contra o choque da ruim deslealdade,
Desde o dia em que sua alta bandeira
Com seu sangue escreveu: Liberdade!

EMIRADOS ÁRABES UNIDOS

O hino nacional dos Emirados Árabes Unidos foi adotado oficialmente em 2 de dezembro de 1971, quando o país declarou sua independência. Esta federação do Oriente Médio é constituída por sete emirados, que são, por ordem de tamanho: a capital, Abu Dhadi; Dubai, Sharjah, Ras Al Khaimah, Fujairah, Umm Al Qaiwain e Ajman. Inicialmente o hino não possuía letra e a música foi composta pelo egípcio Mohamad Abdel Wahab (1915-1991), que também compôs o atual hino nacional da Tunísia. A letra seria acrescentada em 1996, quando um concurso selecionou o poema escrito por Aref Al Sheikh Abdullah Al Hassan[1] como vencedor.

HINO	TRADUÇÃO
	:: EMBAIXADA DOS EMIRADOS ÁRABES UNIDOS EM BRASÍLIA

Cishi biladi, casha ttihadu maratina,
Cishti li-shcabin dinuhu l-'islamu
hadyuhu l-qur'anu.
Hassantuki bi-smi l-lahi ya watanu
Biladi, biladi, biladi, biladi
Hamaki l-'ilahu shurura z-zamani
Aqsamna an nabni nacmalu.
Nacmalu nakhlusu nacmalu nakhlusu
Mahma cishna nakhlusu nakhlusu
Dama l-aman wa- casha
L-calamu ya imarati,
Ramzu l-curubati:
Kulluna nafdiki bi-d-dima nurwiki
Nafdiki bi-l-'arwahi ya-watanu.

Longa vida minha pátria;
Longa vida à união dos nossos Emirados;
Longa vida para um povo;
Cuja religião é o Islã;
Guiado pelo sagrado Alcorão
Protejo-te em nome de Deus;
Oh, pátria amada.
Que a paz prevaleça;
Que a nossa bandeira
Esteja sempre hasteada;
Emirados nossos; símbolo do arabismo;
Nós iremos defendê-la,
Com nosso sangue; e nossas almas;
Oh, pátria amada.

---

1 A data de nascimento do autor ainda não está disponível.

EQUADOR

Em novembro de 1885, atendendo a um pedido do então presidente do Senado, Nicolás Espinosa, o secretário de Estado e poeta Juan León Mera (1832-1894) escreveu a letra do hino nacional equatoriano. Primeiramente apresentado aos congressistas, o poema foi mais tarde enviado à cidade de Guayaquil, onde recebeu música do maestro de origem germânica Antonio Neumane (1818-1871). O hino foi publicado em sua versão completa em 16 de janeiro de 1886[1] e adotado oficialmente em 23 de novembro de 1948.

HINO

Coro
¡Salve, oh Patria, mil veces! Oh Patria!
Gloria a ti! Ya tu pecho rebosa
Gozo y paz, y tu frente radiosa
Más que el sol contemplamos lucir.

Los primeros los hijos del suelo
Que soberbio, el Pichincha decora
Te aclamaron por siempre señora
Y vertieron su sangre por ti.
Dios miró y aceptó el holocausto,
Y esa sangre fué el germen fecundo
De otros héroes que atónito, el mundo
Vió en su torno a millares surgir.

TRADUÇÃO :: TIAGO JOSÉ BERG

Coro
Salve, ó Pátria, mil vezes! Oh! Pátria!
Glória a ti! Já teu peito transborda
Gozo e paz, e tua fronte radiosa
Mais que o sol contemplamos luzir.

Os primeiros, os filhos do solo
Que soberbo, o Pichincha[2] decora,
Te aclamaram por sempre senhora
E verteram seu sangue por ti.
Deus olhou e aceitou o sacrifício,
E esse sangue foi o gérmen fecundo
De outros heróis que atônito, o mundo
Viu em seu entorno a milhares surgir.

---

[1] A versão completa possui seis estrofes; a segunda estrofe é a mais cantada.
[2] Vulcão do Equador (4.794 m) pertencente à província de mesmo nome nos arredores de Quito, capital do país.

ERITRÉIA

A Eritréia, país africano às margens do mar Vermelho, adotou seu hino nacional em 19 de maio 1993, assim que conquistou a independência da Etiópia. Escrito por Solomon Tsehaye Beraki (1956-), o hino recebeu música de Isaac Abraham Meharezgi (1944-) e Aron Tekle Tesfatsion (1963-).

HINO

Ertra, Ertra, Ertra,
Beal dema' nalkese teden sisu,
Meswaéta bharnet tdebisu.

Mewaél nekhisa'b élame
Témrti tsnat koynu sma,
Ertra, za haben wtsuat,
Ameskira haki kem téwet.

Coro
Ertra, Ertra,
Abalem chebitato gbué kbra.

Natsnét zemtse lul nih
Nhn tsa nlmat kserh,
Sltanie kenelbsa grma,
Hdri lena gmja knslma.

TRADUÇÃO :: TIAGO JOSÉ BERG

Eritréia, Eritréia, Eritréia,
Teus sacrifícios lhe valeram a liberdade,
Recompensando-te do jugo inimigo.

Décadas de luta por tua causa
Teu nome, símbolo de firmeza se tornou,
Eritréia, orgulho do oprimido,
Provaste que a verdade triunfou.

Coro
Eritréia, Eritréia,
Continue soberana entre as nações.

A dedicação que alcançou a liberdade
Trará o progresso, nobre meta a seguir.
Coroaremos-te com glória e prosperidade,
E lhe faremos a terra da virtude.

ESLOVÁQUIA

O hino da Eslováquia nasceu em 1843, durante um protesto dos estudantes da capital Bratislava contra a repressão estrangeira no país. A letra, escrita por Janko Matúska (1821-1877), foi adaptada de uma melodia folclórica eslovaca. A canção tornou-se popular logo depois, sendo publicada pela primeira vez em 1851. Após o fim da Tchecoslováquia, quando o país se separou pacificamente da República Tcheca em 1º de janeiro de 1993, os dois primeiros versos da canção se tornaram o hino nacional da República Eslovaca.

HINO

I
Nad Tatrou sa blýska, hromy divo bijú,
Nad Tatrou sa blýska, hromy divo bijú.
Zastravme sa, bratia,
Ved' sa ony stratia, Slovaci ozijú,
Zastravme sa, bratia,
Ved' sa ony stratia, Slovaci ozijú.

II
To Slovensko naše posial' tvrdo spalo,
To Slovensko naše posial' tvrdo spalo,
Ale blesky hromu zbudzujú
ho k tomu, aby sa prebalo,
Ale blesky hromu zbudzujú
ho k tomu, aby sa prebalo.

TRADUÇÃO :: TIAGO JOSÉ BERG

I
Raios reluzem no Tatra,[1] troveja furiosamente,
Raios reluzem no Tatra, troveja furiosamente,
Aguardem-nos, irmãos,
Eles cessarão, os eslovacos reviverão.
Aguardem-nos, irmãos,
Eles cessarão, os eslovacos reviverão.

II
Nossa Eslováquia dormia profundamente,
Nossa Eslováquia dormia profundamente,
Mas o raio e o trovão
Lhe encorajaram a renascer.
Mas o raio e o trovão
Lhe encorajaram a renascer.

---

1 Os montes Tatra (ou Tatry) estão localizados no nordeste da Eslováquia, na divisa com a Polônia; são o setor mais alto da cordilheira dos Cárpatos.

ESLOVÊNIA

O hino esloveno apareceu pela primeira vez em abril de 1848, com letra do poeta France Prešeren (1800-1849), e recebeu mais tarde a melodia de Stanko Premrl (1880-1965). Seu título é *Zdravljica* (O Brinde) e representa o brindar de uma taça de vinho pela liberdade da Eslovênia e pela paz no mundo. Adotado em 27 de setembro de 1989, o hino foi oficializado após a independência do país da ex-Iugoslávia. A segunda estrofe é a versão oficial.

HINO

Zdravljica

Spet trte so rodile,
Prijat'lji, vince nam sladko,
Ki nam ozivlja žile,
Srce razjasni in oko,
Ki utopi,
Vse skrbi,
V potrtih prsih up budi!

Žive naj vsi narodi,
Ki hrepene do akat' dan,
Da koder sonce hodi,
Prepir iz sveta bo pregnan,
Da rojak
Prost bo vsak,
Ne vrag, le sosed bo mejak!

TRADUÇÃO :: TIAGO JOSÉ BERG

O Brinde

A vindima produziu,
Amigos, outra vez o doce vinho,
Que reacende a veia,
Ilumina o olhar e o coração,
E que afasta,
Todo temor,
Revigorando a esperança!

Vivam todos os povos
Que almejam ver o dia,
Quando o sol brilhar de novo
Em um mundo sem discórdia;
E livre
Cada um viverá,
Em paz, com seus vizinhos!

ESPANHA

A música do hino nacional espanhol apareceu pela primeira vez em um livro de marchas militares datado de 1761 e era conhecida até então pelo título de *Marcha Granadera*. Em 3 de setembro de 1770, o rei Carlos III declarou a música como "marcha de honra" nos eventos em que estivesse presente a família real, e logo essa melodia passou a ser chamada de "Marcha Real". Sua origem e autor são desconhecidos, mas a marcha foi provavelmente composta no antigo Estado da Prússia (Alemanha) em meados do século XVIII, configurando-se assim como um dos hinos nacionais mais antigos da Europa, e seu uso corrente só foi interrompido no período da chamada "Segunda República" (1931-1939), quando as forças republicanas destituíram a música usando o *Himno Riego* como símbolo oficial. Em 17 de julho de 1942, o governo de Francisco Franco novamente decreta a "Marcha Real" como hino nacional espanhol, porém sem uma versão oficial. Em 10 de outubro de 1997 um decreto do rei Juan Carlos I oficializou a música, mas sem contar ainda com uma letra definitiva. Várias versões surgiram em diferentes épocas para acompanhar a melodia, sempre decantando a grandeza do povo espanhol. Entre os autores cujas obras mais se destacaram estão Eduardo Marquina (1879-1946) e José María Pemán y Pemartín (1897-1981), mas nenhuma destas versões cantadas chegou a ser declarada oficial.

ESTADOS UNIDOS

Durante a chamada "Guerra de 1812", o advogado americano Francis Scott Key (1779-1843) se encontrava no Fort McHenry, em Baltimore, no estado de Maryland, quando este foi bombardeado por uma frota britânica na noite de 13 de setembro de 1814. Com os primeiros raios da aurora, ele notou que a bandeira dos Estados Unidos, conhecida como *The Star-Spangled Banner* (O Pendão Listro-Estrelado) ainda permanecia ondulado ao vento; tal momento serviu de inspiração para Key escrever a letra do futuro hino dos norte-americanos. A música, cujo compositor é desconhecido, foi baseada na melodia *To Anacreon in Heaven*, uma canção do século XVIII que serviu de hino para a *Anacreontic Society* de Londres, composta por John Stafford Smith (1750-1836). A canção foi se popularizando ao longo do tempo e seria oficialmente aprovada pelo Congresso como hino nacional dos Estados Unidos em março de 1931.

. . . .

HINO

The Star-Spangled Banner

I

O say, can you see,
By the dawn's early light
What so proudly we hailed
At the twilight's last gleaming,
Whose broad stripes and bright stars
Through the perilous fight
O'er the ramparts we watched,
Were so gallantly streaming?
And the rockets' red glare,
The bombs bursting in air,
Gave proof through the night
That our flag was still there,
O say does, that
Star-spangled banner yet wave
O'er the land of the free,
And the home of the brave?

TRADUÇÃO :: ROBERTO GONZAGA[1]

O Pendão Listro-Estrelado[2]

I

Oh! Dizei, quem não vê,
Quando surge a manhã,
O que, altivos, saudamos,
Quando o sol se escondeu?
Largas listras e estrelas,
Nas ferozes batalhas.
Vimos sobre as muralhas,
Bravamente agitados.
E o clarão dos foguetes,
Das bombas no ar,
Nos mostravam, na noite,
A bandeira a ondular.
O pendão listro-estrelado
Drapeja ainda sobre o chão
De nossa gente livre
E dos bravos da Nação?

---

1 Tradução enviada pela União Cultural Brasil-Estados Unidos.
2 A primeira estrofe é a mais interpretada; as demais são usadas apenas em ocasiões especiais.

II

On the shore dimly seen
Through the mist of the deep,
Where the foe's haughty host
In dread silence reposes,
What is that which the breeze,
O'er the towering steep,
As it fitfully blows,
Half conceals, half discloses?
Now it catches the gleam
Of the morning's first beam
In full glory reflected
Now shines in the stream
'Tis the star-spangled banner!
O long may it wave
O'er the land of the free
And the home of the brave?

III

And where is that band
Who so vauntingly swore,
That the havoc
And the battle's confusion
A home and a country
Should leave us no more?
Their blood has washed out
Their foul footstep's pollution.
No refuge could save
The hireling and slave
From the terror of fight,
Or the gloom of the grave:
And the star-spangled banner
In triumph doth wave
O'er the land of the free
And the home of the brave.

II

Sobre a praia encoberta
Pelas névoas do mar,
Onde a tropa inimiga,
Em silêncio descansa,
Que será que balança
Sobre a escarpa altaneira
E, com o sopro da brisa,
Aparece e se esconde?
Já recebe a aurora,
O primeiro arrebol
Refletindo-se em glória
E, depois, brilha o sol.
E o pendão listro-estrelado
Que se desfralda sobre o chão
De nossa gente livre
E dos bravos da Nação?

III

E onde está todo o bando
Que, jactante, jurou,
Que os horrores da guerra
E da luta o furor
Nosso lar, nossa Pátria
Tirariam de nós?
Já seu sangue lavou-lhe
As impuras pegadas.
Mercenários e escravos
Nada pôde salvar
Da torpeza da fuga
Ou de morte exemplar.
E o pendão listro-estrelado
Triunfa, agora, sobre o chão
De nossa gente livre e dos
Bravos da Nação?

IV
O thus be it ever
When freemen shall stand
Between their loved home
And the war's desolation!
Blest with victory and peace
May the heaven-rescued land
Praise the power that hath made
And preserved us a nation!
The conquer we must,
When our cause it is just,
And this be our motto:
"In God is our Trust,"
And the star-spangled banner
In triumph shall wave
O'er the land of the free
And the home of the brave?

IV
Assim seja, para sempre,
Se alguém, livre, se erguer.
Entre o lar bem-amado
E os horrores da guerra!
Com a vitória e com a paz
Salve o céu nossa terra.
Oh! Poder que nos deu
Esta Pátria e a salvou!
Só nos cabe vencer,
Se justiça buscamos,
E será nosso lema:
"Nós em Deus confiamos".
E o pendão listro-estrelado
Drapeja, agora, sobre o chão
De nossa gente livre
E dos bravos da Nação?

ESTÔNIA

O hino estoniano surgiu durante o primeiro festival da canção nacional, realizado na cidade de Tartu, em 1º de julho de 1869. A letra foi escrita por Johann Voldemar Jannsen (1819-1900), baseada na música que Fredrik Pacius (1809-1891) havia composto em 1848 para ser o hino nacional da Finlândia – Estônia e Finlândia possuem fortes laços históricos e culturais. Após uma breve independência (1918-1940), o país foi anexado pela União Soviética e a canção foi proibida. Em seu lugar foi criado o hino da República Socialista Soviética da Estônia em 1956. Assim como os demais símbolos nacionais, o hino voltaria a ser usado em 20 de agosto de 1991, após a declaração de independência do país.

HINO

Mu Isamaa, mu Õnn ja Rõõm

Mu isamaa, mu õnn ja rõõm,
Kui kaunis oled sa!
Ei leia mina iial teal see
Suure lai a ilma peal,
Mis mul nii armas oleks ka,
Kui sa, mu isamaa!

Sa oled mind ju sünnitand
Ja üles kasvatand;
Sind tänan mina alati
Ja jään sull' truuikus surmani,
Mul kõige armsam oled sa,
Mu kallis isamaa!

Su üle Jumal valvaku,
Mu armas isamaa!
Ta olgu sinu kaitseja
Ja võtku rohkest õnnista,
Mis iial ette võtad as,
Mu kallis isamaa!

TRADUÇÃO :: TIAGO JOSÉ BERG

Minha Terra Natal, meu Alegre Encanto

Minha terra natal, meu alegre encanto,
Como tu és esplêndida e digna!
Em nenhuma parte em todo o mundo
Jamais se achou um lugar igual,
Tão bem-amado como eu te amo,
Minha querida terra natal!

Meu pequeno berço repousa em teu solo,
Cujas graças estimam meu trabalho.
Com meu último suspiro te agradeço
Verídico eu sempre serei até a morte,
Ó merecedora, amada e primorosa,
Tu, minha queridíssima pátria!

Que Deus te defenda nos céus,
Minha vencedora e queridíssima terra!
Que Ele te guarde, que Ele te proteja,
Que Ele sempre te governe e te sustente
Graciosamente em tuas ações
A ti, minha queridíssima pátria!

ETIÓPIA

Quando Hailé Selassié (1892-1975) foi coroado imperador, em 2 de novembro de 1930, a Etiópia (que na época se chamava Abissínia) adotou seu primeiro hino nacional. Em 1974 os socialistas assumiram o poder e o país foi transformando em uma república; o hino seria substituído no ano seguinte. Finalmente, após a queda do governo de base socialista, a Etiópia adotou seu terceiro hino nacional em 1992, com a letra escrita por Dereje Melaku Mengesha (1957-) e a música composta por Solomon Lulu Mitiku (1950-).

HINO

Yäzêgennät Keber
Bä-Ityopp'yachchen S'änto
Tayyä Hezbawinnät
Dar Eskädar Bärto.
Läsälam Läfeteh
Lähezboch Näs'annät;
Bä'ekkulennät Bäfeqer
Qomänal Bä'andennät.
Mäsärätä S'enu
Säbe'enan Yalsharen;
Hezboch Nän Läsera Bäsera Yänoren.
Denq Yäbahel Mädräk
Yä'akuri Qers Baläbet;
Yätäfät'ro S'ägga Yäjägna Hezb Ennat.
Ennet'äbbeqeshallän Alläbben Adära;
Ityopp'yachchen nuri
Eññam Banchi Ennekura!

TRADUÇÃO :: TIAGO JOSÉ BERG

O respeito pela cidadania
É forte em nossa Etiópia.
O orgulho nacional se vê
Brilhando por toda parte.
Pela paz, pela justiça,
Pela liberdade dos povos.
Em amor e igualdade
Estamos unidos.
Firmes desde a fundação;
Acolhemos a humanidade,
Somos um povo que vive para o trabalho.
Maravilhosa é a tradição,
Ama de uma herança orgulhosa;
Virtude natural, mãe de um povo valoroso.
Nós te protegeremos, este é nosso dever:
Viva, nossa Etiópia!
Faça-nos estar orgulhosos de ti!

FIJI

O hino nacional das ilhas Fiji, no oceano Pacífico, foi adotado em 10 de outubro de 1970, data da sua independência. A letra em inglês e a versão final da música são de Michael Francis Alexander Prescott (1928-2006), baseada em uma canção tradicional fijiana, arranjada em 1911 por Charles Austin Miles (1868-1946). Uma versão da letra em idioma fijiano foi adicionada após a adoção oficial.

HINO (INGLÊS)

God Bless Fiji

I
Blessing grant oh God of nations
On the isles of Fiji
As we stand united under noble banner blue
And we honour and defend
The cause of freedom ever
Onward march together God bless Fiji.

Coro
For Fiji ever Fiji, let our voices ring with pride
For Fiji ever Fiji, her name hails far and wide
A land of freedom, hope and glory
To endure what e're befalls
May God bless Fiji forever more.

II
Blessing grant oh God of nations
On the isles of Fiji
Shores of golden sand and sunshine
happiness and song
Stand united we of Fiji fame and glory ever
Onward march together God bless Fiji.

HINO (FIJIANO)

Meda Dau Doka

I
Meda dau doka ka
Vinakata na vanua
Era sa dau tiko kina na savasava
Yaco tu na gauna ni
Sautu na vei lomani
Me sa biu nai tovo tawa yaga

Coro
Me tubu ga ko viti ka me toso ga ki lui
Veilutu vinaka ko, ira nai liuliu
Mera liutaki na tamata
Ena veika vinaka me oti
Kina nai tovo ca.

II
Bale ga vei kemuni
Na cauravou e viti
Ni yavala me savasava
Na vanua
Me kakua ni biu tani noda veilomani
Me sa biu nai tovo tawa yaga.

TRADUÇÃO :: TIAGO JOSÉ BERG

Deus Abençoe Fiji

I
Conceda graças, ó Deus das nações, às ilhas de Fiji
Quando estivermos unidos sob a nobre bandeira azul
E sempre honramos e defendemos as causas da liberdade
Juntos, marchemos adiante, Deus abençoe Fiji!

Coro
Para Fiji, sempre Fiji, deixem nossas vozes com orgulho soar
Para Fiji, sempre Fiji, seu nome saudamos em todo lugar
Uma terra de liberdade, esperança e glória
Para tudo tolerar; que Deus abençoe Fiji eternamente.

II
Conceda graças, ó Deus das nações, às ilhas de Fiji
Com costas de areia dourada e canções à alegre alvorada
Unidos permanecemos para a fama e glória de Fiji
Juntos, marchemos adiante, Deus abençoe Fiji!

FILIPINAS

O hino nacional das Filipinas é conhecido por *Lupang Hinirang* (Terra Amada). A melodia começou como uma marcha instrumental encomendada pelo então presidente filipino, general Emilio Aguinaldo, a Julian Felipe (1861-1944), para ser usada na proclamação da independência do país, em 12 de junho de 1898, quando foi tocado com o hasteamento da bandeira filipina. Seu título original era: *Marcha Filipina Magdalo*. Mais tarde o título seria mudado para "Marcha Nacional Filipina". Em agosto de 1899, um jovem soldado e poeta chamado José Palma (1876-1903) escreveu alguns versos para aquela marcha em espanhol, passando a ser esta a letra do hino. A letra foi traduzida para o inglês em 1920, quando as Filipinas foram administradas pelos norte-americanos (1899-1946). No mandato do presidente Ramon Magsaysay, o hino foi traduzido[1] para a língua tagalog pelo *Surian ng Wikang Pambansa* (Instituto Nacional de Línguas). Em 26 de maio de 1956, *Lupang Hinirang* foi, enfim, cantado em filipino.

HINO

Lupang Hinirang

Bayang magiliw,
Perlas ng silangan
Alab ng puso,
Sa dibdib mo'y buhay.

Lupang Hinirang,
Duyan ka ng magiting
Sa manlulupig,
Di ka pasisiil.

Sa dagat at bundok,
Sa simoy at sa langit mong bughaw
May dilag ang tula at awit
Sa paglayang minamahal

TRADUÇÃO :: TIAGO JOSÉ BERG

Terra Amada

Terra adorada,
Filha do sol do oriente;
Teu fogo ardente,
Em ti latente está.

Terra amada!
Berço do heroísmo.
Os invasores
Não te pisarão jamais.

Em teu céu azul, em tuas brisas,
Em teus montes e em teu mar.
Resplandece e aclama o poema,
De tua amada liberdade.

---

1 A letra em tagalog é atribuída a Felipe Padilla de Leon (1912-1992).

Ang kislap ng watawat mo'y
Tagumpay na nagniningning.
Ang bituin at araw niya'y
Kailan pa ma ma'y 'di magdidilim.

Lupa ng araw, ng luwalhati't pagsinta
Buhay ay langit sa piling mo
Aming ligaya na 'pag may mang-aapi,
Ang mamatay ng dahil sa iyo.

Tua bandeira nas lutas,
A vitória iluminou.
Não verás nunca apagados,
Tuas estrelas nem o teu sol.

Terra ditosa, do sol e dos amores,
Em teu abraço é bom viver.
É uma glória para teus filhos,
Quando te ofendem, por ti morrer.

FINLÂNDIA

O hino nacional da Finlândia é chamado de *Vårt land ou Maamme*, que significa "Nossa Pátria". Sua letra foi escrita originalmente em sueco pelo poeta Johan Ludvig Runeberg (1804-1877) e cantada pela primeira vez por estudantes de Helsinque em 13 de maio de 1848, no Dia da Flor. A música foi composta pelo alemão Fredrik Pacius (1809-1891), renomado compositor de sua época, que também atuou como professor de música na Universidade de Helsinque. A versão em finlandês do hino foi redigida pelo poeta e tradutor Paavo Eemil Cajander (1846-1913) no final do século XIX.

HINO (SUECO)

Vårt land

Vårt land, vårt land, vårt fosterland,
Ljud höjd, o dyra ord!
Ej lyfts en höjd mot himlens rand,
Ej sänks en dal, ej sköljs en strand,
Mer älskad än vår bygd i nord,
Än våra fäders jord.

Din blomning, sluten än i knopp,
Skall mogna ur sitt tvång;
Se, ur vår kärlek skall gå opp
Ditt ljus, din glans, din fröjd, ditt hopp,
Och högra klinga skall en gång
Vår fosterländska sång.

HINO (FINLANDÊS)

Maamme

Oi maamme, Suomi,
Synnyinmaa, soi sana kultainen!
Ei laaksoa, ei kukkulaa, ei vettä,
Rantaa rakkaampaa kuin
Kotimaa tää pohjoinen,
Maa kallis isien. Einen.

Sun kukoistukses kuorestaan
Kerrankin puhkeaa;
Viel' lempemme saa nousemaan
Sun toivos, riemus loistossaan
Ja kerran laulus, synnyinmaa,
Korkeemman kaiun saa.

TRADUÇÃO :: TIAGO JOSÉ BERG

Nossa Pátria[1]

Nossa terra, a Finlândia, nossa pátria,
Ecoa alto o teu nome valoroso!
Nenhum monte além do horizonte,
Nenhum vale escondido ou lago iluminado
É tão amado quanto o nosso Norte,
O país de nossos antepassados.

Tua flor, do botão adormecido,
Uma vez rompido, há de crescer.
Veja! O nosso amor mais uma vez irá florescer,
Na tua luz e alegria, no teu brilho e esperança!
E ainda mais um dia ressoará
A canção que nossa terra entoará.

---

1 Na versão original em sueco, a primeira estrofe do hino menciona *vårt land*, que pode ser traduzido como "nossa terra". A versão em finlandês de Paavo Cajander apresenta a palavra *Suomi*, que significa o nome do país: Finlândia.

FRANÇA

O hino nacional francês foi composto na noite de 25 de abril de 1792 por Claude-Josep Rouget de Lisle (1760-1836), capitão francês que se encontrava então na guarnição da cidade de Estrasburgo, no Leste da França. Rouget de Lisle, que nas horas vagas era poeta e músico, recebera uma ordem do prefeito da cidade para que compusesse uma marcha para animar as tropas francesas e, naquela mesma noite, trancou-se em um quarto com seu violino e compôs a noite inteira. O hino foi executado no dia seguinte, na praça da cidade, com o título de *Chant de guerre pour l'armée du Rhin* (Canto de Guerra para o exército do Reno). A apresentação foi um tremendo sucesso e a canção logo se tornou conhecida entre os revolucionários por toda a França. Mais tarde, ela foi cantada por um batalhão de voluntários vindos da cidade de Marselha, que ao entrar em Paris, em 30 de julho, suscitou grande entusiasmo entre o povo da capital, que imediatamente a designou com o nome de *La Marseillaise* (A Marselhesa). Além do gentílico, a canção ficou conhecida por sua representação dos ideais da Revolução Francesa e seria adotada como hino nacional em 14 de julho de 1795. A Marselhesa foi proibida durante o Império e a Restauração, mas voltou a ter prestígio na Revolução de 1830. Durante esse período, o compositor Louis Hector Berlioz elaborou uma orquestração para o hino, que dedicou a Rouget de Lisle. Em 1887 a "versão oficial" foi adotada pelo Ministério da Guerra, depois de aprovada por uma comissão composta por músicos profissionais.

· ·

HINO

TRADUÇÃO
:: CONSULADO GERAL DA FRANÇA EM SÃO PAULO

La Marseillaise

A Marselhesa[1]

Allons enfants de la Patrie,
Le jour de glorie est arrivé.
Contre nous de la tyrannie,
L'étandard sanglant est levé.

Avante, filhos da Pátria,
O dia da glória chegou.
O estandarte ensangüentado da tirania,
Contra nós se levanta.

---

[1] A composição original escrita por Lisle contém no total sete estrofes; a primeira e a sétima são as mais interpretadas. O coro geralmente é cantado duas vezes.

Entendez-vous dans les campagnes
Mugir ces féroces soldats!
Ils viennent jusque dans vos bras,
Égorger vos fils, vos compagnes.

Coro
Aux armes citoyens!
Formez vos bataillons!
Marchons, marchons!
Qu'un sang impur abreuve nos sillons.

Ouvis nos campos rugirem
Esses ferozes soldados?
Vêm eles até nós
Degolar nossos filhos, nossas mulheres.

Coro
Às armas cidadãos!
Formai vossos batalhões!
Marchemos, marchemos!
Nossa terra do sangue impuro se saciará!

GABÃO

A República Gabonesa, país localizado na costa da África Ocidental, alcançou sua independência em 17 de agosto de 1960. Seu hino nacional foi adotado na mesma data, com letra e música de autoria de Georges Aleka Damas (1902-1982). Damas foi uma importante figura política do Gabão; além de atuar como embaixador, ele presidiu a Assembléia Nacional do país de 1964 a 1975.

HINO

Coro
Uni dans la Concorde et la fraternité
Eveilletoi Gabon, une aurore se lève,
En courage l'ardeur qui vibre et nous soulève!
C'est enfin notre essor vers la félicité.
C'est enfin notre essor vers la félicité.

I
Eblouissant et fier,
Le jour sublime monte
Pourchassant à jamais
L'injustice et la honte.
Qu'il monte, monte encore
Et calme nos alarmes,
Qu'il prône la vertu
Et repousse les armes.

II
Oui que le temps heureux
Rêvé par nos ancêtres
Arrive enfin chez nous,
Rejouisse les êtres,
Et chasse les sorciers,
Ces perfides trompeurs.
Qui semaient le poison
Et répandaient la peur.

TRADUÇÃO :: TIAGO JOSÉ BERG

Coro
Unidos na concórdia e na fraternidade,
Despertado o Gabão, uma aurora se eleva,
Em coragem o ardor que vibra e nos levanta!
És, enfim, o nosso vôo para a felicidade.
És, enfim, o nosso vôo para a felicidade.

I
Resplandecente e altivo,
O dia sublime amanhece,
Perseguindo sempre
A injustiça e a vergonha.
Que ele se eleve novamente
E acalme nossos temores,
Que ele enalteça a virtude
E rejeite as armas.

II
Sim, que os tempos venturosos
Sonhados por nossos avós,
Chegaram, enfim, entre nós,
Alegrando a todos,
E rechaçam as preocupações,
Essas perfídias mentirosas,
Que semeiam a discórdia
E espalham a covardia.

III
Afin qu'aux yeux du monde
Et des nations amies
Le Gabon immortel reste
Digne d'envie,
Oublion nos querelles,
Emsemble bâtissons
L'édifice nouveau
Au quel tous nous rêvons.

IV
Des bords de l'Ocean
Au cœur de la forêt,
Demeurons vigilants,
Sans faiblesse et sans haine!
Autour de ce drapeau,
Qui vers l'honneurs nous mène,
Saluons la Patrie
Et chantons sans arrêt!

III
Para que diante dos olhos do mundo
E das nações amigas,
O Gabão imortal permaneça
Digno de se invejar,
Esqueçamos nossas disputas,
Edificando juntos,
O novo edifício
Ao qual todos nós sonhamos.

IV
Das margens do oceano
Ao coração da floresta,
Permanecemos vigilantes,
Sem fraqueza e sem ódio!
Em torno da bandeira,
Que para as nossas honras,
Saudamos a Pátria
E cantamos sem cessar!

GÂMBIA

O hino nacional de Gâmbia foi escrito por Virginia Julie Howe (1927-), e a música, adaptada por Jeremy Frederick Howe (1929-) de uma antiga canção folclórica do povo Mandinga (ou Madinnka), chamada *Foday Kaba Dumbuya*. Ele seria adotado em 18 de fevereiro de 1965, quando a Gâmbia conquistou sua independência.

HINO

For The Gambia, our Homeland

For The Gambia, our homeland
We strive and work and pray,
That all may live in unity,
Freedom and peace each day.
Let justice guide our actions
Towards the common good,
And join our diverse peoples
To prove man's brotherhood.

Coro
We pledge our firm allegiance,
Our promise we renew;
Keep us, great God of nations,
To The Gambia ever true.

TRADUÇÃO :: TIAGO JOSÉ BERG

Para a Gâmbia, nossa Pátria

Para a Gâmbia, nossa pátria
Nos esforçamos, trabalhamos e rogamos,
Que todos possam viver em unidade,
Liberdade e paz a cada dia.
Deixe a justiça guiar nossas ações,
Em direção ao bem comum,
E unimos nossos diversos povos
Para provar a fraternidade humana.

Coro
Empenhamos nossa firme lealdade,
Nossa promessa nós renovamos;
Guarde-nos, grande Deus das nações,
Para a sempre digna Gâmbia.

GANA

O hino nacional de Gana foi oficialmente adotado em 1957, quando o país se tornou independente. A letra original foi escrita em 1956, com música de Philip Gbeho (1905-1976). Em 1960, o governo de Gana modificou alguns trechos da letra do hino, adotando a nova versão em 1966.

HINO

I
God bless our homeland Ghana,
And make our nation great and strong,
Bold to defend for ever
The cause of Freedom and Right;
Fill our hearts with true humility,
Make us cherish
Fearless honesty,
And help us to resist
Oppressors' rule
With all our will
And might for evermore.

II
Hail to thy name, o Ghana,
To thee we make our solemn vow;
Steadfast to build together
A nation strong in Unity;
With our gifts of mind
And strength of arm,
Whether night or day
In mist or storm,
In every need whate'er the call may be,
To serve thee, Ghana,
Now and evermore.

TRADUÇÃO :: TIAGO JOSÉ BERG

I
Deus abençoe nossa pátria Gana,
E faça de nossa nação grande e forte,
Audaz a defender para sempre
A causa da Liberdade e da Justiça.
Encha nossos corações com sincera humildade,
Faça-nos apreciar
A destemida honestidade,
E nos ajude a resistir
Ao domínio dos opressores,
Com todo nosso empenho
E força eternamente.

II
Aclamamos a teu nome, ó Gana,
A ti fazemos nosso voto solene;
Firmes a construir juntos
Uma nação forte na Unidade;
Com nossa obstinação
E braço forte,
Se na noite ou dia,
Na névoa ou tempestade,
Qual seja o clamor, em toda necessidade,
Servimos a ti, Gana,
Agora e eternamente.

III	III
Raise high the flag of Ghana,	Eleve a bandeira de Gana,
And one with Africa advance;	E como uma África avance.
Black Star of hope and honour	A Estrela negra da esperança e honra
To all who thirst for liberty;	Que a todos anseia por liberdade;
Where the banner of Ghana	Onde a bandeira de Gana
Freely flies,	Tremular livremente,
May the way	Que o caminho
To freedom truly he:	À liberdade verdadeiramente
Arise, arise,	Levante-os, levante-os,
O sons of Ghanaland,	Ó filhos de Ganalândia.[1]
And under God march on for evermore.	E debaixo de Deus marchem eternamente.

---

[1] Terras de Gana. Deve-se lembrar que o território da atual República de Gana não corresponde à localização do antigo reino de Gana na África.

GEÓRGIA

Após a chamada "Revolução Rosa", o Parlamento da República da Geórgia oficializou um novo hino nacional, assim como uma nova bandeira e brasão de armas em 21 de maio de 2004, substituindo os antigos símbolos adotados em 1991. *Tavisupleba* (Liberdade), como é conhecido, foi escrito por Dawit Magradse, baseando-se na música de duas óperas georgianas do compositor Zakharia Paliashvili (1871-1933): *Abesalom da Eteri* (1918) e *Daisi* (1923). Joseb Ketschakmadse fez os arranjos finais para o hino.[1]

HINO

Tavisupleba

Chemi khatia samshoblo,
Sakhate mteli kveqana,
Ganatebuli mta-bari
Tsilnaqaria Ghmerttana.

Tavisupleba dghes chveni
Momavals umghers didebas,
Amodis tsiskris varskvlavi
Da or zghvas shua brtsqindeba.

Coro
Dideba tavisuplebas,
Tavisuplebas dideba!

TRADUÇÃO :: TIAGO JOSÉ BERG

Liberdade

Meu ícone é minha pátria,
E a base o mundo inteiro,
Montes e vales iluminados,
São por Deus abençoados.

Hoje a nossa liberdade
Canta a glória do futuro,
Surge o astro na alvorada
E resplandece entre dois mares.

Coro
Louvada seja a liberdade,
A liberdade seja louvada!

---

1 As datas de nascimento do autor e compositor ainda não estão disponíveis.

GRANADA

A nação caribenha de Granada adotou oficialmente seu hino nacional em 7 de fevereiro de 1974, data da independência do país. A letra foi escrita por Irva Merle Baptiste-Blackett (1924-), enquanto a música foi composta por Louis Arnold Masanto (1938-).

HINO

Hail! Grenada land of ours
We pledge our-selves to thee
Heads, hearts and hands in unity
To reach our destiny.
Ever conscious of God
Being proud our heritage
May we with faith and courage
Aspire... Build, advance
As one people one family,
God bless our Nation.

TRADUÇÃO :: TIAGO JOSÉ BERG

Salve! Granada nossa terra
Nos comprometemos contigo.
Mentes, corações e mãos em unidade
Para alcançar nosso destino.
Sempre conscientes de Deus
Orgulhosos de nossa herança,
Permita-nos com fé e coragem
Almejar... Construir, avançar
Como um povo uma família,
Deus abençoe nossa Nação.

GRÉCIA

O hino da Grécia foi originado de um poema escrito pelo poeta Dionysios Solomos (1798-1857) que continha um total de 158 estrofes! Solomos, nascido na ilha Zante, escreveu o poema em 1823, inspirado na luta pela independência grega contra o Império Otomano em 1821. No ano seguinte, o rei Jorge I decretou o poema, apresentado em sua versão curta com duas estrofes, como o hino nacional helênico. A melodia foi composta em 1828 por Nikolaos Mantzaros (1795-1873), nascido na ilha de Corfu, no mar Jônico, e que por vários anos estudou música na Itália. Em 1864, o "Hino à Liberdade" seria definitivamente oficializado. Além da Grécia, a República do Chipre também usa o mesmo hino como seu símbolo nacional.

HINO

TRADUÇÃO
:: EMBAIXADA DA GRÉCIA EM BRASÍLIA

Imnos eis tin Eleftherian

Se gnorízo apó tin cópsi
Tú spathiú tin tromerí,
Se gnorízo apó tin ópsi
Pú me via metrai ti gui.

Ap'tá cócala vgalmeni
Tón Elínon tá ierá,
Que sán próta andriomeni
Xére, oh xére Elefteriá.

Hino à Liberdade

Conheço-a pelo corte
Terrível da espada.
Conheço-a pela face
Que, com pressa, mede o chão.

Dos ossos sagrados
Dos gregos tirada,
E valente como outrora
Salve, oh! Salve Liberdade.

GUATEMALA

Em 1896, o governo do general José Maria Reina Barrios lançou um concurso para a escolha do hino nacional da Guatemala, sagrando-se vencedora a música composta por Rafael Alvarez Ovalle (1860-1948). O hino seria adotado em 28 de outubro daquele mesmo ano e apresentado oficialmente no teatro Colón, na noite de 14 de março de 1897. Até 1911 o autor da letra permaneceu desconhecido, quando descobriu-se que se tratava do poeta cubano José Joaquim Palma (1844-1911). Por um decreto de 26 de julho de 1934, alguns versos da letra original do hino foram alterados, tarefa realizada pelo professor e gramático José Maria Bonilla Ruano.

HINO

¡Guatemala feliz...! Que tus aras
No profane jamás el verdugo;
Ni haya esclavos que laman el yugo
Ni tiranos que escupan tu faz.
Si mañana tu suelo sagrado
Lo amenaza invasión extranjera,
Libre al viento tu hermosa bandera
A vencer o a morir llamará.

Coro
Libre al viento tu hermosa bandera
A vencer o a morir llamará;
Que tu pueblo con ánima fiera
Antes muerto que esclavo será.

TRADUÇÃO :: TIAGO JOSÉ BERG

Guatemala feliz! Que teus altares,
Não profanem jamais o verdugo;
Nem haja escravos que provem o jugo,
Nem tiranos que cuspam em tua face.
Se amanhã teu solo sagrado.
O ameaça a invasão estrangeira,
Livre ao vento tua formosa bandeira,
A vencer ou a morrer invocará.

Coro
Livre ao vento tua formosa bandeira
A vencer ou a morrer invocará,
Que teu povo com bravo espírito,
Antes morto que escravo será.

GUIANA

A República Cooperativista da Guiana conquistou sua independência em 26 de maio de 1966. Seu hino nacional surgiu após um concurso realizado em 21 de abril daquele ano, tendo sido aprovada pela Assembléia Nacional a letra escrita por Archibald Leonard Luker (1917-1971) e a melodia composta por Robert Cyril Gladstone Potter (1899-1981).

HINO

I

Dear land of Guyana,
Of rivers and plains
Made rich by the sunshine,
And lush by the rains,
Set gem like and fair,
Between mountains and sea –
Your children salute you,
Dear land of the free.

II

Green land of Guyana,
Our heroes of yore,
Both bondsmen and free,
Laid their bones on your shore.
This soil so they hallowed,
And from them are we,
All sons of one Mother,
Guyana the free.

TRADUÇÃO :: TIAGO JOSÉ BERG

I

Querida terra da Guiana,
De rios e planícies,
Feita rica pelos raios solares,
E próspera pelas chuvas.
Imóvel pedra preciosa e bela,
Entre as montanhas e o mar –
Teus filhos te saúdam,
Querida terra dos livres.

II

Terra verde da Guiana,
Nossos heróis de outrora,
Ambos escravos e livres,
Seus ossos jazem em suas costas.
Assim este solo eles consagraram,
E deles somos nós,
Todos os filhos de uma Mãe,
A livre Guiana.

III
Great land of Guyana,
Diverse though our strains,
We are born of their sacrifice,
Heirs of their pains,
And ours is the glory
Their eyes did not see –
One land of six peoples,
United and free.

IV
Dear land of Guyana,
To you will we give
Our homage, our service,
Each day that we live;
God guard you, great Mother,
And make us to be
More worthy our heritage –
Land of the free.

III
Grande terra da Guiana,
Apesar de nossas diversas estirpes,
Nós nascemos de teus sacrifícios,
Herdeiros de suas dores,
E são as nossas glórias
Que os olhos deles não viram –
Uma terra de seis povos,[1]
Unidos e livres.

IV
Querida terra da Guiana,
Para ti nós daremos
Nossa homenagem, nosso serviço,
Cada dia que vivermos;
Deus te guarde, grande Mãe,
E faça-nos ser,
Mais ilustre a nossa herança –
A terra dos livres.

---

1 Refere-se à composição e diversidade étnicas existente na Guiana, formada por indianos (51%), afro-americanos (31%), eurameríndios (10%), ameríndios (5%) e outras etnias, principalmente europeus, chineses e árabes (3%).

GUINÉ

Em 1958, a República da Guiné foi um dos primeiros países africanos a conquistar a independência nacional. A ex-colônia francesa adotou seu hino no mesmo ano, com base em uma poesia cujo autor é desconhecido. Coube ao compositor e futuro ministro da Defesa Fodeba Keita (1922-1969) fazer os arranjos musicais para a letra.

HINO

Peuple d'Afrique!
Le Passé historique!
Que chante l'hymne
De la Guinée fière et jeune
Illustre epopée de nos frères
Morts au champ d'honneur
En libérant l'Afrique!
Le peuple de Guinée
Prêchant l'unité
Appelle l'Afrique.
Liberté! C'est la voix d'un peuple
Qui appelle tous ses frères
A se retrouver.
Liberté! C'est la voix d'un peuple
Qui appelle tous ses frères
De la grande Afrique.
Bâtissons l'unité africaine
Dans l'indépendance retrouvée.

TRADUÇÃO :: TIAGO JOSÉ BERG

Povo da África!
O Passado histórico!
Que canta o hino
Da Guiné intrépida e jovem
Ilustre epopéia de nossos irmãos
Mortos no campo de honra
Em libertar a África!
O povo da Guiné
Anunciando a unidade
Apela à África.
Liberdade! Eis a voz de um povo
Que clama a todos os seus irmãos
A reencontrar-se.
Liberdade! Eis a voz de um povo
Que clama a todos os seus irmãos
Da grande África.
Edificamos a unidade africana
Na independência reconhecida.

GUINÉ-BISSAU

"Esta é a Nossa Pátria Amada" foi um poema escrito em 1963 pelo líder independencista Amílcar Lopes Cabral (1924-1973) durante a luta pela libertação nacional de Cabo Verde e Guiné-Bissau. Quando esteve em visita à China, Cabral ouviu uma melodia criada pelo compositor local Xiao He (1918-) e logo o convidou para compor a música do futuro hino, que seria adotado durante a declaração de independência do país, em 24 de setembro de 1974. Entre os anos de 1975 e 1996, a República de Cabo Verde também utilizou a composição como seu hino nacional.

HINO

Esta é a nossa Pátria Amada

I
Sol, suor e o verde e o mar,
Séculos de dor e esperança:
Esta é a terra dos nossos avós!
Fruto das nossas mãos,
Da flor do nosso sangue:
Esta é a nossa pátria amada.

Coro
Viva a pátria gloriosa!
Floriu nos céus a bandeira da luta.
Avante, contra o jugo estrangeiro!
Nós vamos construir
Na pátria imortal
A paz e o progresso!
Nós vamos construir
Na pátria imortal
A paz e o progresso!
A paz e o progresso!

II
Ramos do mesmo tronco,
Olhos na mesma luz:
Esta é a força da nossa união!
Cantem o mar e a terra
A madrugada e o sol
Que a nossa luta fecundou.

GUINÉ EQUATORIAL

A República da Guiné Equatorial, país compreendido por cinco ilhas e o território do rio Muni, na costa da África Ocidental, adotou seu hino nacional logo após conquistar sua independência da Espanha, em 12 de outubro de 1968. Atanásio Ndongo Miyono (1928-1969) foi quem compôs a letra e a música do hino.

HINO

Caminemos pisando las sendas
De nuestra inmensa felicidad.
En fraternidad, sin separación,
¡Cantemos Libertad!
Tras dos siglos de estar sometidos,
Bajo la dominación colonial,
En fraterna unión, sin discrimanar,
¡Cantemos Libertad!
¡Gritamos Viva, Libre Guinea,
Y defendamos nuestra Libertad.
Cantemos siempre, Libre Guinea,
Y conservemos siempre la unitad.
¡Gritamos Viva, Libre Guinea,
Y defendamos nuestra Libertad.
Cantemos siempre, Libre Guinea,
Y conservemos siempre
La indipendencia nacional
Y conservemos, y conservemos
La indipendencia nacional.

TRADUÇÃO :: TIAGO JOSÉ BERG

Caminhemos pisando as sendas,
De nossa imensa felicidade.
Em fraternidade, sem separação,
Cantemos Liberdade!
Após dois séculos de estar submetidos,
Sob a dominação colonial,
Em fraterna união, sem discriminar,
Cantemos Liberdade!
Gritamos Viva! Livre Guiné.
E defendamos nossa liberdade.
Cantemos sempre, livre Guiné,
E conservemos sempre a unidade.
Gritamos Viva! Livre Guiné,
E defendamos nossa liberdade.
Cantemos sempre, livre Guiné,
E conservemos sempre
A independência nacional
E conservemos, e conservemos,
A independência nacional.

HAITI

La Dessalinienne (A Canção de Dessalines) foi adotada em virtude da comemoração do centenário da independência haitiana, em 1904. O título é uma homenagem a Jean-Jacques Dessalines (1758-1806), um dos líderes da revolução haitiana contra os franceses em 1801. A letra foi escrita por Justin Lhérisson (1873-1907), recebendo música de Nicolas Geffrard (1871-1930).

HINO

La Dessalinienne

I
Pour le Pays
Pour les Ancêtres,
Marchons unis,
Dans nos rangs point de traîtres,
Du sol soyons seuls maîtres.
Marchons unis,
Pour le Pays,
Pour les Ancêtres.

II
Pour les Aïeux,
Pour la Patrie,
Bêchons joyeux.
Quand le champ fructifie,
L´âime se fortifie
Bêchons joyeux
Pour les Aïeux
Pour la Patrie.

TRADUÇÃO :: TIAGO JOSÉ BERG

A Canção de Dessalines

I
Pelo País,
Pelos Ancestrais,
Marchemos unidos,
De nossa ordem sem traidores,
Da terra somos seus mestres.
Marchemos unidos,
Pelo País,
Pelos Ancestrais.

II
Pelos Avós,
Pela Pátria,
Lavremos felizes.
Quando o campo frutifica
A alma se fortifica
Lavremos felizes,
Pelos Avós,
Pela Pátria.

III
Pour le Pays
Et pour nos Pères
Formons des fils,
Libres, forts et prospères,
Toujours nous serons
Formons des Fils,
Pour le Pays
Et pour nos Pères.

IV
Pour les Aïeux,
Pour la Patrie,
O Dieu des Preux!
Sous ta garde infinie
Prends nos droits, notre vie!
O Dieu des Preux,
Pour les Aïeux
Pour la Patrie!

V
Pour le Drapeau,
Pour la Patrie,
Mourir est beau
Notre passé nous crie;
Ayez l´âime aguerrie!
Mourir est beau,
Pour le Drapeau
Pour le Patrie.

III
Pelo País,
E por nossos Pais,
Tenhamos filhos,
Livres, fortes e prósperos,
Nós sempre seremos irmãos
Tenhamos filhos,
Pelo País,
E por nossos Pais.

IV
Pelos Avós,
Pela Pátria,
Ó Deus dos Bravos!
Sob tua guarda infinita
Toma nossos direitos, nossa vida!
Ó Deus dos Bravos!
Pelos Avós
Pela Pátria!

V
Pela Bandeira
Pela Pátria
Morrer é belo
Nosso passado nos clama;
Tendo uma alma aguerrida!
Morrer é belo
Pela Bandeira
Pela Pátria.

HOLANDA (PAÍSES BAIXOS)

Em 1568, para homenagear o início da luta holandesa contra o jugo espanhol, que resultou na chamada "Guerra dos Oitenta Anos", o poeta e diplomata Philips van Marnix (1540-1598) escreveu o poema *Wilhelmus van Nassouwe* (Guilherme de Nassau): um hino em homenagem a Guilherme I – Príncipe de Orange, herói nacional holandês. A canção, composta de quinze estrofes com oito versos cada uma, assemelhava-se às composições poéticas do século XVI. Com o tempo, *Wilhelmus* passou a ser cantado em eventos públicos primeiramente como uma canção partidária, configurando-se mais tarde como um hino de liberdade do povo holandês. Quando foram fundados os Países Baixos, em 1815,[1] sentiu-se a necessidade de proclamar em caráter oficial um hino nacional. Através de um concurso, o poema eleito foi o de Hendrik Tollens, intitulado *Wiens Neerlands Bloed* (Aquele de Sangue Holandês), cuja música foi composta por Johann Wilhelm Wilms. Porém, *Wilhelmus* continuou como a canção mais popular entre os holandeses durante todo o século XIX e, aos poucos, foi substituindo *Wiens Neerlands Bloed* na preferência de hino nacional. Finalmente, em 10 de maio de 1932, *Wilhelmus van Nassouwe* foi declarado hino nacional do Reino dos Países Baixos.

- -

HINO

Wilhelmus van Nassouwe

Wilhelmus van Nassouwe
Ben ick van duitschen bloet,
Den vederlant ghetouwe
Blijf ick tot in den doet;

TRADUÇÃO
:: CONSULADO GERAL DO REINO DOS PAÍSES BAIXOS EM SÃO PAULO

Guilherme de Nassau[2]

Sou Guilherme de Nassau,[3]
De sangue neerlandês,[4]
Até a morte,
À pátria fiel me manterei,

---

[1] A República Unida dos Países Baixos tornou-se independente em 1581. Em 1795 as tropas napoleônicas invadem o país; os holandeses expulsam os franceses em 1813, fundando a monarquia constitucionalista, reconhecida pelo Congresso de Viena (1815). Originalmente, os chamados Países Baixos eram constituídos também pela Bélgica, Luxemburgo e uma parte do Norte da França. A Bélgica separou-se em 1830 e Luxemburgo (que manteve sua autonomia e integridade territorial desde 1839) o fez formalmente em 1890.
[2] A primeira e sexta estrofes são as mais cantadas entre os holandeses.
[3] Guilherme I de Orange Nassau (1533-1584) se rebelou e lutou contra a jurisdição espanhola durante a Guerra dos Oitenta Anos (1568-1648); foi o grande impulsionador do movimento de independência dos Países Baixos.
[4] Sinônimo da designação popular de holandês, assim como batavo.

Een Prince van Oraengien	Sou um príncipe de Orange[5],
Ben ick vrij onverveert,	Livre e destemido,
Den coninck van Hispaergien	O rei da Espanha[6]
Heb ick altijdt geheëert.	Sempre reverenciei.
Mijn schilt ende betrouwen	Meu escudo e confiança
Sijt ghij, o God mijn Heer	Sois vós Deus meu Senhor,
Op U soo wil ick bouwen	Em Ti quero edificar,
Verlaet mij nimmermeer	Não me deixes jamais,
Dat ick doch vroom mach blijven	Faça, meu Deus, que me mantenha piedoso,
Uw dienaer t'aller strond,	Seu servo em todas as horas,
De Tyranny verdrijven	Que possa expulsar a tirania
Die mij mijn hert doorwont.	Que me sangra o coração.

---

5 Título de soberania ao neerlandês que governa a "Casa de Orange-Nassau" – o Reino dos Países Baixos.
6 O que o autor quis demonstrar nesta parte do poema é que Guilherme de Orange declara sempre ter prestado honras ao rei espanhol (na época, Filipe II) e que não houve conspiração alguma contra a Espanha, pois antes de iniciar a luta armada, ou seja, a "Guerra dos Oitenta Anos", os holandeses rogaram aberta e oficialmente pela sua independência.

HONDURAS

A letra do hino nacional de Honduras foi escrita em 1903 pelo poeta Augusto Constancio Coello (1883-1941), procurando retratar os fatos da história do país e o significado de sua bandeira. A música foi composta no ano seguinte por Carlos Hartling (1869-1920), um compositor de origem alemã que atuava como maestro na organização das bandas militares pelo interior hondurenho. A canção foi adotada oficialmente como hino nacional em 13 de novembro de 1915[1].

HINO

Coro
Tu bandera es un lampo de cielo
Por un bloque de nieve cruzado;
Y se ven en su fondo sagrado
Cinco estrellas de pálido azul;
En tu emblema que un mar rumoroso
Con sus ondas bravías escuda.
De un volcán tras la cima desnuda
Hay un astro de nítida luz.

I
India virgen y hermosa dormías
De tus mares al canto sonoro,
Cuando echada en tus cuencas de oro
El audaz navegante te halló;
Y al mirar tu belleza extasiado
Al influjo ideal de tu encanto,
La orla azul de tu espléndido manto
Con su beso de amor consagró.

TRADUÇÃO :: TIAGO JOSÉ BERG

Coro
Tua bandeira é um brilho do céu
Por uma faixa de neve cruzada.
E se vê em seu fundo sagrado
Cinco estrelas de pálido azul.
Em teu emblema que um mar rumoroso
Com suas ondas bravias proteja.
De um vulcão atrás do cume desnudo
Há um astro de nítida luz.

I
Índia virgem e formosa dormia
De teus mares ao canto sonoro,
Quando deitada em teus vales de ouro
O audaz navegante te encontrou;[2]
E ao olhar tua beleza extasiado
Ao influxo ideal de teu encanto,
A orla azul de teu esplêndido manto
Com seu beijo de amor consagrou.

---

1 A versão completa do hino possui sete estrofes. A primeira e nona estrofes são as mais cantadas.
2 Honduras foi descoberta pelo navegante genovês Cristóvão Colombo (1451-1506) em sua quarta viagem, no dia 30 de julho de 1502.

II
Por guardar ese emblema divino
Marchemos ¡Oh patria! A la muerte;
Generosa será nuestra suerte
Si morimos pensando en tu amor.
Defendiendo tu santa bandera
Y en sus pliegues gloriosos cubiertos
Serán muchos, Honduras, tus muertos
Pero todos caerán con honor.

II
Por guardar esse emblema divino
Marchemos, oh pátria! À morte;
Generosa será nossa sorte
Se morrermos pensando em teu amor.
Defendendo tua santa bandeira
Em suas pregas gloriosas cobertos
Serão muitos, Honduras, teus mortos
Mas todos cairão com honra.

HUNGRIA

A letra do hino da Hungria foi escrita em 1823 pelo político e poeta Ferenc Kölcsey (1790-1838), sendo que seus versos apareceram na forma impressa pela primeira vez em 1828. Em um concurso realizado em 1844 para compor a música do hino, Ferenc Erkel (1810-1893) foi o ganhador e a obra foi apresentada naquele mesmo ano no Teatro Nacional. O poema tornou-se hino nacional da Hungria com base em uma lei sancionada em 1903.[1]

HINO

Isten, áldd meg a magyart
Jó kedvvel böséggel,
Nyújts fléje védö kart,
Ha küzd ellenséggel;
Bal sors a kit régen tép,
Hozz rá víg esztendöt,
Megbünhödte már e nép
A múltat s jövendöt!

TRADUÇÃO :: PAULO RÓNAI

Deus, derrama sobre o húngaro
Fartura e alegria.
Guarda-o com teu braço quando
Luta com os inimigos.
Ao que tanto tem sofrido,
Traze um ano de bênçãos:
Já este povo expiou bem
O passado e o porvir.

---

[1] A versão completa do hino possui oito estrofes. Nas solenidades oficiais geralmente só se interpreta ou se canta a primeira estrofe.

IÊMEN

Em 22 de maio de 1990 surgiu a República do Iêmen, resultado da unificação entre a República Árabe do Iêmen (conhecida como Iêmen do Norte) e a República Democrática Popular do Iêmen (chamada de Iêmen do Sul). Após o final da Primeira Guerra Mundial, o Iêmen obteve sua independência do Império Otomano em 30 de outubro de 1918. Depois de conflitos internos, o país foi dividido, surgindo o Iêmen do Norte em 1962. Já o Iêmen do Sul formalizou sua independência em 1967 e, como resultado, ambos os países adotaram seus próprios símbolos nacionais. Após a unificação, o hino do Iêmen do Sul foi escolhido como o novo hino nacional iemenita, com letra de Abdulla Abdulwahab Noa'man (1916-1982) e música de Ayoob Tarish Absi (1943-).

HINO

Raddidi Ayyatuha 'D-dunya Nashidi
Raddidihi Wa-a 'idi Wa-a idi
Wa 'Dhkuri Fi Farhati Kulla Shahidi
Wa'Mnahihi Hullalan
Min Daw'i Idi
Raddidi Ayyatuha 'D-dunya Nashidi
'Ishtu Imani Wa-hubbi Umamiyya
Wa-masiri Fawqa Darbi Arabiyya
Wa-sayabqa Nabdu Qalbi Yamaniyya
Lan Tara 'D-dunya
Ala Ardi Wasiyya.

TRADUÇÃO :: TIAGO JOSÉ BERG

Repita, ó Mundo, minha canção.
Ecoe-a inúmeras vezes.
Lembre-se, por minha alegria, cada mártir.
Vista-o com os mantos brilhantes,
De nosso festival!
Repita, ó Mundo, minha canção.
Em fé e amor eu sou parte da humanidade.
Um Árabe eu serei por toda a minha vida.
Meu coração bate afinado com o Iêmen.
Nenhum estrangeiro
Dominará sobre o Iêmen.

ILHAS MARSHALL

A República das Ilhas Marshall localiza-se na região da Micronésia, no oceano Pacífico. Em 1º de maio de 1979, as ilhas se tornaram um Estado em livre associação com os Estados Unidos, alcançando sua independência plena em 21 de outubro de 1986. O hino foi adotado em 1991, com letra e música do primeiro presidente do país: Amata Kabua (1928-1996).

HINO

Kejrammon Aelin Keinan

Aelon eo ao jon lo meto;
Einwot wut ko loti ion dren elae;
Kin meram in Mekar jen ijo ilan;
Erreo an romak ioir kin me ram in mour;
Iltan pein Anij eweleo sim woj;
Kejolit kij kin ijin jikir e-mol;
Ijjamin Ilok jen in aolemo ran;
Anij an ro jemem
Wonakke im
Kejrammon Aelin keinam.

TRADUÇÃO :: TIAGO JOSÉ BERG

Eternamente as Ilhas Marshall

Minha ilha repousa sobre o oceano;
Como uma coroa de flores no mar;
Com a elevada luz de Mekar,[1]
Brilhando no esplendor dos raios vívidos;
A admirável criação de nossos pais;
Legada a nós: esta nossa Pátria;
Eu não deixarei meu querido lar doce lar;
Deus de nossos ancestrais
Proteja e abençoe
Eternamente as Ilhas Marshall.

---

1 Esta palavra é uma expressão local subentendida como "bênção dos céus".

ILHAS SALOMÃO

Este hino foi escrito por um casal: Panapasa Balekana (1929-) e Matila Baleilekutu Balekana (1932-) e adotado oficialmente em 1978, logo após o país se tornar independente. Balekana também compôs a música do hino e atua como o mais antigo pastor e maestro do coro da *Wesley Uniting Church*, em Honiara, capital do país, desde 1956.

HINO

God save our Solomon Islands
From shore to shore.
Bless all her people and her Lands
With Your protecting hands.
Joy, Peace, Progress and Prosperity;
That men should brothers be,
Make nations see.
Our Solomon Islands,
Our Solomon Islands,
Our Nation, Solomon Islands,
Stands for evermore.

TRADUÇÃO :: TIAGO JOSÉ BERG

Deus salve nossas Ilhas Salomão
De costa a costa.
Abençoe todo seu povo e suas Terras
Com Suas mãos protetoras.
Alegria, Paz, Progresso e Prosperidade;
Que os homens sejam irmãos
E as nações vejam.
Nossas Ilhas Salomão,
Nossas Ilhas Salomão,
Nossa Nação, Ilhas Salomão,
De pé para sempre.

ÍNDIA

O hino nacional da Índia foi publicado e cantado em público pela primeira vez em 27 de dezembro de 1911, na cidade de Calcutá, durante uma sessão no Congresso Nacional Indiano. A letra e a música são de autoria do célebre escritor, poeta, músico e filósofo Rabindranath Tagore (1861-1941), primeiro asiático a receber o Prêmio Nobel de Literatura, em 1913. Tagore também compôs o hino nacional de Bangladesh. Originalmente escrita em idioma bengali, esta canção continha cinco estrofes. O hino ganhou mais tarde uma versão em idioma hindi e a primeira estrofe foi oficialmente adotada pela Assembléia Constituinte em 24 de janeiro de 1950, dois dias antes da Proclamação da República.

HINO

Jana-gana-mana-adhinayaka, jaya he
Bharata-bhagya-vidhata
Punjab-Sindhu-Gujarata-Maratha
Dravida-Utkala-Banga
Vindhya-Himachala-Yamuna-Ganga
Uchchala-Jaladhi-taranga
Tava shubha name jage
Tava shubha ashish maange
Gaye tava jaya-gatha
Jana-gana-mangala-dayaka jaya he
Bharata-bhagya-vidhata
Jaya he, jaya he, jaya he
Jaya jaya jaya, jaya he!

TRADUÇÃO :: TIAGO JOSÉ BERG

Sois o regente de nossos corações e mentes,
Tu, que governas o destino da Índia.
Em Punjab,[1] Sind,[2] Gujarat,[3] Maratha,[4]
Do Dravida,[5] Orrissa[6] e Bengala,[7]
Ecoa nas colinas do Vindhya[8] e do Himalaia,[9]
Mistura-se na música do Yamuna[10] e Ganges[11]
E é entoada pelas ondas do Índico.[12]
Elevam ao alto o teu nome,
E cantam hinos em teu louvor
A salvação está em tuas mãos,
Tu, que governas o destino da Índia.
Vitória a ti, vitória a ti, vitória a ti,
Vitória, vitória, vitória a ti!

---

1 Punjab é atualmente uma região dividida entre a Índia e o Paquistão.
2 Atualmente, esta é uma província do Paquistão. A região pertencia à Índia britânica na época colonial.
3 Estado localizado no Oeste da Índia, na divisa com o Paquistão.
4 Uma região histórica pertencente ao atual estado indiano de Maharashtra.
5 Este termo em idioma sânscrito denomina as regiões do Sul da Índia.
6 Estado localizado na costa leste da Índia, próximo ao golfo de Bengala.
7 Região histórico-geográfica no delta do rio Ganges, dividida entre os territórios de Bangladesh e da Índia.
8 Os montes Vindhya separam geograficamente o Sul e o Norte indianos.
9 Imensa cadeia montanhosa na Ásia, separando o subcontinente indiano do platô do Tibet.
10 O rio Yamuna (ou Jamuna) é um importante afluente do rio Ganges.
11 O rio Ganges nasce e percorre o Norte da Índia até seu delta no Golfo de Bengala, em Bangladesh.
12 O oceano Índico é também conhecido como "mar Indiano".

INDONÉSIA

O hino nacional da Indonésia, chamado *Indonesia Raya* (A Grande Indonésia), foi composto na época em que o país era uma colônia holandesa, no cerne dos primeiros movimentos nacionalistas do arquipélago. Sua autoria é de Wage Rudolf Soepratman (1903-1938), que apresentou a canção durante o segundo congresso da juventude indonésia, em Jacarta, em 28 de outubro de 1928. *Indonesia Raya* tornou-se popular a partir de então e foi adotada como hino nacional em 17 de agosto de 1945, quando a Indonésia declarou sua independência.

HINO

Indonesia Raya

Indonesia tanah airku,
Tanah tumpah darahku,
Disanalah aku berdiri,
Jadi pandu ibuku,
Indonesia kebangsaanku,
Bangsa dan tanah airku,
Marilah kita berseru:
"Indonesia bersatu",
Hiduplah tanahku!
Hiduplah negeriku!
Bangsaku, rakyatku semuanya!
Bangunlah jiwanya!
Bangunlah badannya!
Untuk Indonesia Raya!

Coro
Indonesia Raya, merdeka, merdeka
Tanahku, negeriku yang kucinta.
Indonesia Raya, merdeka, merdeka,
Hiduplah Indonesia Raya.

TRADUÇÃO :: TIAGO JOSÉ BERG

A Grande Indonésia

Indonésia, nossa terra natal,
Nosso lugar de nascimento,
Onde estamos de pé em guarda,
Sobre a nossa pátria;
Indonésia, nossa nacionalidade,
Nosso povo, nosso país,
Deixem-nos proclamar:
"A unida Indonésia",
Vida longa nossa terra!
Vida longa nosso país!
Nossa nação, nosso povo e todos!
Elevemos nossas almas!
Levantemos nossos corpos!
Para a Grande Indonésia!

Coro
Grande Indonésia, livre, independente,
A terra, o país que amamos.
Grande Indonésia, livre, independente,
Vida longa à Grande Indonésia.

IRÃ

Um ano após a vitória da "Revolução Islâmica", o Irã oficializou seus novos símbolos nacionais, adotando um hino conhecido por *Ey Iran*! (Ó Irã!), também usado durante o período de transição por ser uma canção patriótica popular. Este hino duraria até o começo de 1990, quando um concurso aberto ao público instituiria a música composta por Hassan Riahi (1945-) e uma nova letra, escrita por vários autores, como o novo hino nacional do país.

HINO

Sar Zad Az
Ufuq Mihr-i Hawaran
Furug-i Dida-yi
Haqq-bawaran
Bahman!
Farr-i Iman-i Mast!
Payamat Ay Imam
Istiqlal, Azadi-naqs-i
Gan-i Mast
Sahidan!
Picida Dar Gus-i Zaman Faryad-i Tan
Payanda Mani Wa Gawidan
Gumhuri-yi Islami-i Iran.

TRADUÇÃO
:: EMBAIXADA DA REPÚBLICA ISLÂMICA DO IRÃ EM BRASÍLIA

O sol do Leste
Nasceu no horizonte.
É o brilho dos olhos
Daqueles que acreditam na verdade.
Bahman![1]
É o esplendor de nossa fé.
Sua mensagem, oh Imam![2]
De independência, liberdade,
Está cravada em nossas almas.
Oh mártires!
Seus lamentos ecoam ao longo do tempo.
Permaneça eterna e perene
Oh! República Islâmica do Irã!

---

1 Relativo ao dia 11 de fevereiro de 1979 (22 de Bahman), dia da vitória da Revolução Islâmica no Irã.
2 O Imam (ou Imã), além de ser uma autoridade religiosa, é também o guia e oficiante nas orações diárias da mesquita. Neste caso, refere-se ao aiatolá Ruhollah Musavi Khomeini (1900-1989), líder do país entre 1979-1989.

IRAQUE

Dois anos após Saddam Hussein (1937-2006) ter assumido o poder como presidente do Iraque, um novo hino nacional foi adotado em 17 de julho de 1981, conhecido por "Terra dos Dois Rios" – uma referência ao seu partido (o Al'Baath) e aos dois principais rios que cortam o território iraquiano: Tigre e Eufrates, onde está situada a capital Bagdá. Quando Saddam foi deposto pelas tropas de coalizão norte-americana em 2003, o governo interino do Iraque selecionou um novo hino nacional no ano seguinte, baseado em uma canção popular no mundo árabe, conhecida por *Mawtini* (Meu país). Com letra do poeta palestino Ibrahim Hefeth Touqan (1905-1941) e música dos libaneses Mohammad Salim Flayfel (1899-1986) e Ahmad Salim Flayfel (1906-1991), *Mawtini* é atualmente o hino nacional dos iraquianos.

HINO

Mawtini

I
Mawtini, mawtini
Al jalalu wal jamalu
As sana'u wal baha'u fi rubak, fi rubak
Wal hayatu wan najatu
Wal hana'u war raja'u fi hawak, fi hawak
Hal Arak Hal Arak
Saliman muna"aman
Wa ghaniman mukarraman
Hal Arak Hal Arak
Fi 'ulak Fi 'ulak
Tablughu assimak tablugha assimak
Mawtini, mawtini.

TRADUÇÃO :: TIAGO JOSÉ BERG

Meu País

I
Meu país, meu país,
Glória e beleza,
Sublimidade e encanto
Estão em tuas colinas.
Vida e libertação
Alegria e esperança
Estão em tua atmosfera, eu verei...
Seguro e confortável,
Mencionado e honrado, eu verei...
Tua eminência,
Alcançando as estrelas
Meu país, meu país.

II
Mawtini, mawtini
Ashababu Lan yakillu
Hammahu an tastaqill aw yabid aw yabid
Tanstaqi min ar rada
Walan nakuna lil'ida kal'abid kal'abid
La Nurid La Nurid
Dhullana al mu'abbada
Wa shanah nurnakkada
La nurid La nurid
Bal na'id bal na'id
Majdana-at talid Majdana-at talid
Mawtini, mawtini.

III
Mawtini, mawtini
Al husamu wal yara'u
La lkalam wan niza' ramzuna ramzuna
Majduna wa'ahduna
Wawajibun il lwafa yahuzzuna yahuzzuna
'Izzuna 'izzuna
Ghayatun tusharrifu
Warayatun turafrifu
Ya hanak Ya hanak
Fi 'ulak Fi 'ulak
Qahiran 'idaka Qahiran 'idaka
Mawtini, mawtini.

II
Meu país, meu país.
A juventude não se cansará
Tua meta é a independência;
Mas se morrerem
Nós provaremos da morte,
Mas não seremos escravos dos inimigos,
Não queremos
Uma eterna humilhação
Nem uma vida miserável
E enfim retomaremos
A nossa grande glória,
Meu país, meu país.

III
Meu país, meu país.
A espada e a pena
São nossos símbolos
Sem discurso, sem disputa.
Nossa glória e aliança
No dever para cumpri-la
Vibra em nós esta honra
Que é uma causa honorária,
Uma bandeira desfraldada
Em tua eminência
Vitoriosa sobre os inimigos.
Meu país, meu país.

IRLANDA

A "Canção do Soldado" foi escrita por Peadar Kearney (1883-1942) em 1907 junto com a música de Patrick Heeney (1881-1911) e publicada pela primeira vez em um jornal chamado *Irish Freedom* (Liberdade Irlandesa), em 1912. O hino seria adotado oficialmente em julho de 1926, quando a República da Irlanda tornou-se independente. Liam O'Rinn (1888-1950) escreveu a versão do hino em gaélico, idioma falado na ilha da Irlanda.

HINO (INGLÊS)

The Soldier's Song

Soldiers are we
Whose lives are pledged to Ireland;
Some have come
From a land beyond the wave,
Sworn to be free,
No more our ancient sire land
Shall shelter the despot or the slave.
Tonight we man the "bearna bhaoil"
In Erin's cause, come woe or weal,
'Mid cannons' roar and rifles peal,
We'll chant a soldier's song.

HINO (GAÉLICO)

Amhrán na BhFiann

Sinne Fianna Fáil
A tá fé gheall ag Éirinn,
Buion dár slua
Thar toinn do ráinig chugainn,
Fé mhóid bheith saor.
Sean tír ár sinsir feasta
Ní fhagfar fé'n tiorán ná fé'n tráil
Anocht a théam sa "bhearna bhaoil",
Le gean ar Ghaeil chun báis nó saoil
Le guna screach fé lámhach na bpiléar
Seo libh canaídh Amhrán na bhFiann.

TRADUÇÃO :: TIAGO JOSÉ BERG

A Canção do Soldado

Soldados somos nós,
De vidas devotas à Irlanda;
Alguns vieram
De uma terra além-mar;
Jurando permanecer livres,
Não mais nossa antiga pátria,
Abrigará o tirano ou o escravo.
À noite guarnecemos a "brecha perigosa" [1]
Na causa irlandesa, por bem ou mal,
Entre o troar de canhões e repique dos rifles,
Cantaremos esta canção do soldado.

---

[1] Na versão original do hino, utiliza-se a palavra *bhearna bhaol* (pronuncia-se "várna vuil") [em inglês, *gap of danger*], que pode ser traduzida como "brecha perigosa". Este termo foi usado por Peadar Kearney ao relembrar a Batalha de New Ross (1798) no Sul da Irlanda, quando os patriotas irlandeses usaram uma estratégia de ataque/defesa que consistia em montar guarda nos portões e vielas das cidades à espera de reforços.

ISLÂNDIA

O hino nacional da Islândia foi escrito em 1874 para comemorar o aniversário de mil anos da descoberta da ilha pelos *vikings*. A letra foi escrita por Matthías Jochumsson (1835-1920) que, além de poeta, foi tradutor e doutor *honoris causa* pela Universidade da Islândia. A música foi composta por Sveinbjörn Sveinbjörnsson (1847-1927), músico, que também se formou em teologia.

HINO

Lofsöngur

Ó, Goð vors lands! Ó, lands vors Goð!
Ver lofum þitt heilaga, heilaga nafn!
Úr sólkerfum himnanna hnýta þér krans.
Þínir herskarar, tímana safn.
Fyrir þér er einn dagur sem þúsund ár
Og þúsund ár dagur, ei meir:
Eitt eilífðar smáblóm með titrandi tár,
Sem tilbiður Guð sinn og deyr.
Íslands þúsund ar, Íslands þúsund ar,
Eitt eilífðar smáblóm með titrandi tár,
Sem tilbiður Guð sinn og deyr.

TRADUÇÃO :: TIAGO JOSÉ BERG

Canção de Louvor

Ó Deus desta pátria! Ó pátria deste Deus!
Louvamos Teu nome, santo sem par!
Os dias celestes uma coroa lhe cingem,
Por tuas legiões, através dos tempos!
Contigo cada dia são como mil anos,
E mil anos, como um só dia a passar...
Esta tênue flor, por toda eternidade,
Segue assim por Deus reverenciar.
Mil anos: Islândia! Mil anos: Islândia!
Esta tênue flor, por toda a eternidade,
Segue assim por Deus reverenciar.

ISRAEL

Hatkivá (Esperança) foi originalmente adaptado do poema chamado *Tikvateinu* (Nossa Esperança), escrito pelo poeta Naftali Herz Imber (1856-1909) em 1878. A canção ganhou melodia em 1882, quando Samuel Cohen (1870-1940), um colono de Rishon le Tzion (Israel), teve acesso ao poema de Herz Imber. A música foi se tornando popular e, em 1933, tornou-se hino do Sionismo.[1] Ele seria adotado como hino nacional em 14 de maio de 1948, quando foi cantado durante a cerimônia de assinatura da declaração de independência do Estado de Israel.

HINO

Hatikvá

Kol od balevav penimá
Nefesh iehudi homia.
Ulefaatei mizrach kadima
Ain letzion tzofía.

Od lo avda tikvatenu,
Hatikvá bat shnot alpaim,
Lihiot am chofshi beartzeinu,
Eretz tzion vierusshalaim.

TRADUÇÃO :: EMBAIXADA DE ISRAEL EM BRASÍLIA

Esperança

Enquanto no fundo do coração
Palpitar uma alma judia
E em direção ao Oriente
O olhar voltar-se a Tzion.[2]

Nossa esperança de dois mil anos
Ainda não estará perdida,
Seremos um povo livre em nossa terra
A terra de Tzion e Jerusalém.[3]

---

[1] Movimento político iniciado em meados do século XIX que defende o direito à autodeterminação do povo judeu e à existência de um Estado judaico.
[2] Nome dado à fortaleza próxima da atual Jerusalém, que foi conquistada por David. A fortaleza original ficava na colina a Sudeste de Jerusalém, chamada de monte Tzion (Sion ou Sião).
[3] Esta cidade histórica do Oriente Médio é de importância para três grandes religiões: judaísmo, cristianismo e islamismo.

ITÁLIA

O "Canto dos Italianos" é conhecido geralmente não por seu título original, mas sim como o *Inno di Mameli* [1], ou simplesmente pela primeira frase de sua estrofe: *Fratelli d'Italia* (Irmãos da Itália). O hino foi escrito pelo poeta e patriota genovês Goffredo Mameli (1827-1849) em novembro de 1847. Em dezembro do mesmo ano, Mameli enviou a letra para que recebesse música do maestro Michele Novaro (1822-1885), que compôs uma marcha enérgica para aqueles versos; no ano seguinte o hino seria apresentado ao público pela primeira vez. Quando a Itália foi unificada, em 1861, o hino adotado pela monarquia foi, entretanto, a *Marcia Reale* (Marcha Real), perdurando como oficial até meados de 1945. Finalmente, quase um século depois de sua composição, *Fratelli d'Italia* se tornaria o hino nacional italiano em 12 de outubro de 1946.

HINO

Inno di Mameli

Fratelli d'Italia,
L'Italia s'è desta,
Dell'elmo di Scipio
S'è cinta la testa.
Dov'è la vittoria?
Le porga la chioma
Ché schiava di Roma
Iddio la creò.

TRADUÇÃO :: ADAPTADA POR TIAGO JOSÉ BERG[2]

Hino de Mameli

Irmãos da Itália,
A Itália despertou,
O elmo de Cipião,[3]
Cingiu sua cabeça.[4]
Onde está a vitória?[5]
Lhe estenda a madeixa,
Porque escrava de Roma,
Deus a criou.

---

1 Este título refere-se ao autor da letra, Goffredo Mameli. A versão original, escrita no outono de 1847, possui seis estrofes. Durante a composição da música, Novaro sugeriu algumas alterações no poema de Mameli, chegando à atual versão.
2 Gostaria de salientar que fiz alterações na tradução original, que deve ser creditada à Società Fratellanza Italiana di Descalvado-SP.
3 Cipião era o nome de Publius Cornelius Scipio (236-184 a.C.). General romano e um dos maiores estrategistas da Antiguidade, Scipio derrotou o exército cartaginês e pôs fim à Segunda Guerra Púnica na batalha de Zama (em 202 a.C.). Este trecho do hino é uma metáfora que expressa o fervor patriótico dos italianos durante a luta contra a opressão do Império austro-húngaro.
4 O elmo representa a luta incessante da Itália contra a opressão estrangeira e que finalmente chegara a hora de lutar pela unidade.
5 O autor, inspirado nos clássicos romanos, refere-se ao fato de que a deusa Vitória já foi escrava de uma Roma (sempre vitoriosa) por vontade divina e agora lhe convida a dobrar-se diante da nova Itália (que estava a surgir).

Coro
Stringiamoci a coorte,
Siam pronti alla morte,
Siam pronti alla morte,
L'Italia chiamò!

Coro
Unimo-nos à coorte,[6]
Estejamos prontos para a morte,
Estejamos prontos para a morte,
A Itália chamou![7]

---

6 A coorte era uma unidade de combate romana.
7 Geralmente repete-se o coro e no final da canção termina-se o hino com um Sì! (Sim!) determinado.

JAMAICA

Em setembro de 1961 foi anunciado um concurso para a escolha do futuro hino jamaicano. Quando as inscrições se encerraram, no final de março do ano seguinte, uma centena de propostas havia chegado de toda a ilha. Depois de um acalorado debate, o Parlamento anunciou a composição vencedora em 19 de julho de 1962, tornando-se a letra de Hugh Braham Sherlock (1905-1998), com música de Robert Charles Lightbourne (1909-1995), o hino nacional da Jamaica. Lightbourne foi também ministro do Comércio e Indústria entre 1961-1972.

. . . .

HINO

Jamaica Land we Love

I
Eternal Father bless our land,
Guard us with Try Mighty Hand
Keep us free from evil powers,
Be our light through countless hours.
To our Leaders Great Defender,
Grant true wisdom from above.
Justice, Truth be ours forever,
Jamaica, Land we love.
Jamaica, Jamaica, Jamaica land we love.

II
Teach us true respect for all,
Stir response to duty's call,
Strengthen us the weak to cherish,
Give us vision lest we perish.
Knowledge send us Heavenly Father,
Grant true wisdom from above.
Justice, Truth be ours forever,
Jamaica, Land we love.
Jamaica, Jamaica, Jamaica land we love.

TRADUÇÃO :: TIAGO JOSÉ BERG

Jamaica, Terra que Amamos

I
Pai Eterno abençoe nossa terra,
Guarde-nos com Tua Mão Poderosa,
Mantenha-nos livres dos poderes do mal,
Seja nossa luz por inúmeras horas.
A nossos Líderes Grande Defensor,
Conceda a verídica sabedoria do céu.
Justiça, Verdade sejam sempre nossas,
Jamaica, terra que amamos.
Jamaica, Jamaica, Jamaica terra que amamos.

II
Nos ensine o valor do respeito por todos,
Suscite a resposta ao chamar do dever,
Fortaleça-nos para cuidar dos fracos,
Nos dê a menor visão de nosso perecer.
Envie-nos a sabedoria Pai Divino,
Conceda a verídica sabedoria do céu.
Justiça, Verdade sejam sempre nossas,
Jamaica, terra que amamos.
Jamaica, Jamaica, Jamaica terra que amamos.

JAPÃO

O hino nacional japonês é conhecido por *Kimigayo*, que significa "O Reino do Nosso Imperador". Sua letra foi retirada de um poema da obra *Kokinshū*, datada do século IX. Por ser um poema tão antigo, o autor de sua letra fora esquecido e a melodia adaptada de um antigo tema orquestral japonês. Em 1860, John William Fenton, súdito inglês e primeiro-regente da banda do Exército japonês, enfatizou a necessidade de um hino nacional e compôs uma melodia para o poema, diferente da que é conhecida hoje. Mais tarde, em 1881, um comitê foi designado para escolher uma melodia mais adequada e a composição do músico da corte, Hiromori Hayashi (1831-1896), foi finalmente escolhida. Franz Eckert, um regente alemão membro do comitê e sucessor de Fenton, harmonizou a melodia para a escala gregoriana, que era a base da música religiosa medieval. A versão fora apresentada pela primeira vez à corte durante o aniversário do imperador Meiji, em 3 de novembro de 1880. *Kimigayo* foi oficialmente adotado como hino nacional do Japão em 1888.

. . . .

HINO

TRADUÇÃO
:: CONSULADO GERAL DO JAPÃO EM SÃO PAULO[1]

Kimigayo

O Reino do nosso Imperador

Kimi ga yo wa
Chiyoni yachiyo ni
Sazare ishi no
Iwao to nari te
Koke no musu made.

Que sejam vossos dez mil anos
De reinado feliz
Governai, meu Senhor,
Até que os que agora são seixos[2]
Transformem-se, unidos pelas idades,
Em rochedos poderosos
Cujos lados veneráveis o musgo cobre.

---

1 Fonte original: A bandeira e o hino nacional do Japão. In: *Fatos sobre o Japão*. Tóquio: The International Society for Educational Information, 1998.
2 Seixos são fragmentos de rochas transportados pelas águas, causando um arredondamento de suas arestas (variam geralmente de 4 mm a 64 mm de tamanho). Os seixos, ao se depositarem na costa litorânea ou ao longo das margens dos rios, podem passar por um processo denominado "cimentação" e formar mais tarde um tipo de rocha consolidado, chamado "conglomerado".

JORDÂNIA

O Reino Hachemita da Jordânia adotou seu hino nacional em 25 de maio de 1946, data em que conquistou sua independência. Com música de Abdul-Qader Al-Taneer (1901-1957), o hino recebeu letra de Abdul-Mone'm Al-Rifai' (1917-1985), que mais tarde ocuparia o cargo de primeiro-ministro do país.

HINO

'Asha al Maleek
'Asha al Maleek
Samiyan Maqamuhu
Khafiqatin Fil
Ma'ali A'lamuhu.

TRADUÇÃO :: TIAGO JOSÉ BERG

Vida longa ao rei!
Vida longa ao rei!
Sua posição é sublime,
Suas bandeiras tremulam
Em suprema glória.

KIRIBATI

Kiribati é um arquipélago do Pacífico formado por 33 ilhas de coral que se estendem por uma área de 5 milhões de quilômetros quadrados ao longo da linha do Equador. Em 12 de julho de 1979, o país conseguiu a independência da Grã-Bretanha e adotou seu hino nacional, cuja autoria é de Urium Tamuera Ioteba (1910-1988).

HINO

I
Teirake kaini Kiribati,
Anene ma te kakatonga,
Tauraoi nakon te nwioko,
Ma ni buokia aomata.
Tauaninne n te raoiroi,
Tangiria aoma ta nako.
Tauaninne n te raoiroi,
Tangiria aomata.

II
Reken te kabaia ma te rau
Ibuakoia kaain abara bon reken abara
Bon reken te nano ae banin
Ma te i-tangitangiri naba.
Ma ni wakina te kab'aia,
Ma n neboa abara.
Ma ni wakina te kab'aia,
Ma n neboa abara.

TRADUÇÃO :: TIAGO JOSÉ BERG

I
Levante-se, Kiribati!
Cantemos com júbilo.
Receba a responsabilidade,
De amparar a cada um.
Seja firmemente virtuoso!
Ame todo o nosso povo!
Seja firmemente virtuoso!
Ame todo o nosso povo!

II
A dádiva da satisfação,
E a paz para nosso povo,
Serão alcançadas quando todos
Os nossos corações batam uníssonos,
Amando um ao outro!
Promovam alegria e unidade!
Amando um ao outro!
Promovam alegria e unidade!

III
Ti butiko ngkoe Atuara
Kawakinira ao kairika
Nakon taai aika i maira.
Buokira ni baim ae akoi.
Kakabaia ara Tautaeka
Ma ake a makuri iai.
Kakabaia ara Tautaeka
Ma aomata ni bane.

III
Nós Te pedimos, ó Deus,
Para nos guiar e proteger,
Nos dias que estão por vir.
Nos ajude com Tua amável mão,
Abençoe nosso Governo,
E todo o nosso povo!
Abençoe nosso Governo,
E todo o nosso povo!

KUAIT

O hino nacional do Kuait é datado de 25 de fevereiro de 1978, em substituição ao primeiro hino do país – *Amiri Salute* –, adotado logo após sua declaração de independência, em 1961. A letra do presente hino foi escrita pelo poeta e professor Ahmad Meshari Al-Adwani (1923-1992), com música de Ibrahim Nasir Al-Soula (1935-).[1]

HINO

I
Watanil Kuwait Salemta Lilmajdi
Wa Ala Jabeenoka Tali-Ossadi
Watanil Kuwait
Watanil Kuwait
Watanil Kuwait Salemta
Lilmajdi

II
Ya Mahda Abaa-il Ola Katabou
Sefral Khloudi Fanadati
Shohobo
Allaho Akbar Ehnahom Arabo
Talaat Kawakebo Jannatil Kholdi
Watanil Kuwait Salemta
Lilmajdi.

III
Bourekta Ya Watanil Kuwaita Lana
Sakanan Wa Eshta Alal Mada Watana
Yafdeeka Horron Fi Hemaka Bana
Sarhol Hayati Be Akramil Aydi
Watanil Kuwait Salemta
Lilmajdi.

TRADUÇÃO :: TIAGO JOSÉ BERG

I
Kuait, minha Pátria, sempre segura e gloriosa!
Que Deus sempre te conceda fortuna!
Kuait, minha Pátria,
Kuait, minha Pátria,
Kuait, minha Pátria, sempre segura e gloriosa!
Que Deus sempre te conceda fortuna!

II
Eras o berço de meus antepassados,
Que escreveram tua memória
Com perpétua simetria,
Mostrando toda a eternidade,
Aqueles árabes eram celestiais.
Kuait, minha Pátria, sempre segura e gloriosa!
Que Deus sempre te conceda fortuna!

III
Bendita seja minha Pátria,
Terra de harmonia,
Guardada pelo fiel sentinela,
Erguendo alto sua história,
Kuait, minha Pátria,
Estamos contigo, minha Pátria.

---

[1] A primeira estrofe do hino é a mais cantada. A versão completa é executada em ocasiões especiais.

IV
Nahmeeka Ya Watani Wa Shahidona
Sharoul Hoda Wal Haqqo Ra-Edona
Wa Amirona Lil Ezzi Qa-Edona
Rabbol Hamiyati Sadqol Waadi
Watanil Kuwait Salemta
Lilmajdi.

IV
Guiada pela fé e lealdade,
Com seu Emir[2] por igual,
Nos protegendo com justiça,
Com caloroso amor e verdade,
Kuait, minha Pátria, sempre segura e gloriosa!
Que Deus sempre te conceda fortuna!

---

2 Emir é um título de nobreza historicamente usado nas nações islâmicas do Médio Oriente e Norte da África; refere-se atualmente aos chefes de Estado destes países.

LAOS

O hino nacional do Laos foi composto por volta de 1941 pelo doutor Thongdy Sounthonevichit (1905-1968) e adotado em 1947 pela monarquia. O país declararia sua independência da França no dia 19 de julho de 1949. Quando a família real foi deposta pelos revolucionários comunistas, em 2 de dezembro de 1975, estabeleceu-se a República Democrática Popular do Laos e uma nova letra foi escrita para o hino, de autoria de Sisana Sisane (1922-1999).

· ·

HINO

Xatlao tangtae dayma lao
Thookthunana xeutxoosootchay,
Huamhaeng huamchit huamchay
Samakkhikan pen kamlang diao.
Detdiao phomkan kaona
Booxa xükiat khong lao,
Songseum xaysit
Pen chao
Lao thook xonphao sameu pabkan.
Bo hay foong
Chackkaphat lae
Phuak khayxat khaomalob kuan,
Lao thangmuan
Xoo ekkalat
Itsalaphab khong xatlao vay,
Tatsin chay soo xing ao xay
Phaxat kaopay soo khuam vatthana.

TRADUÇÃO :: TIAGO JOSÉ BERG

Desde outrora, o povo lao[1]
Ilustrou com glória sua pátria.
Todas as energias, todos os espíritos
E corações com uma só força.
Avançando unidos e decididos,
Honrando a dignidade lao
E proclamando o direito
De serem seus próprios mestres.
O povo lao tem uma origem em comum.
Eles jamais permitirão
Os anseios imperialistas
E os traidores que lhes ofendam.
Todo o povo obstinado
Salvaguardará a independência.
E pela liberdade da nação lao,
Eles são resolutos a lutar
E vencer para guiar a nação à prosperidade.

---

1 A etnia lao (ou laociana) compõe a maior parte da população do país.

LESOTO

A história do hino se inicia com Jean-François Coillard (1834-1904), um missionário francês enviado ao Sul da África em 1853. Enquanto Coillard esteve na localidade de Leribe, no Lesoto, escreveu por volta de 1872 uma canção baseada na melodia que conhecia de um hinário de salmos suíço datado de 1823. A letra ganhou mais tarde melodia de Ferdinand-Samuel Laur (1791-1854) e apareceu pela primeira vez em um livro de canções colegiais lesotense no final do século XIX. Por um decreto real, a canção tornou-se hino nacional do país em 1º de junho de 1967.

HINO

Lesotho fatse la bo ntat'a rona,
Har'a mafatse le letle ke lona.
Ke moo re hlahileng,
Ke moo re holileng,
Rea la rata.

Molimo ak'u boloke Lesotho,
U felise lintoa le matsoenyeho.
Oho fatse lena,
La bo ntat'a rona,
Le be le khotso.

TRADUÇÃO :: TIAGO JOSÉ BERG

Lesoto, terra de nossos pais,
Tu és o mais belo país de todos.
Tu nos deste o nascer,
Em ti somos criados,
E tu és querido para nós.

Senhor, lhe pedimos: proteja o Lesoto.
Livra-nos de todo conflito e aflição,
Oh, minha terra,
Terra de meus pais,
Que em ti haja paz.

LETÔNIA

Dievs, svētī Latviju! (Deus, Abençoe a Letônia!), cuja autoria é do professor Karlis Baumanis (1834-1904), foi cantada pela primeira vez em junho de 1873, durante o festival de canções populares de Riga, capital do país. Ela seria adotada como hino nacional em 1918, após a declaração de independência da Letônia. Quando o país foi integrado à União Soviética, o hino foi substituído, vindo a renascer no começo da década de 1990, após a retomada de sua independência.

HINO

Dievs Svētī Latviju!

Dievs, svētī Latviju,
Mus dargo teviju,
Sveti jel Latviju,
Ak sveti jel to!

Kur latviju meitas zied,
Kur latviju deli dzied,
Laid mums tur laime diet,
Mus Lativija.

TRADUÇÃO :: TIAGO JOSÉ BERG

Deus Abençoe a Letônia!

Deus, abençoe a Letônia,
Nossa doce terra natal,
Bendita seja a Letônia,
Proteja-a do mal!

Nossas belas filhas aqui crescem,
Nossos filhos a cantar surgem,
Que sorriam em ventura,
Em nossa Letônia.

LÍBANO

O hino nacional libanês foi escrito pelo notável poeta Rachid Nakhlé (1873-1939), acompanhado da música de Wadih Sabra (1876-1952), que exercia o cargo de diretor do conservatório de música do país. A composição venceu o concurso realizado pelo parlamento do Líbano e foi oficialmente adotada por um decreto presidencial em 12 de julho de 1927.

HINO

I
Kúl-luná lilwatan,
Lil-úlá lil-alam
Mil-ú ain-izzáman,
Saifuna wl-kálam,
Sahlúná wal-jabal,
Manbiton lirrijál
Kauluná wal-amál,
Fi sabil-ilkamál
Kúl-luná lilwatan,
Lil-úla lil-alam
Kúl-luná lilwatan.

II
Chaikhuná wal fatá,
Indá saoutil-watan
Ussdú ghaben matá,
Sawarátnal-fitan
Charkuná kalbuhú
Abadan Lubnan
Sánáhu rabbuhú,
Limadal azman
Kúl-luná lilwatan,
Lil-úla lil-alam
Kúl-luná lilwatan.

TRADUÇÃO :: ANTOINE BOUERI

I
Somos, todos, para a Pátria,
Para o Sublime, pela Bandeira
Nossa espada, nossa pena
Fulguram aos olhos do Tempo,
Nossos vales e montes
São o berço dos bravos,
Nossa palavra e ação
Só buscam a perfeição,
Somos todos para a Pátria,
Para o Sublime, pela Bandeira
Somos todos para a Pátria.

II
Velhos e moços
Ao apelo da Pátria
Investem, como leões da floresta,
Quando surgem os embates
Coração de nosso Oriente,
Para todo o sempre Líbano
Que Deus o preserve
Ao longo dos séculos
Somos todos para a Pátria,
Para o Sublime, pela Bandeira
Somos todos para a Pátria.

III
Bahruhú barruhú,
Durratúl charkain
Rifduhú birruhú,
Mali-úl katbain
Ismuhú izzuhú,
Munzú kánal judud,
Majduhú arzuhú,
Ramzuhú lil-khunlúd
Kúl-luná lilwatan,
Lil-úla lil-alam
Kúl-luná lilwatan.

III
Seu mar, seu solo,
Pérola dos dois Orientes[1]
Sua generosidade, sua lealdade,
Abarcam os dois Continentes[2]
Ufana-se de seu nome
Desde a era ancestral
Sua glória é seu cedro,
Seu imperecível e eterno símbolo
Somos todos para a Pátria,
Para o Sublime, pela Bandeira
Somos todos para a Pátria.

---

[1] Esta denominação refere-se à delimitação dada ao Oriente Médio, que é a região geográfica mais próxima da Europa (e dos demais países ocidentais), onde está localizado o Líbano. O outro Oriente, que é chamado de Extremo Oriente, inclui os países do Leste da Ásia.
[2] O Líbano é um país situado no continente asiático, junto à costa do mar Mediterrâneo, no Oriente Médio, uma região geograficamente próxima e de influência do continente europeu.

LIBÉRIA

A República da Libéria, na costa oeste africana, foi fundada em 1821 por um grupo de ex-escravos norte-americanos. O hino nacional foi adotado em 26 de julho de 1847, data em que a Libéria proclamou sua independência formal. Ele foi escrito pelo terceiro presidente do país, Daniel Bashiel Warner (1815-1880), e a música composta por Olmstead Luca (1826-1869).

HINO

All Hail, Liberia, Hail!

I
All hail, Liberia, hail!
All hail, Liberia, hail!
This glorious land of liberty
Shall long be ours.
Though new her name,
Green be her fame,
And mighty be her powers,
And mighty be her powers,
In joy and gladness
With our hearts united,
We'll shout the freedom
Of a race benighted,
Long live Liberia, happy land!
A home of glorious liberty,
By God's command!
A home of glorious liberty,
By God's command!

TRADUÇÃO :: TIAGO JOSÉ BERG

Salve, Libéria, Salve!

I
Salve, Libéria, salve!
Salve, Libéria, salve!
Esta gloriosa terra da liberdade,
Seja nossa por muito tempo.
Embora novo o seu nome,
Jovial seja sua fama,
E imensos sejam vossos poderes,
E imensos sejam vossos poderes,
Em júbilo e alegria
Com nossos corações unidos
Nós gritaremos a liberdade,
De uma raça incivilizada,
Vida longa à Libéria, terra ditosa!
Um lar de gloriosa liberdade,
Sob o comando de Deus!
Um lar de gloriosa liberdade,
Sob o comando de Deus!

II
All hail, Liberia, hail!
All hail, Liberia, hail!
In union strong success is sure
We cannot fail!
With God above
Our rights to prove
We will o'er all prevail,
We will o'er all prevail,
With heart and hand
Our country's cause defending
We'll meet the foe
With valour unpretending.
Long live Liberia, happy land!
A home of glorious liberty,
By God's command!
A home of glorious liberty,
By God's command!

II
Salve, Libéria, salve!
Salve, Libéria, salve!
Em forte união o sucesso é certo
Nós não falharemos!
Com Deus no céu
Nossos direitos provaremos
Nós prevaleceremos sobre tudo,
Nós prevaleceremos sobre tudo,
Com coração e mão
Defendendo a causa de nosso país
Nós enfrentaremos o inimigo
Com modesto valor.
Vida longa à Libéria, terra ditosa!
Um lar de gloriosa liberdade,
Sob o comando de Deus!
Um lar de gloriosa liberdade,
Sob o comando de Deus!

LÍBIA

Allahu Akbar (Deus é grande) originou-se de uma marcha composta em 1956 por Mahmoud El-Sherif (1912-1990), com versos escritos por Abdalla Shams El-Din (1921-1977). Quando Muammar Al-Qadafi assumiu a presidência da Grande Jamahiriya Árabe Popular Socialista da Líbia, nome oficial do país, ele adotou essa canção como hino nacional líbio, em 1969.

HINO

Allahu Akbar Allahu Akbar
Allahu Akbar Fauqua Kaidi L'mutadi
Allahu Lilmazlumi Hairumu'ayyidi
Ana Bilyaqini Wabissilahi Saaftadi
Baladi Wanuru L-haqqi Yastau Fi Yadi
Qulu Mai Qulu Mai
Allahu, Allahu, Allahu Akbar
Allahu Fauqa L-mutadi.

Ya Hadihi Ddunya Atilli Wa 'Smai
Gaisu L-aadi Ga'a Yabgi Masrai
Bil-haqqi Saufa
Fa-saufa Afnihi Mai.

Qulu Mai L-wailu Lil-mustamiri
Wa Llahu Fauqa L-gadiri L-mutagabbiri
Allahu Akbaru Ya Biladi Kabbiri
Wa-hudi Binasiyati L-mugiri Wa-dammiri.

TRADUÇÃO :: TIAGO JOSÉ BERG

Deus é grande! Deus é grande!
Ele está sobre a trama dos agressores,
E Ele é o melhor amparo do oprimido.
Com fé e com armas, eu defenderei meu país,
E a luz da verdade em minha mão brilhará.
Cante comigo, cante comigo,
Deus, Deus, Deus é grande!
Acima dos agressores.

Ó mundo ouça e veja!
O inimigo está vindo, desejando me destruir,
Com verdade e com armas eu o repulsarei.
E eu o matarei, e eu o mataria comigo.

Cante comigo: angústia aos imperialistas!
E Deus está acima do tirano traiçoeiro.
Deus é grande! Glorifica-o, ó meu país.
Impeça o ideal dos tiranos, destruindo-os!

LIECHTENSTEIN

O pequeno Principado de Liechtenstein, localizado entre a Áustria e a Suíça, adotou seu hino nacional em 1850. Em 1963, a letra foi parcialmente substituída, pois mencionava o país ainda como parte do antigo Império Alemão. Jakob Joseph Jauch (1802-1859) escreveu a letra baseando-se na melodia do hino nacional britânico (*God Save The Queen*).

HINO

Oben am jungen Rhein
Lehnet sich Liechtenstein
An Alpenhöh'n.
Dies liebe Heimatland,
Das teure Vaterland
Hat Gottes weise Hand
Für uns erseh'n.

Hoch lebe Liechtenstein,
Blühend am jungen Rhein
Glücklich und treu.
Hoch leb' der Fürst vom Land
Hoch unser Vaterland
Durch Bruderliebe Band
Vereint und frei.

TRADUÇÃO :: TIAGO JOSÉ BERG

Nas margens do jovem Reno,[1]
Deitado está Liechtenstein
Nas alturas Alpinas.
Esta pátria amada,
Nossa querida pátria,
Estava pela mão de Deus
Escolhida para nós.

Vida longa a Liechtenstein,
Floresça no jovem Reno,
Feliz e verdadeiro.
Vida longa ao país do Príncipe,
Vida longa à nossa pátria,
Pelo laço do amor fraterno
Unido e livre.

---

1 O rio Reno percorre o Oeste de Liechtenstein, limitando-o com a Suíça.

LITUÂNIA

O hino nacional lituano apareceu pela primeira vez em uma coluna de um jornal chamado *Varpas*, em setembro de 1898, de autoria do médico e poeta lituano Vincas Kudirka (1858-1899). Foi Kudirka quem também compôs a melodia do hino, adotado após a Lituânia declarar sua independência, em 16 de fevereiro em 1918. Durante a Segunda Guerra Mundial, a Lituânia foi anexada pela União Soviética e um novo hino estatal foi composto para o país em 1950. Após recuperar sua independência, em 11 de março em 1990, o hino tradicional dos lituanos foi restaurado.

HINO

TRADUÇÃO
:: CONSULADO GERAL DA LITUÂNIA EM SÃO PAULO

Lietuva, tévyne musu,
Tu didvyriu zemé,
Is praeities Tavo sunus
Te stiprybe semia.

Oh, Lituânia, Pátria nossa
Terra de heróis,
O passado que dê forças
Para os filhos teus.

Tegul Tavo vaikai eina
Vien takais dorybés,
Tegul dirba Tavo naudai
Ir zmoniu gerybei.

Que teus filhos sempre sigam
A senda das virtudes;
No trabalho que prossigam
Em prol do bem de todos.

Tegul saulé Lietuvos
Tamsumus prasalina,
Ir šviesa ir tiesa
Mus zingsnius telydi.

Que o sol da Lituânia
Dissipe as trevas:
Que a luz e a justiça
Guiem os nossos passos.

Tegul meilé Lietuvos
Dega musu širdyse,
Vardan tos Lietuvos
Vienybé tezydi.

O amor da Lituânia
Vibre em nossos corações.
Em seu nome, que floresça
A concórdia e a união.

LUXEMBURGO

Ons Heemecht (Nossa Pátria) foi escito pelo poeta Michel Lentz (1820-1893) em 1859, recebendo posteriormente o arranjo musical de Jean-Antoine Zinnen (1827-1898). Em 5 de junho de 1864 o hino foi apresentado ao público pela primeira vez em uma grande cerimônia na pequena cidade de Ettelbruck. Transmitindo um vibrante apelo à paz, a composição tornou-se o hino nacional do Grão-Ducado Luxemburgo em 1895.

HINO

Ons Heemecht

Wou d'Uelzecht durch d'Wisen zéit,
Duerch d'Fieisen
D'Sauer brëcht.
Wou d'Rief laanscht d'Musel dofteg bléit,
Den Himmel Wälm nos mëcht.
Dat as onst Land, fir dat mir géif,
Heinidden alles won.
Onst Heemechtsland, dat mir sou déif
An onsen Hierzer dron.

O Du do uewen, deem séng Hand,
Duurch d'Welt d'Natioune leet,
Behitt Du d'Lëtzebuerger Land,
Vru friemem Joch a Leed!
Du hues ons all als Kanner schon
De fräie Geescht jo gin.
Looss viru blénken
D'Fräiheerssonn,
Déi mir sou laang gestin.

TRADUÇÃO :: JOSÉE KIRPS

Nossa Pátria

Onde o alzete[1] atravessa as planícies,
Onde o sûre[2] encontra
O seu leito através da rocha,
Onde o vinho está em flor à beira do mosella,[3]
E que o céu nos faz o vinho,
É aqui a nossa terra para a qual
Nós ousaríamos tudo aqui embaixo,
A nossa terra natal
Que está no fundo do nosso coração.

Senhor, cuja mão dirige
As nações através do mundo,
Protege o país luxemburguês,
Da sujeição e da inquietação estrangeiras.
Desde crianças recebemos de ti
Um espírito livre
Deixa que continue a brilhar
O sol da liberdade
Que conhecemos durante tanto tempo.

---

1 Rio localizado na região central de Luxemburgo, afluente do Sure.
2 Rio que percorre o Leste de Luxemburgo e que demarca parte de sua fronteira Nordeste com a Alemanha.
3 Rio do Sudeste do país, que também limita sua divisa com a Alemanha.

MACEDÔNIA

O hino nacional da República da Macedônia surgiu em 1943. A autoria de sua letra é de Vlado Maleski (1919-1984), poeta e escritor macedônio que nasceu na cidade de Struga, às margens do lago Ohrid. A música foi composta por Todor Skalovski (1909-2004). Após o país declarar sua independência da antiga Iugoslávia, em 8 de setembro de 1991, o hino nacional macedônio foi adotado oficialmente no dia 11 de agosto de 1992.

HINO

Denes nad Makedonija

Denes nad Makedonija se ragja
Novo sonce na slobodata,
Makedoncite se borat
Za svojte pravdini.

Odnovo sega znometo se vee
Na Krusevskata Republika
Goce Delcev, Pitu Guli,
Dame Gruev, Sandanski.

Gorite Makedonski sumno peat
Novi pesni, novi vesnici,
Makedonija slobodna
Slobodna zivee.

TRADUÇÃO :: TIAGO JOSÉ BERG

Hoje sobre a Macedônia

Hoje sobre a Macedônia
Nasce o novo sol da liberdade,
Os macedônios empenham-se
Por seus direitos.

Vibra novamente a bandeira
Da República Krusevo,[1]
Goce Delcev, Pitu Guli,
Dame Gruev, Sandanski.[2]

As florestas Macedônias cantam
Novas canções, novas palavras,
A Macedônia é livre,
Que viva em liberdade!

---

[1] Este nome foi dado devido a um levante do povo macedônio na cidade de Krushevo (Macedônia) em 1903-1904, contra o domínio do Império Otomano sobre aquela região.
[2] Goce Delcev (1872-1903); Pitu Guli (1865-1903); Dame Gruev (1871-1906) e Yane Ivanov Sandanski (1872-1915) eram revolucionários que pertenciam à Organização Revolucionária Macedônia (*Makedonska Revolyucionna Organizaciya*), fundada em 1893, para a libertação da Macedônia e da região búlgara da Trácia do domínio do Império Otomano.

MADAGASCAR

O hino nacional de Madagascar foi composto por Norbert Raharisoa (1873-1964), um professor de música da capital Antananarivo; enquanto a letra é de autoria do sacerdote Pasteur Rahajason (1897-1971). Em 21 de outubro de 1958 ele foi adotado e apresentado ao público logo depois de o país conseguir maior autonomia política da França. Quando Madagascar se tornou independente, em 26 de junho de 1960, o hino foi oficializado.

· ·

HINO

I
Ry Tanindrazanay malala ô,
Ry Malagasikara soa.
Ny fitiavanay anaotsy miala,
Fa ho anao doria tokora.

Coro
Tahionao ry Zanahaty
'Ty No sindrazanay ity
Hiadana sy ho finaritra
He sambrata tokoa izahay.

II
Ry Tanindrazanay malala ô,
Irinay mba hanompoan' anao.
Ny tena sy fo fanahy anananay 'zay sarobidy
Sy mendrika tokoa.

III
Ry Tanindrazanay malala ô,
Irinay mba hitahian' anao,
Ka Ilay Nahary 'zao ton tolo izao no
Fototra ijoroan, ny satanao.

TRADUÇÃO :: TIAGO JOSÉ BERG

I
Ó nossa pátria amada,
Ó Madagascar querida.
Nosso amor por ti não decairá,
Mas eternamente durará.

Coro
Ó Senhor Criador, abençoe
Esta ilha de nossos pais;
Que ela seja feliz e próspera,
Para nossa própria satisfação.

II
Ó nossa pátria amada,
Seremos os teus criados.
Com nosso corpo, coração, espírito,
No querido e ilustre serviço.

III
Ó nossa pátria amada,
Que Deus te abençoe.
Ao criar todas as terras,
Em ordem Ele te manteve.

MALÁSIA

Até 1956, os Estados federados que formaram a Malásia já haviam adotado seus hinos próprios, mas ainda não existia um hino nacional para a pátria malaia. O então ministro do Interior Tunku Abdul Rahman (1903-1990) organizou um concurso (de caráter internacional) para a escolha de um hino para o país. Várias propostas e renomados compositores participaram da competição, mas nenhuma das sugestões agradou ao comitê no final. Depois disso, o comitê passou a analisar os hinos estatais para procurar uma canção que representasse a maioria dos malaios, sendo escolhido o hino do Estado de Perak (no Oeste do país) por sua popularidade. A música do hino foi provavelmente composta em Paris por um francês (que nunca pisou em solo malaio) chamado Pierre Jean de Beranger (1780-1857) e ficou conhecida na região desde as décadas de 1920-1930. Rahman então escreveu uma nova letra para o hino com os juízes do comitê. *Negara Ku* (Minha Pátria) seria adotado quando a Malásia se tornou independente, em 31 de agosto de 1957.

. . . .

HINO

Negara Ku

Negara ku, tanah tumpahnya daraku
Rakyat hidup bersatu dan maju
Rahmat bahagia, Tuhan kurnikan
Raja kita selamat bertakhta
Rahmat bahagia, Tuhan kurnikan
Raja kita selamat bertakhta.

TRADUÇÃO :: TIAGO JOSÉ BERG

Minha Pátria

Minha pátria, minha terra natal
Com um povo vivendo unido e progressivo
Que Deus lhes abençoe e lhes dê felicidades
Que nosso Soberano reine com sucesso!
Que Deus lhes abençoe e lhes dê felicidades
Que nosso Soberano reine com sucesso!

MALAUÍ

Malauí é um país da África Oriental situado às margens do lago Niassa. Em fevereiro de 1964, a até então colônia britânica, organizou um concurso para a escolha de seu futuro hino nacional, tendo sido selecionada a composição criada por Michael-Fredrick Paul Sauka (1934-). Ela seria apresentada ao público durante a cerimônia de independência, em 6 de julho do mesmo ano. A letra oficial do hino é escrita na língua nativa, chamada chichewa e em inglês.

HINO (CHICHEWA)

I
Mulungu dalitsa Malawi,
Mumsunge m'mtendere.
Gonjetsani adani onse,
Njala, nthenda, nsanje.
Lunzitsani mitima yathu,
Kuti tisaope.
Mdalitse Mtsogo leri nafe,
Ndi mayi Malawi.

II
Malawi ndziko lokongola,
La chonde ndi ufulu,
Nyanja ndi mphepo ya m'mapiri,
Ndithudi tadala.
Zigwa, mapiri, nthaka, dzinthu,
N'mphatso zaulere.
Nkhalango, madambo abwino.
Ngwokoma Malawi.

III
O Ufulu tigwirizane,
Kukweza Malawi.
Ndi chikondi, khama, kumvera,
Timutumikire.

HINO (INGLÊS)

I
O God bless our land of Malawi,
Keep it a land of peace.
Put down each and every enemy,
Hunger, disease, envy.
Join together all our hearts as one,
That we be free from fear.
Bless our leader, each and every one,
And Mother Malawi.

II
Our own Malawi, this land so fair,
Fertile and brave and free.
With its lakes, refreshing mountain air,
How greatly blest are we.
Hills and valleys, soil so rich and rare
Give us a bounty free.
Wood and forest, plains so broad and fair,
All – beauteous Malawi.

III
Freedom ever, let us all unite
To build up Malawi.
With our love, our zeal and loyalty,
Bringing our best to her.

Pa nkhondo nkana pa mtendere,
Cholinga n'chimodzi.
Mai, bambo, tidzipereke,
Pokweza Malawi.

In time of war, or in time of peace,
One purpose and one goal.
Men and women serving selflessly
In building Malawi.

TRADUÇÃO :: TIAGO JOSÉ BERG

I
Ó Senhor abençoe nossa terra do Malauí,
Que siga uma terra de paz.
Derrote todo inimigo:
Fome, desordem, cobiça.
Juntemos nossos corações em um só,
Assim estaremos livres do temor.
Abençoe nosso líder, a todos,
E a Mãe Malauí.

II
Nosso próprio Malauí, esta terra tão digna,
Fértil, valente e livre.
Com seus lagos, seu refrescante ar montanhoso,
Qual grandemente agraciados somos.
Colinas e vales, de solo tão rico e único,
Dão-nos uma livre generosidade,
Bosque e floresta, planícies amplas e suaves,
Tudo – belo Malauí.

III
Liberdade sempre, unamo-nos todos,
Para edificar o Malauí.
Com nosso amor, nosso zelo e lealdade,
Dando-lhe o melhor.
Em tempo de guerra ou em tempo de paz,
Um propósito e um fim:
Homens e mulheres servindo sem egoísmo
À construção do Malauí.

MALDIVAS

Até a década de 1940, o protetorado britânico das Maldivas tinha um hino sem letra que era tocado pela banda real em cerimônias oficiais no palácio de Etherekoilu, residência do sultão. Em 1948, o sultão determinou que o hino, conhecido como *Salaamathi* (Saudação Real), precisava de uma letra. A tarefa ficou a cargo do jovem poeta Mohamed Jameel Didi (1915-1989), que depois ocuparia o posto de chefe de Justiça nas ilhas. Este hino seria adotado em 1965, quando o país conquistou a independência, perdurando até a Proclamação da República três anos mais tarde. Por ocasião de tal mudança política, a letra escrita por Didi sofreu algumas alterações e uma nova música foi encomendada a um maestro nascido no Sri Lanka chamado: Wannakuwattawaduge Don Amaradeva (1927-)! O novo hino foi adotado em 1972 e tocado pela primeira vez durante a visita da rainha Elisabeth II às ilhas.

HINO

Coro
Gavmii mi ekuverikan
Matii tibegen kuriime salaam,
Gavmii bahun
Gina heyo du'aa
Kuramun Kuriimesalaam.

Gavmii nishaanang hurumataa
Ekuboo lambai tibegen
Audaanakan libigen
E vaa didaak kuriime salaam.
Nasraa nasibaa kaamyaabuge
Ramzakang himenee
Fessaa rataai hudaa ekii
Fenumun kuriime salaam.

TRADUÇÃO :: TIAGO JOSÉ BERG

Coro
Na unidade nacional
Nós saudamos nossa nação.
Na língua nacional
Nós ofertamos nossos louvores
E saudamos nossa Nação.

Nos curvamos em respeito
Ao emblema de nossa nação,
E saudamos
A bandeira tão exaltada.
Saudamos as cores de nossa bandeira:
Verde, vermelho e branco,
Que simbolizam a vitória,
A bênção e o sucesso.

MALI

A República do Mali, país localizado na África Ocidental, adotou seu hino nacional no dia 9 de agosto de 1962. A letra do hino é de autoria do médico e escritor Seydou Badian Kouyatê (1928-), acompanhada da música composta por Banzoumana Sissoko (1890-1987).

HINO

Coro
Pour l'Afrique et pour toi Mali
Notre drapeau sera liberté
Pour l'Afrique et pour toi Mali
Notre combat sera unité
O Mali d'aujourd'hui
O Mali de demain
Les champs fleurissent d'esperánce
Les cœurs vibrent de confiance.

I
A ton appel, Mali,
Pour ta prosperité
Fidèle à ton destin
Nous serons tous unis
Un Peuple, un But, une Foi
Pour une Afrique Unie
Si l'ennemi découvre son front
Au dedans ou au dehors
Débout sur les remparts
Nous sommes résolus de mourir.

TRADUÇÃO :: TIAGO JOSÉ BERG

Coro
Pela África e por ti Mali
Nossa bandeira será liberdade
Pela África e por ti Mali
Nosso combate será unidade
Ó Mali de hoje
Ó Mali de amanhã
Os campos florescentes de esperança
Os corações vibrantes de confiança.

I
A teu apelo, ó Mali,
Por tua prosperidade
Fiel a teu destino
Nós seremos todos unidos.
Um Povo, uma Meta, uma Fé!
Por uma África Unida
Se o inimigo defrauda tua fronte
Internamente ou externamente
De pé, sobre as muralhas
Nós somos resolutos de morrer.

II

Debout villes et campagnes
Debout Femmes, Jeunes et Vieux
Pour la Patrie en marche
Vers l'avenir radieux
Pour notre dignité
Renforçons bien nos rangs
Pour le salut public
Forgeons le bien commun
Ensemble au coude à coude
Faisons le chantier du bonheur.

III

La vie est dure très dure
Qui mène au bonheur commun
Courage et dévoeu
Courage et dévoeument
Vigilance à tout moment
Vigilance à tout moment
Vérité des temps anciens
Vérité de tous les jours
Le bonheur par le labeur
Fera le Mali de demain.

IV

L'Afique se lève enfin
Saluons ce jour nouveau
Saluons la liberté
Marchons vers l'Unité
Dignité retrouvée
Soutient notre combat
Fidèles à notre serment
Da faire l'Afrique unie
Ensemble, debout mes frères
Tous au rendez-vous de l'honneur.

II

De pé, cidades e campos
De pé, Mulheres, Jovens e Velhos
Pela Pátria em marcha
Ao futuro radioso.
Por nossa dignidade
Fortaleçamos nossos direitos.
Pela salvação pública
Forjamos o bem comum.
Juntos, lado a lado,
Faremos o pedestal da felicidade.

III

A vida é dura, muito dura
Que conduz ao êxito comum.
Coragem e dedicação.
Coragem e dedicação.
Vigilância a todo momento.
Vigilância a todo momento.
Verdade dos tempos de outrora
Verdade de todos os dias
A felicidade através do labor
Fará o Mali de amanhã.

IV

A África se levanta, enfim,
Saudando este novo dia,
Saudando a liberdade.
Marchemos rumo à Unidade
À dignidade reconhecida
Sustentando nosso combate
Fiéis ao nosso juramento
De fazer a África unida
Juntos, de pé, meus irmãos,
Todos ao encontro da honra.

MALTA

Entre 1922 e 1923, o doutor A. V. Laferla, diretor das escolas primárias de Malta, obteve de presente uma peça musical arranjada por Robert Sammut (1870-1934). Ele entregou a composição ao renomado padre e poeta Dun Karm Psaila (1871-1961) e pediu para que escrevesse alguns versos que servissem de hino para a escola onde atuava. A composição, cheia de patriotismo e devoção para com Deus, foi apresentada pelo coral de alunos no dia 3 de fevereiro de 1923. Em 1945 ela se tornaria hino oficial de Malta.

HINO

Lil din l-art helwa,
L-Omm li tatna isimha,
Hares, Mulej, kif
Dejjem Int harist:
Ftakar li lilha
Bl-ohla dawl libbist.

Aghti, kbir Alla,
Id-dehen lil min jahkimha,
Rodd il-hniena lis-sid,
Sahha 'l-haddiem:
Seddaq il-ghaqda
Fil-Maltin u s-sliem.

TRADUÇÃO :: TIAGO JOSÉ BERG

Guarde-a, ó Senhor,
Como Tu sempre hás de guardar,
Esta Pátria tão querida
Cujo nome sustentamos.
Preserve-a em memória,
Pois Tu a fizeste tão digna.

Que Ele possa te guiar,
Por ter sublime sabedoria,
Em magistral compaixão,
Aumente a força dos homens
Nos confirmando tudo,
Em unidade e paz!

MARROCOS

O Reino do Marrocos adotou seu hino nacional logo após conquistar sua independência, em 2 de março de 1956. A música foi composta pelo capitão Léo Morgan (1919-1984), mas uma letra definitiva não foi escolhida naquele momento. Em 1970 o rei Hassan II organizou um concurso para a adaptação de uma letra definitiva ao hino nacional marroquino e escolheu, como vencedor, os versos escritos por Ali Squalli Houssaini (1932-).

HINO

Manbit Allahrah masriq Alanwar
Munta da Alsu'dad Wahamah
Dumt Muntadah
Wahamah
Isht Filawtan lilala Unwan
Mil' Kull Janaaan
Thikr Kull Lisan
Bilrooh Biljasad
Habba Fataak
Labbaa Nidaak
Fi Fammee Wa Fi Dammee
Hawaak Thar noor Wa Naar
Ikhwatee Hayyaa lilala Saayeea
Nushid Addunya anna
Huna Nuhayya
Bisha'aar
Allah AlWatan AlMalek.

TRADUÇÃO :: TIAGO JOSÉ BERG

Berço dos livros, fonte das luzes,
Terra de soberania, terra de paz.
Segues sendo a terra de paz!
Tens vivido entre as nações,
Com um título sublime,
Acalentando cada coração,
Cantado em cada língua;
Tua vitória tem alcançado
E respondo a tua chamada.
Em minha boca, em meu sangue,
Tuas brisas têm agitado tanto a luz e o fogo.
Ergam-se! Meus irmãos,
Empenhem-se cada vez mais alto.
Proclamamos ao mundo,
Que estamos preparados.
Com o nosso emblema:
Deus, Pátria e Rei!

MAURÍCIO

Em 12 de março de 1968, a República de Maurício, localizada no Sudoeste do oceano Índico, conquistou sua independência da Grã-Bretanha. Anteriormente a essa data foi instituído um concurso para a escolha do futuro hino nacional. A letra, escrita pelo famoso poeta local Jean Georges Prosper (1933-), acompanhada da música de Philippe Gentil (1928-), que atuou como violinista, trompetista e saxofonista da banda da Força Policial de Maurício, sagrou-se vencedora e foi adotada no mesmo dia da independência.

HINO

Motherland

Glory to thee, Motherland
O Motherland mine!
Sweet is thy beauty.
Sweet is thy fragrance.
Around thee we gather
As one people
As one nation
In peace, justice and liberty.
Beloved country
May God bless thee
For ever and ever!

TRADUÇÃO :: TIAGO JOSÉ BERG

Pátria

Glória a ti, Pátria
Ó minha Pátria!
Doce é tua beleza.
Doce é teu aroma.
Em torno de ti nos reunimos
Como um povo
Como uma nação
Em paz, justiça e liberdade.
Amado país
Que Deus te abençoe
Para todo o sempre!

MAURITÂNIA

Logo após a Mauritânia conquistar sua independência, na data de 28 de novembro de 1960, o primeiro presidente do país, Moktar Ould Daddah, pediu ao compositor franco-soviético Tolia Nikiprowetzky (1916-1997), diretor da orquestra do serviço de radiodifusão francês, que compusesse um arranjo musical para um poema tradicional, escrito, provavelmente, no final do século XIX por Baba Ould Cheikh (-1934).[1] Refletindo o contexto da época em que a letra foi escrita e no qual viveu Cheikh (de renascimento cultural de seu país), o hino possui um ritmo peculiar e difícil de ser cantado, chamado de *fatchou* e descrito erroneamente como "sem letra" por muitos anos.

HINO

Kun lil-ilhahi nasiran,
Wa-ankir al-manakira
Wa-kun ma'a l-haqqi
L-ladhi-hu minka dai'ra
Wa-la ta uuddu nafiaa
Siwa-hu aw da'ira
Wa-sluk sabila l-mustafa
Wa-mutt aalayhi sa'ira.

Fa-ma kafa awwaalana
A-laysa yakfi l-akhira
Wa-kun li-qawmin
Ahdathu fi amrihi muhajira
Qad mawwahu bi-shibhin
Wa-'tadhiru ma aadhira,
Wa-za aamu maza iima
Wa-sawwadu dafatira.

TRADUÇÃO :: TIAGO JOSÉ BERG

Seja um apoio a Deus,
Evite o proibido
E retorne com a lei,
A qual Ele quer que seja seguida.
Não se atenha ao valoroso ou nocivo,
Exceto ao Sublime.
Siga a senda do escolhido,
Morra nela se preciso.

O que foi suficiente ao primeiro,
Ao último também será,
E se os outros lhe fizerem mal,
A teu Deus hão de respeitar.
Deturparam-te, tentando se igualar,
Tentando se remediar,
Alegando nobre direito,
Obscureceram teus escritos.

---

1 A data de nascimento do autor é desconhecida.

Wa-htanaku ahla l-fala,	Deixaram o povo nômade e sedentário
Wa-htanaku l-hawadira	Sentir o amargor,
Wa-awrathat akabira bid	E tuas ofensivas inovações,
Aatuha asaghira	Nada lhe legaram,
Wa-in da aa mujadilun	E em caso de luta,
Fi-amri-him ila mira	Convoca-os também a lutar
Fa-la tumari fihim	Mas não lutem entre si,
Illa mira'a zahira.	Evitando à toa batalhar.

MÉXICO

Em 1853, o presidente Antonio Lópes de Santa Ana convocou um concurso para a criação do hino nacional mexicano. Francisco González Bocanegra (1824-1861), conhecido por seu talento poético, estava com certa timidez em participar da competição, mas logo foi convencido por sua noiva: Guadalupe González del Pino. Ela convidou Bocanegra para visitá-la em sua casa e o trancou em um quarto, não o deixando sair de lá até que escrevesse uma letra para o concurso. Depois de algumas horas, ele passou por debaixo da porta as dez estrofes que, inspirado, compusera, e que, posteriormente, venceriam o concurso. Mais tarde, em agosto de 1854, a música do espanhol Jaime Nunó Roca (1824-1908) foi selecionada para acompanhar a letra. O hino foi apresentado ao público na Cidade do México em 16 de setembro de 1854 e Bocanegra (já casado) assistiu à cerimônia naquela noite.

HINO

Coro
Mexicanos, al grito de guerra
El acero aprestad y al bridón.
Y retiemble en sus centros la tierra
Al sonoro rugir del cañón.

I
Ciña, ¡Oh Patria! Tus sienes de oliva
De la paz el arcángel divino,
Que en el cielo tu eterno destino
Por el dedo de Dios se escribió.
Mas si osare un extraño enemigo,
Profanar con su planta tu suelo,
Piensa ¡Oh Patria querida! Que el cielo
Un soldado en cada hijo te dio.

TRADUÇÃO :: TIAGO JOSÉ BERG

Coro[1]
Mexicanos, ao grito de guerra
Preparai as armas e o bridão.
E retumbe em seus centros a terra
Ao sonoro rugir do canhão.

I
Cinja, oh Pátria! Tuas têmporas de oliva
Da paz o arcanjo divino,
Que no céu teu eterno destino
Pelo dedo de Deus se escreveu.
Mas se ousar um estrangeiro inimigo,
Profanar com seu passo teu solo,
Saiba, oh Pátria querida! Que o céu,
Um soldado em cada filho te deu.

---

[1] A versão original do hino contava com dez estrofes. A lei de 24 de fevereiro de 1984 sobre os símbolos do país oficializou quatro estrofes: 1ª, 5ª, 6ª e 10ª. Esta é a versão curta do hino, de que constam a 1ª e a 10ª estrofes.

II

¡Patria! ¡Patria! Tus hijos te juran
Exhalar en tus aras su aliento,
Se el clarín, con su bélico acento,
Los convoca a lidiar con valor.
¡Para ti las guirnaldas de oliva!
¡Un recuerdo para ellos de gloria!
¡Un laurel para ti de victoria!
¡Un sepulcro para ellos de honor!

II

Pátria! Pátria! Teus filhos te juram
Exalar em teus altares seu alento,
Se o clarim, com seu bélico acento,
Os convoca a lutar com valor.
Para ti as grinaldas de oliva!
Uma lembrança para eles de glória!
Um laurel para ti de vitória!
Um sepulcro para eles de honra!

MIANMÁ

O nome oficial desta nação, localizada a Leste do Golfo de Bengala e do mar de Andaman, no Sudeste Asiático, é: União de Mianmá (ou Mianmar). Até 1988 o país se chamava Birmânia; foi mudado para Mianmá em virtude das autoridades militares, que alcançaram o poder no país e solicitaram que seu nome fosse denominado na sua língua nativa. Já o seu hino nacional teve letra e música compostas por Saya Tin (1914-1947). Ele se tornou popular durante o final da Segunda Guerra Mundial e seria oficializado logo após a independência de Mianmá, em 4 de janeiro de 1948.

HINO

Gba majay Myan ma pyay
Dobo bwa myay si mo chi myano bey.
Gba majay Myan ma pyay
Dobo bwa myay si mo chi myano bey.
Byay daungtsu go athé bay
Loo do ka kwe mlay.
Da do byay da do myay do baing way myay.
Do byay do myay adjogo nyinya
Zwa do dudway.
Taung saung ba tso lay do
Dawon bay apo dan myay.

TRADUÇÃO :: TIAGO JOSÉ BERG

Até o fim amaremos o Mianmá!
A terra de nossos ancestrais.
Até o fim amaremos o Mianmá!
A terra de nossos ancestrais.
Nós lutaremos
E daremos nossas vidas
Pela união de nossa nação.
Assumiremos
Dignamente a tarefa,
De levantar-nos no dever
Por nossa preciosa terra.

MICRONÉSIA

Os Estados Federados da Micronésia, no Pacífico, são formados por quatro arquipélagos principais: Yap, Chuuk, Pohnpei e Kosrae. As ilhas foram compradas dos espanhóis pelos alemães em 1899, que as transformaram em um protetorado até 1914, quando foram conquistadas pelos japoneses. Após a Segunda Guerra Mundial elas foram administradas pelos Estados Unidos, em conjunto com as Nações Unidas, até sua independência formal, em 3 de novembro de 1986. O hino nacional foi composto por Emi Amy Mukaida (1917-) e adotado em 10 de dezembro de 1991. Mukaida adaptou o hino com base na música da "Abertura do Festival Acadêmico" em Dó Menor Op. 80, composto por Johannes Brahms (1833-1897) em 1880.

HINO

'Tis here we are pledging,
With heart and with hand,
Full measure of devotion to thee,
Our native land,
Full measure of devotion to thee,
Our native land.

Now all join the chorus,
Let union abide.
Across all Micronesia
Join hands on every side,
Across all Micronesia
Join hands on every side.

We all work together,
With hearts, voice and hand,
Till we have made these islands
Another promised land,
Till we have made these islands
Another promised land.

TRADUÇÃO :: TIAGO JOSÉ BERG

Eis aqui o nosso empenho,
Com coração e mão,
Cheios de devoção por ti,
Nossa terra natal.
Cheios de devoção por ti,
Nossa terra natal.

Agora todos juntos em coro,
Deixem a união perdurar,
Por toda Micronésia
Juntemos as mãos em cada lugar.
Por toda Micronésia
Juntemos as mãos em cada lugar.

Trabalhemos todos unidos,
Com coração, voz e mão,
Até fazermos destas ilhas
Outra terra prometida.
Até fazermos destas ilhas
Outra terra prometida.

MOÇAMBIQUE

Depois de conquistar a independência em 1975, Moçambique adotou seu primeiro hino nacional, intitulado "Viva, viva a Frelimo".[1] Quando o multipartidarismo foi restabelecido, em meados da década de 1990, o hino caiu em desuso e deixou de ser cantado pelos moçambicanos. Em 2002, a Assembléia da República adotou um novo hino nacional, chamado "Pátria Amada". A letra e a música foram compostas por Justino Sigaulane Chemane (1923-2003), que também havia feito o primeiro hino moçambicano.

HINO

Pátria Amada

I
Na memória de África e do Mundo,
Pátria bela dos que ousaram lutar!
Moçambique o teu nome é liberdade,
O sol de Junho[2] para sempre brilhará!

Coro
Moçambique nossa terra gloriosa!
Pedra a pedra construindo o novo dia!
Milhões de braços: uma só força!
Ó pátria amada vamos vencer!

II
Povo unido do Rovuma[3] ao Maputo,[4]
Colhe os frutos do combate pela Paz!
Cresce o sonho ondulando na Bandeira
E vai lavrando na certeza do amanhã!

---

1 Frelimo é a sigla da "Frente de Libertação de Moçambique", movimento que lutou pela independência do país e comandou politicamente Moçambique como partido único de orientação marxista-leninista entre 1978-1994.
2 Mês em que terminou a luta pela libertação, obtida em 25 de junho de 1975.
3 Rio no Norte de Moçambique, demarcando sua divisa com a Tanzânia.
4 Maputo é um rio que deságua em uma baía localizada no Sul moçambicano; além de ser o nome da capital do país.

III
Flores brotando do chão do teu suor,
Pelos montes, pelos rios, pelo mar!
Nós juramos por ti, ó Moçambique:
Nenhum tirano nos irá escravizar!

MOLDÁVIA

Após declarar-se independente da União Soviética, em 27 de agosto de 1991, a Moldávia (ou Moldova, como também é conhecida) adotou um novo hino nacional, substituindo seu antigo hino criado na época em que o país era uma República Socialista Soviética. A canção adotada naquele momento foi *Desteaptă-te, române*! (Desperta-te, romeno!), atual hino da vizinha Romênia, devido aos laços culturais que a maioria dos moldavos possui com os romenos (e aos anseios de a Moldávia unir-se à Romênia naquela época). Entretanto, a canção não foi bem aceita pelas minorias étnicas do país (de origem ucraniana e russa) e um novo hino foi adotado em 7 de junho de 1994, com letra de Alexei Mateevici (1962-), acompanhada da música de Alexandru Cristi (1955-).

HINO

Limba Noastră

I
Limba noastră-i o comoară
În adâncuri înfundată
Un şirag de piatră rară
Pe moşie revărsată.

II
Limba noastră-i foc ce arde
Într-un neam, ce fără veste
S-a trezit din somn de moarte
Ca viteazul din poveste.

TRADUÇÃO :: TIAGO JOSÉ BERG

Nossa Língua[1]

I
Nossa língua é um tesouro,
Da escuridão do passado,
Um colar de pedras raras,
Sobre nossa antiga terra.

II
Nossa língua é um fogo que arde,
No meio do andar de nosso povo,
Sem o perigo do sono da morte,
Como os heróis nos contaram.

---

1 A presente versão do hino foi extraída do poema original com doze estrofes. A 1ª, 2ª, 5ª, 9ª e 12ª estrofes são oficialmente cantadas. A língua moldava é a designação estatal do governo para a língua romena; língua de origem latina e escrita com caracteres latinos. Durante o regime soviético (1940-1989), o idioma moldavo passou a ser escrito com o alfabeto cirílico (atualmente só usado na região da Transnístria). A língua assume importância no hino por ser um discurso em prol da unidade nacional e do renascimento cultural do país.

III
Limba noastră-i frunză verde,
Zbuciumul din codrii veşnici,
Nistrul lin, ce-n valuri pierde
Ai luceferilor sfeşnici.

IV
Limba noastra-i limbă sfântă,
Limba vechilor cazanii,
Care o plâng şi care o cântă
Pe la vatra lor ţăranii.

V
Răsări-va o comoară
În adâncuri înfundată,
Un şirag de piatră rară
Pe mosie revărsată.

III
Nossa língua é uma folha verde,
Das perpétuas florestas
Do Nistru,[2] cujo calmo ondear
Ora brilha e ora se esconde.

IV
Nossa língua é uma língua sagrada,
Língua de velhos sermões,
Sempre lamentada e cantada
Por nossos lares nas tradições.

V
Este tesouro vai ressurgir.
Da escuridão do passado,
Um colar de pedras raras
Sobre nossa antiga terra.

---

2   O rio Nistru (ou Dnister) nasce na Ucrânia e percorre toda a porção oriental do território da Moldávia, desaguando no mar Negro.

MÔNACO

L'Hymne Monegasque (O Hino Monegasco) foi apresentado ao público pela primeira vez em dezembro de 1867. A letra nasceu por volta de 1841, quando Theophile Bellando de Castro (1820-1903) compôs uma canção utilizada como marcha pela Guarda Nacional, na qual ele serviu como capitão. Mais tarde, em 1867, a marcha ganhou uma nova música com arranjos de Charles Christian Albrecht (1817-1895) e foi adotada como hino nacional.

HINO

L'Hymne Monegasque

Principauté, Monaco, ma patrie
Oh! Combien Dieu est prodgue pour toi.
Ciel toujours pur, rives toujours fleuries,
Ton Souverain, est plus aimé q'un Roi.

Fiers compagnons de la garde civique
Respectons tous la voix du Commandant
Suivons toujours notre bannière antique
Le tambour bat, marchons tous en avant.

Oui Monaco fournit toujours des braves
Nous sommes tous leus dignes descendants
En aucun temps nous fumes esclaves
Et loin de nous régnèrent les tyrans.

Que le nom d'un Prince plein de clémence
Soit repété par mille et mille chants
Nous mourrons tous pour sa propre defense
Et après nous, combattrons nos enfants.

TRADUÇÃO :: TIAGO JOSÉ BERG

O Hino Monegasco

Principado de Mônaco, minha pátria
Oh! Como Deus é pródigo contigo,
Céu sempre puro, sempre bordado de flores,
Teu Soberano é mais amado que um rei.

Orgulhosos companheiros da guarda cívica
Respeitemos todos a voz do Comandante
Sempre sigamos nossa bandeira antiga
O tambor bate, marchemos todos avante.

Sim! Mônaco é sempre rico de bravos
Todos somos seus dignos descendentes
Em nenhum tempo fomos escravos
Longe de nós reinaram os tiranos.

Que o nome de um Príncipe cheio de clemência
Seja repetido por mil e mil cantos
Nós morreremos todos por sua própria defesa
E, depois de nós, combaterão nossos filhos.

MONGÓLIA

O hino nacional da Mongólia foi adotado pela primeira vez em 1950, com música composta por Bilegiin Damdinsuren (1919-1991) e Luvsanjamts Murjorj (1919-1996). A letra original, escrita por Tsendiin Damdinsuren (1908-1986) na mesma época, foi modificada em 1961 e restaurada em 1991, após o fim do regime comunista. Ela seria novamente revisada em 6 de julho de 2006.[1]

HINO

I
Darhan manay tusgaar uls
Dayaar Mongolïn ariun golomt
Dalay ih deedsiyn gegeen üyls
Dandaa enhjij, üürd mönhöjnö.

Coro
Hamag delhiyn shchudarga ulstay
Hamtran negdsen evee behjüülj
Hatan zorig, bühiy i chadlaaraa
Hayrtay Mongol ornoo manduul'ya.

II
Öndör töriyn minï süld iveej
Örgön tümniy minï zayaa tüshchij
Ündes yazguur, hel soyoloo
Üriyn ürdee övlön badraaya.

III
Erelheg Mongolïn zoltoy arduud
Erh chölöö jargalïg edlev
Jargalïn tülhüür, högjliyn tulguur
Javhlant manay oron mandtugay.

TRADUÇÃO :: TIAGO JOSÉ BERG

I
Nossa resoluta e independente nação,
Pelo mongol guardada no coração.
Por todo o mundo as tuas boas ações
Assim prosseguem, sempre constantes.

Coro
Com todas as nações idôneas do mundo,
Os nossos laços estreitaremos,
Com toda a nossa vontade poderemos
Progredir com nossa amada Mongólia.

II
Nossa grande nação, uma terra abençoada,
Por seu povo mantenha-se sustentada,
Nossa ancestralidade, língua e cultura,
Por nós estimadas, sempre perdurarão.

III
Resplandeça, ó povo da brava Mongólia,
Tenha a liberdade aliada à felicidade
Chave da ventura, pilar da prosperidade,
Eternamente prospere nosso grande país!

---

1 Foi adicionada à nova letra pelo parlamento mongol uma terceira estrofe em virtude da comemoração dos 800 anos da coroação de Gengis-Khan (1162-1227); apesar de a letra não fazer uma referência direta ao conquistador e imperador mongol, ela reporta a seu povo. A letra de 1950 (restaurada em 1991) continha algumas referências que já se encontravam "ultrapassadas". Informações a respeito da autoria da nova letra ainda não estão disponíveis.

MONTENEGRO

Montenegro é uma pequena e montanhosa república na região dos Bálcãs, no Sudeste da Europa. Entre 1945 e 1991 o país fez parte da ex-Iugoslávia e manteve-se unido em uma federação com a República da Sérvia até 21 de maio de 2006, quando um referendo apontou que a maioria do povo montenegrino desejava tornar-se independente. O parlamento do país declarou oficialmente a independência em 3 de junho de 2006. Montenegro adotou seu hino oficial em 12 de julho de 2004 (enquanto ainda fazia parte da federação formada com a Sérvia), utilizando a letra e a música compostas por Sekula Drljevic (1885-1945).

HINO

I
Oj svijetla majska zoro
Majko naša Crna Goro
Sinovi smo tvog stijenja
I čuvari tvog poštenja.
II
Volimo vas, brda tvrda,
I stravične vaše klance
Koji nikad ne poznaše
Sramotnoga ropstva lance.
III
Dok Lovćenskoj našoj misli
Naša sloga daje krila,
Biće gorda, biće slavna
Domovina naša mila.
IV
Rijeka će naših vala,
Uskačući u dva mora,
Glas nositi okeanu,
Da je vječna Crna Gora.

TRADUÇÃO :: TIAGO JOSÉ BERG

I
Ó brilhante alvorada de maio,
Nossa mãe, Montenegro.
Somos os filhos de tuas rochas,
E os guardiões de tua honra.
II
Nós te amamos, montes robustos,
E vossas profundas gargantas,
Que nunca vieram a suportar
Os vergonhosos grilhões da escravidão.
III
Nossa causa além do Lovćen,[1]
De liberdade asas nos dá,
Orgulhosa e gloriosa será,
A nossa pátria amada.
IV
Um rio com nossas ondas,
Adentrando dois mares[2],
Ecoará esta voz ao oceano:
Que Montenegro é eterno!

---

1 O monte Lovcen encontra-se na região Sudoeste de Montenegro com dois picos principais, chamados Stirnovik (1.749 m) e Jezerski (1.657 m), os mais elevados do país.
2 Refere-se ao Mar Adriático e ao Mar Mediterrâneo.

NAMÍBIA

Em 1990, a Namíbia conquistou sua plena independência. O governo do país então providenciou um concurso para a escolha do hino nacional, vencido pelo compositor Axali Doeseb (1954-), que era diretor de um grupo musical nos arredores de Windhoek, capital do país. O hino foi apresentado ao público no primeiro aniversário da independência, em 21 de março de 1991.

HINO

Namibia Land of the Brave

Namibia, land of the brave,
Freedom's fight we have won
Glory to their bravery,
Whose blood waters our freedom.
We give our love and loyalty
Together in unity,
Contrasting beautiful Namibia,
Namibia our country.
Beloved land of savannahs
Hold high the banner of liberty.
Namibia our country
Namibia motherland
We love thee.

TRADUÇÃO :: TIAGO JOSÉ BERG

Namíbia Terra dos Bravos

Namíbia, terra dos bravos,
Vencemos a luta pela libertação,
Glória à sua coragem,
Cujo sangue regou nossa liberdade.
Ofertamos nosso amor e lealdade
Juntos em unidade,
Namíbia, de beleza e contraste,
Namíbia, nossa pátria.
Amada terra das savanas
Erga alto a bandeira da liberdade.
Namíbia, nosso país
Pátria Namíbia,
Nós te amamos!

NAURU

A ilha Nauru – a menor República do mundo, com 21 km² – está localizada próximo à linha do Equador, na região da Micronésia, no Pacífico. Depois de conquistar sua independência, em 31 de janeiro de 1968, a letra do hino nacional foi escrita em idioma nauruano por Margaret Hendrie (1924-1990), e a música encomendada ao compositor Laurence Henry Hicks (1912-1997), um oficial da Marinha australiana.

HINO

Nauru Bwiema,
Ngabena ma auwe.
Ma dedaro Bwe dogum,
Mo otata bet egom.
Atsin ngago bwien okor,
Ama Bagadugu
Epoa ngabuna ri nan orre bet imur.
Ama memag ma nan epodan
Eredu won Engiden,
Mi yan aema ngeiyin ouge,
Nauru eko dogin!

TRADUÇÃO :: TIAGO JOSÉ BERG

Nauru, nossa Pátria,
A aprazível terra que amamos.
Todos nós rogamos por Ti
E teu nome louvamos.
Desde outrora tu foste o lar
De nossos grandes Antepassados
E assim será por gerações a vir.
Todos nós nos unimos,
Para juntos honrarmos tua Bandeira,
E nós festejaremos e diremos:
Nauru eternamente!

NEPAL

Após passar por um período de instabilidade política, em 19 de maio de 2006 a câmara dos representantes do Reino do Nepal decidiu suspender o hino nacional adotado em 1962 (devido às suas referências obsoletas à monarquia). Estabeleceu-se, então, uma comissão para a escolha de um novo hino nepalês em 30 de novembro daquele mesmo ano. Após a realização de um concurso no mês seguinte, a letra do poeta Pradeep Kumar Rai (1973-), com música de Ambar Gurung[1], sagrou-se vencedora. Ela foi oficialmente adotada em 3 de agosto de 2007.

HINO

Sayau thunga phoolkaa
Haamee yautai mala Nepali
Sarwabhauma bhai phailayakaa
Mechi Mahakalee
Prakritekaa kotee kotee
Sampadako aachala
Beerharukaa ragatale
Swatantra ra aatala
Gyanbhumee shantebhumee
Tarai pahaada hemaala
Akhanda yoo pyaro hamro
Matrebhumee Nepal
Bahul jaate bhashha
Dharma sanskritee chhan besaala
Agragame rastra hamro jaya,
Jaya Nepal.

TRADUÇÃO :: TIAGO JOSÉ BERG

Nós somos milhares de flores,
Uma guirlanda nepalesa,
Que se estende soberana
Do Mechi[2] ao Mahakali,[3]
Unida no caráter
De milhares de ancestrais
Pelo sangue dos bravos,
Independente e inalterável.
Terra de sabedoria e paz
No tarai[4] entre montanhas e vales,
No amor inseparável
Por nossa pátria, o Nepal.
Diversas raças, línguas,
Religiões e culturas se encontram
Em nossa progressiva nação, vida longa!
Vida longa ao Nepal!

---

1 A data de nascimento do compositor ainda não está disponível.
2 Mechi é uma região mais oriental do Nepal, na divisa com o estado de Sikkin, pertencente à Índia.
3 Mahakali é a região mais ocidental do Nepal, também na divisa com a Índia.
4 *Tarai* é um complexo vegetacional úmido, intercalado por campos, florestas e plantas savânicas existentes na face Sul do Himalaia, que predomina na Índia, no Nepal e no Butão.

NICARÁGUA

A música do hino nacional da Nicarágua data do século XVIII, época em que era usada como hino litúrgico por um monge espanhol chamado Anselmo Castinove. Durante os primeiros anos de independência, o hino foi usado para saudar as decisões do Tribunal Supremo da Nicarágua, então membro dos Estados Unidos da América Central (1823-1840). Durante os períodos revolucionários pelos quais passou a Nicarágua, o hino foi por várias vezes substituído e finalmente restaurado em 23 de abril de 1918, quando a música foi harmonizada pelo compositor Luis Abraham Delgadillo (1887-1961). Naquele ano, o governo do país organizou um concurso para escolher a nova letra do hino, solicitando aos autores que mencionassem nos versos as palavras "paz e trabalho". O poema vencedor, escrito pelo professor Salomón Ibarra Mayorga (1890-1985), foi adotado como letra oficial do hino por um decreto governamental de 20 de outubro de 1939.

. . . .

HINO

¡Salve a ti, Nicarágua!
En tu suelo ya no ruge la voz del cañón
Ni se tiñe con sangre de hermanos
Tu glorioso pendón bicolor.

Brille hermosa la paz en tu cielo,
Nada empañe tu gloria inmortal,
Que el trabajo es tu digno laurel
Y el honor es tu enseña triunfal.

TRADUÇÃO :: TIAGO JOSÉ BERG

Salve a ti, Nicarágua!
Em teu solo já não ruge a voz do canhão
Nem se tinge com sangue de irmãos
Teu glorioso pendão bicolor.

Brilhe formosa a paz em teu céu,
Nada manche tua glória imortal,
Que o trabalho é teu digno laurel,
E a honra é teu emblema triunfal.

NÍGER

Níger, país do Oeste africano situado na região Sahel, adotou seu hino nacional em julho de 1961, quase um ano depois de conquistar sua independência, em 3 de agosto de 1960. A letra do hino foi escrita por Maurice Albert Thiriet (1906-1969), acompanhada da música de Robert Jacquet (1896-1976) e Nicolas Abel François Frionnet (1911-1998).

. . . .

HINO

La Nigérienne

I
Auprès du grand Niger puissant
Qui rend la nature plus belle,
Soyons fiers et reconnaissants
De notre liberté nouvelle.
Evitons les vaines querelles
Afin d'épargner notre sang;
Et que les glorieux accents
De notre race sans tutelle
S'élèvent dans un même élan
Jusqu'à ce ciel éblouissant
Où veille son âme éternelle
Qui fera le pays plus grand.

Coro
Debout Niger: Debout!
Que notre œuvre féconde
Rajeunisse le cœur
De ce vieux continet,
Et que ce chant s'entende
Aux quatre coins du monde
Comme le cri d'un Peuple
Équitable et vaillant!

TRADUÇÃO :: TIAGO JOSÉ BERG

A Nigerina

I
Às margens do Níger[1] pujante
Que mostra a mais bela natureza,
Seremos orgulhosos e gratos
De nossa renovada liberdade.
Evitemos as vãs disputas
A fim de poupar nosso sangue;
E que as gloriosas harmonias
De nossa raça sem tutela
Se elevem de um mesmo ímpeto
Até este céu deslumbrante
Onde vigiam sua alma eterna
Que faz o país tão grandioso.

Coro
De pé Níger: De pé!
Que nossa obra fecunde.
Rejuvenesça o coração
Deste velho continente,
E que este canto se estenda
Aos quatro cantos do mundo
Como o grito de um Povo
Eqüitativo e valente!

---

1 Neste caso, o autor se refere ao rio Níger, que dá nome ao país.

Debout Niger: Debout!	De pé Níger: De pé!
Sur le sol et sur l'onde,	Sobre o solo e sobre as ondas,
Au rythme des tamtams,	Ao ritmo dos tambores,
Dans leur son grandissant,	Ao seu crescente som,
Restons unis, toujours,	Resistimos unidos, sempre,
Et que chacun réponde	E que cada um responda
A ce noble avenir qui nous dit:	A este nobre futuro que nós diremos:
"En avant".	"Avante!"
II	II
Nous retrouvons dans nos enfants	Nós reencontraremos em nossos filhos
Toutes les vertus des Ancêtres:	Todas as virtudes dos ancestrais:
Pour lutter dans tous les instants	Para lutar em todos os instantes
Elles sont notre raison d'être.	Eles são a nossa razão de ser.
Nous affrontons le fauve traître	Nós afrontamos o feroz traidor
A peine armés le plus souvent,	Pouco armados e muito freqüentemente,
Voulant subsister dignement	Queremos subsistir dignamente
Sans detruire pour nous repaître.	Sem destruir para nos alimentar.
Dans la steppe où chacun ressent	Na estepe onde cada um sente
La soif, dans le Sahel brûlant,	A sede, no Sahel ² ardente,
Marchons, sans défaillance, en maîtres	Marchemos, sem fracassar, como mestres,
Magnanimes et vigilants.	Magnânimos e vigilantes.

---

2 *Sahel* é a zona de transição entre as vegetações de savanas e as areias do deserto do Saara, incluindo grande parte do território do Níger.

NIGÉRIA

Em 1º de outubro de 1978 o governo da Nigéria oficializou seu novo hino nacional, substituindo o antigo hino adotado em 1960 e conhecido por *Nigeria We Hail Thee* (Nigéria, nós te saudamos). A música foi composta por Benedict Elide Odiase (1934-), maestro da banda da polícia nigeriana. Já a letra foi escrita coletivamente.

HINO

Arise o Compatriots,
Nigeria's call obey
To serve our fatherland
With love, strength and faith
The labour of our heroes past
Shall never be in vain
To serve with heart and might
One nation bound in freedom,
Peace and unity.

Oh God of creation,
Direct our noble cause
Guide our leaders right
Help our youth the truth to know
In love and honesty to grow
And living just and true
Great lofty heights attain
To build a Nation where
Peace and justice shall reign.

TRADUÇÃO
:: EMBAIXADA DA REPÚBLICA FEDERAL DA NIGÉRIA EM BRASÍLIA

Levantai, oh compatriotas!
À chamada da Nigéria obedecei
Para servir à nossa pátria
Com amor, força e fé.
O suor dos nossos heróis ancestrais
Jamais será em vão
Para servir com coração e vigor
A uma nação unida pela liberdade,
Paz e união.

Oh! Deus da criação,
Dirija a nossa nobre causa
Para o bem, guie nossos líderes
A nossa juventude, a verdade ajude a saber
A crescer em amor e honestidade
E vivendo justa e verdadeiramente
Para alcançar grandes aspirações
De construir uma Nação
Onde reinem a paz e a justiça.

NORUEGA

A versão original de *Ja, vi elsker* (Sim, nós amamos) foi escrita pelo poeta Bjørnstjerne Bjørnson (1832-1910) em 1859. O poema de Bjørnson apresenta em sua simplicidade uma descrição da história e da paisagem norueguesas; uma canção de devoção e eloqüência, o que logo consagraria sua popularidade, ao passo que, em 1863, seu primo Rikard Nordraak (1842-1866) comporia a música para aqueles versos. Nordraak era também amigo do célebre compositor norueguês Edvard Grieg. A canção se tornaria o hino nacional da Noruega em 17 de maio de 1864, quando foi apresentada no parlamento do país durante a cerimônia de aniversário dos cinqüenta anos da adoção da Constituição norueguesa.

HINO

Ja, vi Elsker

I
Ja, vi elsker dette landet
Som det stiger frem
Furet, værbitt over vannet
Med de tusen hjem.
Elsker, elsker det og tenker
På vår far og mor
Og den saganatt som senker
Drømme på var jord.

II
Norske mann i hus og hytte
Takk din store Gud.
Landet ville han beskytte
Skønt det mørkt så ut.
Alt hva fedrene har kjempet,
Mødrene har grætt,
Har den Herre stille lempet
Så vi vant vår rett.

TRADUÇÃO :: TIAGO JOSÉ BERG

Sim, nós Amamos[1]

I
Sim, nós amamos esta terra,
Que assim se levanta
Áspera e erodida, sobre o mar,
Com estes milhares de lares.
Amamos, amamos e pensamos
Em nossos pais e mães,
E a saga ancestral ao anoitecer
Sonha com nossa terra.

II
Norueguês, em casa e cabana,
Agradeça a teu grande Deus.
Ele protegerá vosso país,
Embora não possas notar.
Enquanto nossos pais lutavam,
E nossas mães choravam,
O Senhor calmamente nos guiava,
Até obtermos nossos direitos.

---

[1] O hino completo possui oito estrofes; as três estrofes apresentadas são as mais cantadas. A letra original sofreria pequenas alterações em 1863 e 1869.

III
Ja, vi elsker dette landet
Som det stiger frem
Furet, værbitt over vannet
Med de tusen hjem.
Og som fedres kamp har hevet
Det av nød til seir
Også vi når det blir krevet
For dets fred slår leir.

III
Sim, nós amamos esta terra,
Que assim se levanta
Áspera e erodida, sobre o mar,
Com estes milhares de lares.
E como no altivo empenho paterno
Do infortúnio à vitória
Nós também, quando chamados,
Resistiremos por sua paz.

NOVA ZELÂNDIA

God defend New Zealand foi escrito por volta de 1870 pelo poeta de origem irlandesa Thomas Bracken (1843-1898). Em 1876 uma competição foi criada para musicar o poema, vencida por John Joseph Woods (1849-1934), um australiano que àquela época atuava como professor no país. O hino seria cantado pela primeira vez no Natal daquele ano na cidade de Dunedin, na Ilha do Sul; dois anos depois a letra foi traduzida e publicada na língua maori por Thomas Henry Smith (1824-1907). Durante a primeira metade do século XX, a canção tornou-se popular entre os neozelandeses e em 1940 foi declarada hino para os eventos cerimoniais do país. Em 22 de novembro de 1977, com a permissão da rainha Elizabeth II do Reino Unido, *God defend New Zealand* foi declarado hino nacional da Nova Zelândia, em igual *status* com *God Save the Queen* (hino nacional britânico), usado desde 1840.

HINO (INGLÊS)

God Defend New Zealand

I
God of nations at thy feet,
In the bonds of love we meet,
Hear our voices, we entreat,
God defend our free land.
Guard Pacific's triple star
From the shafts of strife and war,
Make her praises heard afar,
God defend New Zealand.

II
Men of every creed and race
Gather here before thy face,
Asking thee to bless this place,
God defend our free land.
From dissension, envy, hate,
And corruption guard our State,
Make our country good and great,
God defend New Zealand.

HINO (MAORI)

Aotearoa

I
E Ilhoa Atua,
O nga Iwi! Matoura,
Ata whaka rongona;
Me aroha noa.
Kia hua ko te pai;
Kia tau to atawhai;
Manaakitia mai
Aotearoa.

II
Ona mano tangata
Kiri whero, kiri ma,
Iwi Maori Pakeha,
Repeke katoa,
Nei ka tono ko nga he
Mau e whakaahu ke,
Kia ora marire
Aotearoa.

III
Peace, not war, shall be our boast,
But, should foes assail our coast,
Make us then a mighty host,
God defend our free land.
Lord of battles in thy might,
Put our enemies to flight,
Let our cause be just and right,
God defend New Zealand.

IV
Let our love for thee increase,
May thy blessings never cease,
Give us plenty, give us peace,
God defend our free land.
From dishonour and from shame,
Guard our country's spotless name,
Crown her with immortal fame,
God defend New Zealand.

V
May our mountains ever be
Freedom's ramparts on the sea,
Make us faithful unto thee,
God defend our free land.
Guide her in the nations' van,
Preaching love and truth to man,
Working out thy glorious plan,
God defend New Zealand.

III
Tona mana kia tu!
Tona kaha kia u;
Tona rongo hei paku
Ki te ao katoa
Aua rawa nga whawhai,
Nga tutu a tata mai;
Kia tupu nui ai
Aotearoa.

IV
Waiho tona takiwa
Ko te ao marama;
Kia whiti tona ra
Taiawhio noa.
Ko te hae me te ngangau
Meinga kia kore kau;
Waiho I te rongo mau
Aotearoa.

V
Tona pai me toitu;
Tika rawa, pono pu;
Tona noho, tana tu;
Iwi no Ihoa.
Kaua mona whakama;
Kia hau te ingoa;
Kla tu hei tauira;
Aotearoa.

TRADUÇÃO :: TIAGO JOSÉ BERG

Deus Defenda a Nova Zelândia

I
Deus das nações aos teus pés
Nos laços de amor nos reunamos,
Ouça nossas vozes, nós rogamos,
Deus defenda nossa livre terra.
Guarde a tríplice estrela do Pacífico,
Das lanças das lutas e guerras,
Faça ouvir-lhe os distantes louvores,
Deus defenda a Nova Zelândia!

II
Homens de todo credo e raça
Reúnam-se aqui perante a tua face,
Pedindo-te para abençoar este lugar,
Deus defenda nossa livre terra.
Da discórdia, inveja, ódio,
E corrupção guarde nosso Estado,
Faça o nosso país ser grande e justo,
Deus defenda a Nova Zelândia!

III
Paz, não a guerra, será nossa ostentação,
Mas, se os inimigos invadirem nossa costa,
Faça-nos um poderoso anfitrião,
Deus defenda nossa livre terra.
Senhor das batalhas, com teu poder,
Coloca em fuga os nossos inimigos,
Deixe nossa causa ser justa e correta,
Deus defenda a Nova Zelândia!

IV
Deixe nosso amor por ti aumentar,
Que tuas graças nunca cessem,
Dai-nos o bastante, dai-nos a paz,
Deus defenda nossa livre terra.
Da desonra e da vergonha,
Guarde nosso país e seu nome imaculado,
Coroe-lhe com fama imortal,
Deus defenda a Nova Zelândia!

V
Que nossas montanhas sempre sejam,
Baluartes de liberdade sobre o mar,
Faça-nos fiéis a ti,
Deus defenda nossa livre terra.
Guie-a na vanguarda das nações,
Pregando amor e verdade ao homem,
Compreendendo teu desígnio glorioso,
Deus defenda a Nova Zelândia!

OMÃ

O Sultanato do Omã, localizado no Sudeste da Península Arábica, no Oriente Médio, adotou seu hino nacional em 1970. A letra foi escrita por Rashid bin Uzayyiz Al-Khusaidi e a música arranjada pelo britânico James Frederick Mills de uma saudação real datada de 1932. Em novembro de 1996 o hino seria novamente harmonizado por Bernard Ebbinghaus.[1]

HINO

Ya Rabbana Ehfid Lana Jalalat Al Sultan
Waashabi Fee Al'watan
Bialeizy Walaman.
Walyadum Muoayadda,
Aahilan Momajjada;
Bilnufoosi Yuftda.
Walyadum Muoayadda,
Aahilan Momajjada;
Bilnufoosi Yuftda.
Ya Oman, Nahnoo Min Ahd Il Nabi
Awfiya Min K'ram
Al Arabi.
Abshiry Qaboos Jaa
Faltubarakhu 'I Sama.
Waasidy Waltoq'hi
Bilduoaa.

TRADUÇÃO :: TIAGO JOSÉ BERG

Ó Senhor, proteja nossa Majestade o Sultão,
E o povo em suas terras,
Com honra e paz.
Que ele viva longamente, forte e protegido
Glorificada seja sua liderança.
Por ele daremos nossas vidas.
Que ele viva longamente, forte e protegido
Glorificada seja sua liderança.
Por ele daremos nossas vidas.
Oh Omã! Desde os tempos do Profeta,[2]
Somos um povo dedicado
Entre os nobres Árabes.
Seja feliz! Qaboos[3] veio
Com as bênçãos do céu.
E alegremente recomende
A proteção de nossas almas.

---

1 Datas de nascimento e falecimento dos compositores não estão disponíveis.
2 Refere-se a [Maomé] Muhammad (570-632).
3 Qaboos ibn Sa'id Al 'Bu Sa'id (1940-) é o sultão do Omã desde 23 de julho de 1970.

PALAU

A República de Palau, um arquipélago localizado no Pacífico tropical, adotou seu hino nacional em 1980. O país foi administrado como protetorado das Nações Unidas em livre associação com os Estados Unidos até sua independência, ocorrida em 1º de outubro de 1994. Ymesei Ezekiel (1926-1984) compôs a música, baseando-se na letra escrita concomitantemente por alguns poetas locais.

HINO

Belau er Kid

I
Belau loba klisiich
Er a kelulul
El di mla ngar ngii
Ra rechuodel mei
Meng mengeluolu
Er a chimol beluu
El ngar eungel a rirch
El lomekesang

II
Bodo leketek a keruul
Era beluad
Loba a blak el reng
Ma duch el reng
Belau a chotil
A Klengar er kid
Me bodo rurt a
Bedul msa klisichel

TRADUÇÃO :: TIAGO JOSÉ BERG

Nossa Palau

I
Palau surge doravante
Com a força e o poder,
Para tolerar a toda hora
Sua antiga conduta.
Uma nação salva e segura,
Com um governo
Sob o ardor da liberdade
E sua branda luz.

II
Construamos nossa economia
Em proteção,
Com coragem,
Com ilimitada fé e diligência,
Nossa vida está ancorada em Palau,
A nossa terra,
Que a defendamos
Ao longo da vida e da morte.

III
Bod kaiuereked
Chim lokiu a reng
E do ngedmokl er
A di mla koted
Lomcheliu a rengedel
Ma klebkellel
Lokiu a budech
Ma beltik el reng

IV
Dios mo mekngeltengat
Ra belumam
El di mla dikesam
Ra rechuodel mei
Beskemam a klisicham
Ma lemeltam
Lorrurt a klungiolam
El mo cherechar

III
Em espírito juntemos as mãos,
Unidos, como uma só
Para cuidar de nossa pátria,
Pelos antepassados.
Rememoremos esta concórdia,
Mantendo-a em glória,
Na paz, no amor
E com profunda devoção no coração.

IV
Deus abençoe nosso país,
Nossa perpétua ilha natal
Nossa doce herança
Dos dias de outrora,
Nos dê força, poder
E todos os direitos,
Para governá-la
Por toda a eternidade.

PANAMÁ

Em 1897, o músico espanhol Santos Jorge (1870-1941), que atuava há alguns anos como organista e maestro nas escolas panamenhas, compôs uma canção escolar chamada *Himno Istmeño* (Hino do Istmo),[1] com letra original de Juan Agustín Torres. Quando o Panamá declarou formalmente sua independência da Colômbia, em 3 de novembro de 1903, o primeiro embaixador norte-americano no país, William J. Buchanan, sugeriu um hino para ser interpretado durante a formação da primeira junta provisional do governo do Panamá. Este hino fora uma indicação do próprio Santos Jorge, que mais tarde pediu a seu amigo, o poeta Jerônimo de la Ossa (1847-1907), que escrevesse uma nova letra para aquela canção. Em 1906, a Assembléia Nacional decretou a canção como hino nacional do Panamá.

HINO

Coro
Alcanzamos por fin la Victoria,
En el campo feliz de la unión,
Con ardientes fulgores de gloria,
Se ilumina la nueva nación.

I
Es preciso cubrir con un velo,
Del pasado el calvario y la cruz,
Y que adorne o azul de tu cielo,
De concordia la espléndida luz.
El progreso acaricia tus lares,
Al compás de sublime canción,
Ves rugir a tus pies ambos mares,
Que dan rumbo a tu noble misión.

TRADUÇÃO :: TIAGO JOSÉ BERG

Coro
Alcançamos por fim a Vitória,
No campo feliz da união,
Com ardentes fulgores de glória,
Se ilumina a nova nação.

I
É preciso cobrir com um véu,
Do passado o calvário e a cruz,
E que adorne o azul de teu céu,
De concórdia a esplêndida luz.
O progresso acaricia teus lares,
Ao compasso de sublime canção,
Vês rugir a teus pés ambos mares,
Que dão rumo a tua nobre missão.

---

[1] Istmo é um estreitamento ou língua de terra cercada de água pelos dois lados, que conecta duas grandes extensões de terra ou continentes. O Istmo mais conhecido é justamente através do qual passa o canal do Panamá, conectando a América do Sul à América do Norte.

II
En tu suelo cubierto de flores,
A los besos del tibio terral,
Terminaron guerreros fragores,
Sólo reina el amor fraternal.
Adelante la pica y la pala,
Al trabajo sin más dilación:
Y seremos así prez y gala
De este mundo feraz de Colón.

II
Em teu solo coberto de flores,
Aos beijos do tíbio terral,
Terminaram os guerreiros rumores,
Somente reina o amor fraternal.
Adiante à pique e à pá,
Ao trabalho sem mais demora:
E seremos assim gala e honra,
Deste mundo feraz de Colombo.[2]

---

[2] Cristóvão Colombo (1451-1506), navegante e capitão genovês famoso por ter realizado o "descobrimento da América" em 12 de outubro de 1492.

PAPUA NOVA GUINÉ

A letra e a música do hino nacional de Papua Nova Guiné são de autoria do britânico Thomas Shacklady (1917-2006). Após servir na Segunda Guerra Mundial, ele se alistou voluntariamente no exército australiano em 1951. Em 1970 foi transferido para a capital Port Moresby, onde se tornou maestro da banda da corporação policial papuásia até 1975. Diferentemente da bandeira, escolhida quatro anos antes, o hino da Papua Nova Guiné foi adotado na semana anterior à da independência, ocorrida em 16 de setembro de 1975.

HINO

I
O arise all you sons of this land
Let us sing of our joy to be free.
Praising God and rejoicing to be
Papua New Guinea.

Coro
Shout our name from the mountain to seas
Papua New Guinea;
Let us raise our voices and proclaim
Papua New Guinea.

II
Now give thanks to the good Lord above
For His kindness, His wisdom and love
For this land of our fathers so free,
Papua New Guinea.

Coro
Shout again for the whole world to hear
Papua New Guinea;
We're independent and we're free,
Papua New Guinea.

TRADUÇÃO :: TIAGO JOSÉ BERG

I
Levantai-vos, ó filhos desta terra
Cantemos nosso júbilo em ser livres.
Louvando a Deus e alegrando-se por existir:
Papua Nova Guiné.

Coro
Grite nosso nome da montanha aos mares
Papua Nova Guiné;
Deixem-nos entoar nossas vozes e proclamar
Papua Nova Guiné.

II
Agora dê graças ao bom Deus nos céus
Por Sua bondade, Seu saber e amor
Por esta terra de nossos pais então livre,
Papua Nova Guiné.

Coro
Grite novamente para que todo mundo ouça
Papua Nova Guiné;
Nós somos independentes e somos livres,
Papua Nova Guiné.

PAQUISTÃO

Após a independência, em 1947, o Paquistão organizou um concurso para a escolha de seu hino. O comitê nacional selecionou em 1953 a música composta por Ahmed Ghulamadi Chagla (1902-1953), que posteriormente recebeu os versos de Abu-Al-Asar Hafeez Jullandhuri (1900-1982). Ela seria oficializada como hino nacional paquistanês em agosto de 1954.

HINO

Pak sar zamin shad bad
Kishware haseen shad bad
Tu nishane azme alishan
Arze Pakistan!
Markaze yaqin shad bad.

Pak sar zamin ka nizam
Qu wate akhu wate awam
Qaum, mulk, Sultanat
Painda ta binda bad,
Shad bad man zele murad.

Parchame sita rao hilal
Rahbare tarraqio kamal
Tarjumane mazi shane hal
Jane istaqbal!
Sayyai, Khudae zul jalal.

TRADUÇÃO :: TIAGO JOSÉ BERG

Abençoada seja a terra sagrada,
Recanto de alegre generosidade
Símbolo de alta determinação,
A terra do Paquistão.
Bendita seja! Fortaleza da fé.

A conduta desta terra sagrada
É o poder fraternal de teu povo
Que nosso país, estado e nação
Brilhe em perpétua glória,
Feliz seja esta meta, nossa ambição.

A bandeira da estrela e crescente,
Leva à senda do progresso e perfeição,
É nosso passado, glória do presente
De nosso futuro a inspiração,
Símbolo da proteção do Onipotente.

PARAGUAI

O hino nacional do Paraguai foi escrito por Francisco Esteban Acuña de Figueroa (1791-1862), que também é autor da letra do hino nacional do Uruguai. A música foi composta ou por Francisco José Debali (1791-1859) ou Francés Sauvageot de Dupuy (1813-1861), ou, ainda, por Louis Cavedagni (-1916)[1], com arranjos posteriores de Remberto Gimenez (1899-1986). Debali, um húngaro que residia em Montevidéu, também fez a música do hino nacional uruguaio. O hino foi adotado em 1846 e declarado oficial em maio de 1934.

HINO

A los pueblos de América, infausto,
Tres centurias un cetro oprimió,
Mas un día soberbia surgiendo,
Basta! Dijo... y el cetro rompió.
Nuestros padres, lidiando grandiosos,
Ilustraron su gloria marcial;
Y trozada la augusta diadema,
Enalzaron el gorro triunfal.

Coro
Paraguayos, República o muerte!
Nuestro brío nos dió libertad;
Ni opresores, ni siervos alientan
Donde reinan unión e igualdad.

TRADUÇÃO
:: EMBAIXADA DA REPÚBLICA DO PARAGUAI EM BRASÍLIA

Aos povos de América, infausto,
Três séculos um cetro oprimiu,
Mas um dia soberbia surgindo,
Basta! Disse... e o cetro se quebrou.
Nossos pais, lidando grandiosos,
Ilustraram sua glória marcial.
E despedaçada a augusta diadema,
Levantaram a touca triunfal.[2]

Coro
Paraguaios, República ou morte!
Nossa coragem nos deu a liberdade.
Nem opressores, nem servos torcem
Onde reina união e igualdade.

---
1   A data de nascimento do compositor é desconhecida.
2   A "touca da liberdade" ou "barrete frígio" foi adotado, na cor vermelha, pelos republicanos franceses que lutaram pela tomada e queda da Bastilha em 1789. Por essa razão, tornou-se um forte símbolo dos regimes republicanos.

PERU

Logo após a proclamação da independência, o general José de San Martín convocou um concurso em 7 de agosto de 1821 para eleger a "Marcha Nacional do Peru". O anúncio convocava todos os professores de belas artes e compositores para que enviassem suas composições para o Ministério do Estado até 18 de setembro, no qual uma comissão designaria a marcha vencedora. A música composta por José Bernardo Alcedo (1788-1878) foi a escolhida, recebendo letra do jurista e poeta José de La Torre Ugarte (1786-1831). A marcha estreou na noite de 23 de setembro de 1821 no Teatro de Lima, com a presença de San Martín e foi declarada hino nacional do Peru em 15 de abril de 1822. A letra seria revisada em 12 de fevereiro de 1913.[1]

HINO

Coro
Somos libres, seámoslo siempre,
Y antes niegue sus luces el sol,
Que faltemos al voto solemne,
Que la Patria al Eterno elevó.

Largo tiempo el peruano oprimido
La ominosa cadena arrastró;
Condenado a cruel servidumbre
Largo tiempo en silencio gimió.
Mas apenas el grito sagrado
¡Libertad en sus costas se oyó,
La indolencia de esclavo sacude,
La humillada cerviz levantó.

TRADUÇÃO :: TIAGO JOSÉ BERG

Coro
Somos livres, sejamo-lo sempre,
E antes negue suas luzes o sol,
Que faltamos ao voto solene
Que a Pátria ao Eterno elevou.

Por longo tempo o peruano oprimido
A agourenta corrente arrastou.
Condenado a cruel servidão
Por longo tempo em silêncio gemeu.
Mas apenas o grito sagrado
Liberdade! Em suas costas se ouviu,
A indolência do escravo sacode,
A humilhada cerviz levantou.

---

[1] A versão completa do hino possui seis estrofes. A primeira é interpretada.

POLÔNIA

O hino nacional polonês nasceu, curiosamente, na Itália. Sua história começa com os soldados poloneses que se encontravam exilados nas terras italianas, onde foram recebidos com hospitalidade depois de terem sido obrigados a sair de sua pátria natal, repartida pelos países vizinhos em 1795. Por tal motivo, Josef Wybicki (1747-1822), um amigo do general Dąbrowski,[1] escreveu em julho de 1797 uma letra que servisse de inspiração para suas tropas, chamada inicialmente de "A canção das Legiões Polonesas na Itália" e cantada espontaneamente à moda de uma mazurca.[2] Ganhando fama e o coração de todos os polacos, ela foi declarada hino nacional da Polônia em 26 de fevereiro de 1927.

HINO

Jeszcze Polska nie zginęła,
Kiedy my żyjemy.
Co nam obca przemoc wzięła,
Szablą odbierzemy.

Marsz, marsz, Dąbrowski,
Z ziemi włoskiej do Polski,
Za twoim przewodem
Złączym się z narodem.

TRADUÇÃO
:: CONSULADO GERAL DA POLÔNIA EM SÃO PAULO

A Polônia não morrerá
Enquanto nós vivermos
O que nos privou a violência estranha,
Nós vamos retirar com o sabre.

Marcha, marcha, Dąbrowski,
Das terras italianas para a Polônia,
Sob o seu comando
Nos reuniremos com nossa nação.

---

[1] O general Jan Henryk Dąbrowski (1755-1818) liderou as legiões polonesas durante o período napoleônico (1790-1810), quando elas se encontravam exiladas no território que mais tarde se tornaria a Itália.
[2] Mazurca é uma dança tradicional polonesa.

PORTUGAL

Em 11 de janeiro de 1890 o governo inglês enviou, por via telegráfica, um ultimato para que as tropas portuguesas se retirassem da zona colonial africana conhecida como "mapa cor-de-rosa" (atuais Zâmbia, Zimbábue e Malauí). O ultimato britânico ameaçava Portugal com uma intervenção militar, que, perante tais exigências, cedeu e evacuou a região. O povo saiu às ruas para protestar e, indignado com esta notícia, Alfredo Keil (1850-1907) sentou-se ao piano e compôs uma música marcial, depois foi à casa do poeta Henrique Lopes de Mendonça (1856-1931) e pediu-lhe uma letra que encaixasse naqueles acordes; dias depois estavam escritas as três estrofes da composição musical. A canção caiu mais tarde no gosto dos republicanos, sendo tocada durante os protestos contra a monarquia em 1891. Em 5 de outubro de 1910, depois de implantada a República, "A Portuguesa" tornou-se o hino nacional de Portugal.

HINO

A Portuguesa

I
Heróis do mar, nobre Povo,
Nação valente, imortal
Levantai hoje de novo
O esplendor de Portugal!
Entre as brumas da memória,
Ó Pátria, sente-se a voz
Dos teus egrégios avós,
Que há-de guiar-te à vitória!

Coro
Às armas! Às armas!
Sobre a terra sobre o mar.
Às armas! Às armas!
Pela pátria lutar!
Contra os canhões marchar, marchar!

II
Desfraldada a invicta bandeira,
À luz viva do teu céu!
Brade a Europa à terra inteira:
Portugal não pereceu!
Beija o solo teu jucundo
O Oceano, a rugir d'amor:
E o teu braço vencedor
Deu mundos novos ao Mundo!

III
Saudai o sol que desponta
Sobre um ridente porvir;
Seja o eco de uma afronta
O sinal de ressurgir.
Raios dessa aurora forte
São como beijos de mãe,
Que nos guardam, nos sustêm,
Contra as injúrias da sorte.

QUÊNIA

O hino nacional do Quênia apresenta uma história peculiar. Ele foi escrito por um grupo de cinco músicos comissionados pelo governo do país (Graham Hyslop, Thomas Kalume, Peter Kibukosya, Washington Omondi e George W. Senoga-Zake) incorporando uma melodia tradicional queniana muito conhecida na região Sudeste do país. Redigida nas línguas kiswahili e inglês, a canção foi apresentada defronte à residência do então primeiro-ministro Jomo Kenyatta, onde foi escolhida a sua versão final. O hino seria oficialmente adotado em 12 de dezembro de 1963, data da declaração de independência.

HINO (KISWAHILI)

I
Ee Mungu nguvu yetu
Ilete baraka kwetu
Haki iwe ngao na mlinzi
Natukae na undugu
Amani na uhuru
Raha tupate na ustawi.

II
Amkeni ndugu zetu
Tufanye sote bidii
Nasi tujitoe kwa nguvu
Nchi yetu ya Kenya
Tunayoipenda
Tuwe tayari kuilinda.

III
Natujenge taifa letu
Ee, ndio wajibu wetu
Kenya istahili heshima
Tuungane mikono
Pamoja kazini
Kila siku tuwe na shukrani.

HINO (INGLÊS)

I
O God of all creation,
Bless this our land and nation.
Justice be our shield and defender,
May we dwell in unity,
Peace and liberty.
Plenty be found within our borders.

II
Let one and all arise
With hearts both strong and true.
Service be our earnest endeavour,
And our Homeland of Kenya,
Heritage of splendour,
Firm may we stand to defend.

III
Let all with one accord
In common bond united,
Build this our nation together,
And the glory of Kenya,
The fruit of our labour
Fill every heart with thanksgiving.

TRADUÇÃO :: TIAGO JOSÉ BERG

I
Ó Deus de toda criação,
Abençoe nossa terra e nação
Seja a Justiça nossa protetora e defensora,
Que nós vivamos em unidade
Paz e liberdade
Encontrando a plenitude em nossa pátria.

II
Ponhamo-nos de pé
Com corações fortes e verdadeiros,
Que o serviço seja nosso intenso empenho,
E nossa pátria do Quênia,
Herdeira do esplendor,
Possamos defendê-la firmemente.

III
Que todos em uníssono
Em laço comum unido,
Juntos construam nossa nação,
E a glória do Quênia,
O fruto de nosso labor
Preencha cada coração com gratidão.

QUIRGUISTÃO

Localizado entre as montanhas da Ásia Central, o Quirguistão era uma das quinze repúblicas que formavam a União Soviética até declarar sua independência, em 31 de agosto de 1991. O país adotaria seu novo hino nacional em 18 de dezembro de 1992, com letra de Djamil Sadykov (1932-) e Eshmambet Kuluev (1942-), acompanhada da melodia de Nasyr Davlesov (1929-) e Kalyi Moldobasanov (1929-2006).

HINO

I
Ak möňgülüü aska zoolor, talaalar,
Elibizdin jany menen barabar.
Sansyz kylym Ala-Toosun mekendep,
Saktap keldi bizdin ata-babalar!

Coro
Algalaj ber, kyrgyz el,
Azattyktyn jolunda.
Örkündöj ber, ösö ber,
Öz tagdyryň koluňda.

II
Bajyrtadan bütköm münöz elime,
Dostoruna dajar dilin berüügö.
Bul yntymak el birdigin shiretip,
Beykuttuktu beret kyrgyz jerine.

III
Atkarylyp eldin ümüt, tilegi,
Jelbiredi erkindiktin jelegi.
Bizge jetken ata saltyn, murasyn,
Yjyk saktap urpaktarga bereli.

TRADUÇÃO :: TIAGO JOSÉ BERG

I
Altas montanhas, vales e campos,
São nossa sagrada terra natal.
Nossos pais viveram entre os Alatau,[1]
Sempre perpetuando esta pátria.

Coro
Venha, povo quirguiz,[2]
Venha para a liberdade,
Levante-se, floresça,
Crie vossa prosperidade!

II
Desde outrora estamos abertos à liberdade,
Em nossos corações há unidade e amizade,
A terra do Quirguistão, nosso nativo Estado,
Brilha nos raios do consentimento.

III
O sonho do povo se tornou verdadeiro,
A bandeira da liberdade paira sobre nós.
A herança de nossos pais que nós iremos
Passar a nossos filhos para o bem do povo.

---

[1] Alatau é o nome dado às cadeias de montanhas que cercam a Ásia Central; no Quirguistão ela se destaca na paisagem ao longo do lago Issyk-Kul.
[2] A principal etnia do Quirguistão, que significa "terra dos quirguizes".

REINO UNIDO

God Save the Queen (Deus Salve a Rainha) como é conhecido o hino nacional britânico, originou-se de uma canção patriótica apresentada ao público pela primeira vez em 1745, em Londres. Tanto a letra quanto a música da canção são anônimas e podem datar do século XVII. A obra foi publicada em 1744, em uma coletânea de canções chamada *Thesaurus Musicus*. Thomas Arne, autor da canção *"Rule Britannia"* e líder da orquestra do Teatro Real em Drury Lane, fez um arranjo para *God Save the King*[1] ser apresentada ao público após a peça teatral *The Alchemist* (de Ben Johnson) pelos solistas e pelo coral. A apresentação foi um tremendo sucesso e repetiu-se por todas as noites desde então. Outros teatros também adotaram a apresentação, que logo em seguida se disseminou para fora de Londres. Dessa maneira, foi estabelecido o costume de saudar o rei com a música quando o soberano entrava em um local de diversão pública.

· ·

HINO

God Save the Queen

I
God save our gracious Queen!
Long live our noble Queen!
God save our Queen!
Send her victorious,
Happy and glorious,
Long to reign over us,
God save the Queen.

TRADUÇÃO :: TIAGO JOSÉ BERG

Deus Salve a Rainha[2]

I
Deus salve nossa graciosa Rainha!
Vida longa, nossa nobre Rainha!
Deus salve nossa Rainha!
Enviai-a vitoriosa,
Alegre e gloriosa,
Ao longo reinar sobre nós,
Deus salve a Rainha.

---

1   Na época, o monarca era o rei Jorge II (1683-1760).
2   Geralmente só a primeira estrofe é cantada nos eventos públicos. Em caso de se tratar de um soberano no poder, substituem-se nas frases do hino os gêneros femininos pelos masculinos e passa-se a usar "Rei".

II
O Lord our God arise,
Scatter her enemies,
And make them fall;
Confound their politics,
Frustrate their knavish tricks,
On Thee our hopes we fix,
God save us all.

III
They choicest gifts in store
On her be pleased to pour;
Long may she reign.
May she defend our laws,
And ever give us cause,
To sing with hearth and voice,
 "God save the Queen".

II
Surja, ó Senhor nosso Deus,
Dispersa teus inimigos,
E faze-os renderem-se;
Confunda suas políticas,
Frustra seus enganosos gestos,
Em Ti colocamos nossas esperanças,
Deus salve a todos nós.

III
Os melhores presentes,
Que seja agradável lhe dar;
Por muito tempo ela possa reinar.
Que ela defenda nossas leis,
E sempre nos dê motivos,
Para cantar com coração e voz,
"Deus salve a Rainha".

REPÚBLICA CENTRO-AFRICANA

O hino nacional da República Centro-Africana, adotado em 1960, foi escrito pelo primeiro presidente do país, Barthelémy Boganda (1910-1959). Boganda, além exercer o cargo de político, foi ordenado padre católico em 1938. Ele faleceria em 1959, vítima de um acidente aéreo. A música do hino foi composta pelo francês Herbert Pepper (1912-2001), que também compôs o hino do Senegal.

HINO

La Renaissance

O Centrafrique, ô berceau des Bantous!
Reprends ton droit au respect, à la vie!
Longtemps soumis,
Longtemps brimé partous,
Mais de ce jour brisant la tyrannie.
Dans le travail, l'ordre et la dignité,
Tu reconquiers ton droit, ton unité,
Et pour franchir cette étape nouvelle,
De nos ancêtres la voix nous appelle.

Coro
Au travail dans l'ordre et la dignité,
Dans le respect du droit dans l'unité,
Brisant la misère et la tyrannie,
Brandissant l'étendard de la Patrie.

TRADUÇÃO :: TIAGO JOSÉ BERG

A Renascença

Ó África Central, ó berço dos Bantos![1]
Retome teu direito ao respeito, à vida!
Por tempos submissa,
Por tempos sujeita por todos,
Mas neste dia derrotou a tirania.
No trabalho, a ordem e a dignidade,
Tu reconquistaste teus direitos, tua unidade,
E por superar esta nova etapa,
De nossos ancestrais a voz nos chama.

Coro
Ao trabalho na ordem e na dignidade,
No respeito do direito na unidade,
Destruindo a miséria e a tirania,
Balançando o estandarte da Pátria!

---

1   Os bantos são uma etnia da África Equatorial e Meridional.

REPÚBLICA DOMINICANA

O hino nacional da República Dominicana foi composto em 1883 pelo maestro José Reyés (1835-1905), e pediu à Emilio Prud'homme (1856-1932) que fizesse uma poesia para aquela composição, apresentada pela primeira vez em 17 de agosto do mesmo ano na capital Santo Domingo. Devido às incoerências na letra original, o hino foi corrigido por Prud'homme e publicado em 1897. O deputado Rafael García Martínez enviou um projeto de lei ao Congresso Nacional para análise do hino, que foi adotado em 7 de junho daquele ano, entretanto, a composição não chegou a ser oficializada pelo Executivo. Como o país passou por uma vida política conturbada no começo do século XX, em 20 de maio de 1934 a canção seria formalmente aprovada como hino nacional.

HINO

Quisqueyanos valientes, alcemos
Nuestro canto con viva emoción,
Y del mundo a la faz ostentemos
Nuestro invicto glorioso pendón.

¡Salve el pueblo que intrépido y fuerte,
A la guerra a morir se lanzó
Cuando en bélico reto de muerte
Sus cadenas de esclavo rompió.

Ningún pueblo ser libre merece
Si es esclavo indolente y servil;
Si en su pecho la llama no crece
Que templó el heroísmo viril.

Mas Quisqueya la indómita y brava
Siempre altiva la frente alzará:
Que si fuere mil veces esclava
Otras tantas ser libre sabrá.

TRADUÇÃO :: TIAGO JOSÉ BERG

Quisqueyanos[1] valentes, ergamos
Nosso canto com viva emoção,
E do mundo à face ostentemos
Nosso invicto e glorioso pendão.

Salve! O povo que intrépido e forte,
À guerra a morrer se lançou
Quando no bélico desafio da morte
Suas correntes de escravo rompeu.

Nenhum povo ser livre merece
Se é escravo, indolente e servil;
Se em seu peito o ardor não cresce,
Que inflamou o heroísmo viril.

Mas Quisqueya, a indomada e brava,
Sempre altiva sua fronte erguerá:
Que se for mil vezes escrava
Outras tantas ser livre saberá.

---

1 Quisqueya é a expressão nativa para o nome da ilha de Hispaniola (que compreende duas nações: República Dominicana e Haiti) e "quisqueyanos" é a designação na língua taino referente aos dominicanos.

REPÚBLICA TCHECA

A canção nacional dos tchecos surgiu originalmente em 1834 como parte de uma peça teatral chamada *Fidlovačka*. O poema de Josef Kajetán Tyl (1808-1856) recebeu música de František Jan Škroup (1801-1862), cuja melodia homenageava sua falecida esposa. A canção tornou-se popular por volta de 1860 e seria declarada hino oficial da Tchecoslováquia em 1918. Após a separação pacífica da Eslováquia, em 1º de janeiro de 1993, *Kde domov můj?* (Onde está meu lar?), como é intitulado, permaneceu como hino nacional da República Tcheca.

HINO

Kde Domov Můj?

I
Kde domov můj, kde domov můj?
Voda hučí po lučinách,
Bory šumí po skalinách,
V sadě skví se jara květ,
Zemský ráj to na pohled!
A to je ta krásná země,
Země česká, domov můj,
Země česká, domov můj!

II
Kde domov můj, kde domov můj?
V kraji znáš-li Bohu milém,
Duše útlé v těle čilém,
Mysl jasnou, vznik a zdar,
A tu sílu vzdoru zmar?
To je Čechů slavné plémě,
Mezi Čechy domov můj,
Mezi Čechy domov můj!

TRADUÇÃO :: TIAGO JOSÉ BERG

Onde Está meu Lar?

I
Onde está meu lar, onde está meu lar?
A água murmura pelos prados,
Pinheirais sussurram nos montes,
As flores brotam nos pomares,
Semelhantes ao paraíso;
E esta é aquela bela terra,
A terra Tcheca, o meu lar,
A terra Tcheca, o meu lar!

II
Onde está meu lar, onde está meu lar?
Se em uma terra divina, se encontrar...
Jovens almas em corpo ágil,
De mente clara, vigorosa e próspera,
Com a força que vence todo o desafio!
Essa é a gloriosa estirpe dos Tchecos,
Dentre os Tchecos, o meu lar,
Dentre os Tchecos, o meu lar!

ROMÊNIA

Deşteaptă-te, Române! (Desperta-te, Romeno!) foi escrito pelo poeta, jornalista e tradutor Andrei Muresianu (1816-1863) durante a revolução pela qual passava o país, em 1848. A música ficou a cargo de Anton Pann (1796-1854), que além de compositor também atuava como poeta e etnógrafo. A canção foi executada pela primeira vez no dia 29 de junho daquele mesmo ano, ganhando popularidade entre o povo romeno a partir de então. Devido à sua enérgica mensagem e fervor patriótico, o hino foi cantado nos momentos cruciais da história recente do país, reaparecendo com força durante os protestos anticomunistas em 22 de dezembro de 1989, quando foi cantado nas ruas pela população. Em abril de 1990, *Deşteaptă-te, Române!* seria declarado oficialmente hino nacional da Romênia. Entre 1881 e 1990, o país adotou quatro hinos nacionais em diferentes contextos de sua história. Entre 1991 e 1994, a Moldávia (país vizinho e que possui fortes laços culturais com os romenos) também havia adotado *Deşteaptă-te, Române!* como seu hino nacional.

HINO

Deşteaptă-te, Române!

I
Deşteaptă-te, române,
Din somnul cel de moarte,
În care te-adânciră
Barbarii de tirani!
Acum ori niciodată
Croieşte-ţi altă soartă,
La care să se-nchine şi
Cruzii tăi duşmani!

TRADUÇÃO
:: CONSULADO GERAL DA ROMÊNIA NO RIO DE JANEIRO

Desperta-te, Romeno!

I
Desperta-te, romeno,
Deste sono de morte
Em que te mergulharam
Os bárbaros tiranos!
Agora ou nunca toma
Nas mãos a tua sorte
À qual se curvem mesmo
Teus rivais desumanos!

II
Acum ori niciodată să dam
Dovezi în lume
Că-n aste mâni mai curge
Un sânge de roman,
Şi că-n a noastre piepturi păstrăm
Cu fală-un nume
Triumfător în lupte,
Un nume de Traian!

III
Priviţi, măreţe umbre,
Mihai, Ştefan, Corvine,
Româna naţiune,
Ai voştri strănepoţi,
Cu braţele armate,
Cu focul vostru-n vine,
"Viaţă-n libertate ori moarte!"
Strigă toţi.

IV
Preoţi, cu crucea-n frunte!
Căci oastea e creştină,
Deviza-i libertate şi
Scopul ei preasfânt,
Murim mai bine-n luptă,
Cu glorie deplină,
Decât să fim sclavi iarăşi în
Vechiul nost' pământ!

II
Agora ou nunca demos
As provas para o mundo
Que em nossas veias corre
Um sangue do romeno,
Que em nosso peito o orgulho
Mantemos bem profundo
Triunfador na luta,
Um nome de Trajano![1]

III
Olhai, vultos grandiosos,
Mihai, Stefan, Corvine,[2]
A romena nação
Dos vossos descendentes,
No braço armado a fogo
Dos vossos paladinos,
"Independência ou Morte!"
Bradamos veementes.

IV
A sacra cruz à frente,
Nossa arma e nossa história,
Divisa é a liberdade
Que um santo sonho encerra:
Melhor morrer na luta,
Mas cobertos de glória,
Que outra vez ser escravos
Em nossa própria terra!

---

1 Trajano foi um imperador romano que conquistou o povo da Dácia (o que originaria posteriormente o povo romeno) em 106 d.C.
2 Nomes dos príncipes romenos dos séculos XV e XVI cujos três principados que se fundiriam para formar o território da Romênia do século XIX: Valáquia, Moldávia e Transilvânia.

RUANDA

No dia 31 de dezembro de 2001, Ruanda substituiu seus símbolos nacionais, adotados logo após a independência, em 1962. A nova bandeira, brasão e hino foram apresentados à população no estádio nacional da capital Kigali pelo presidente Paul Kagame. A nova letra do hino foi escrita por Faustin Murigo, acompanhada da música composta pelo capitão da banda marcial do exército ruandês Jean-Bosco Hoshakaimana.[1]

HINO

Rwanda Nziza

I
Rwanda nziza gihugu cyacu
Wuje imisozi, ibiyaga n'ibirunga
Ngobyi iduhetse gahorane ishya.
Rekatukurate tukuvuge ibigwi
Wowe utubumbiye
Hamwe twese
Abanyarwanda uko watubyaye
Berwa, sugira,
Singizwa iteka.

II
Horana Imana murage mwiza
Ibyo tugukesha ntibishyikirwa:
Umuco dusangiye uraturanga
Ururimi rwacu rukaduhuza
Ubwenge, umutima, amaboko yacu
Nibigukungahaze bikwiye
Nuko utere imbere
Ubutitsa.

TRADUÇÃO :: TIAGO JOSÉ BERG

Ruanda: nosso Belo País

I
Ruanda, nosso belo e querido país,
Adornado por colinas, lagos e vulcões,
Pátria-Mãe, sempre nos cubra de felicidade,
Nós, todos os teus filhos: Abanyarwanda[2]
Cantamos teu esplendor
E aclamamos teus altos feitos,
Tu és um seio maternal para todos nós,
Sejas sempre admirada,
Próspera e coberta de elogios.

II
Preciosa herança, que Deus te proteja;
Tu nos cobre de bens inestimáveis,
Nossa cultura comum nos identifica,
Nossa única língua nos unifica,
Que nossa sabedoria, consciência e forças,
Cubram-te de diversas riquezas
Para um renovado desenvolvimento
Sem cessar.

---

1 As datas de nascimento do autor e compositor ainda não estão disponíveis.
2 Em kinyarwanda (língua oficial do país) significa: ruandeses, por extensão, filhos de Ruanda; todos aqueles que em comum habitam suas terras.

III
Abakurambere b'intwari
Bitanze batizigama
Baraguhanga uvamo ubukombe
Utsinda ubukoroni na mpatsebihugu
Byayogoje Afurika yose
None uraganje mu bwigenge
Tubikomeyeho uko
Turi twese.

IV
Komeza imihigo Rwanda dukunda
Duhagurukiye kukwitangira
Ngo amahoro asabe
Mu bagutuye
Wishyire wizane muri byose
Urangwe n'ishyaka, utere imbere
Uhamye umubano
N'amahanga yose
Maze ijabo ryawe riguhe ijambo.

III
Nossos valorosos ancestrais
Deram seus corpos e almas
E fizeram de ti uma grande nação,
Tu superaste o jugo colonial-imperialista
Que devastou a África inteira,
E tens a alegria da soberana independência,
Adquirida e que,
Constantemente defenderemos.

IV
Mantendo esta soberania, Ruanda amada,
De pé, nós nos comprometemos contigo,
A fim de que a paz reine
Em toda a nossa pátria,
Que és livre de todo e qualquer entrave,
Que tua determinação, o progresso engaje,
Que excelente seja
Tua relação com os outros países,
E que o teu orgulho vale essa estima.

RÚSSIA

Nos últimos dias do ano 2000, o presidente Vladimir Putin aprovou a proposta de mudança do hino nacional russo que foi adotado em 1991, após o fim da era soviética. Esse hino, chamado *Patriotiskaya Pesn* (Canção Patriótica) curiosamente ao título, não possuía uma letra oficial para ser cantada; sua música foi baseada na obra do compositor clássico Mikhail Ivanovich Glinka (1804-1857). O novo hino resgatou a melodia que Alexandr Vasilievich Alexandrov (1883-1946) compôs para ser o hino da União Soviética entre 1944 e 1991. Sergei Vladimirovich Mikhalkov (1913-), também autor da letra do hino da URSS, escreveu a nova letra do hino nacional da Federação Russa.

HINO

I
Rossiya svyaschennaya nasha dyerzhava
Rossiya lyubimaya nasha strana!
Moguchaya volya vyelikaya slava
Tvoyo dostoyan'ye na vsya vryemyena!

Coro
Slav'sya Otechestvo, nashe svobodnoye
Bratskikh narodov soyuz vyekovoy
Predkami dannaya mudrost' narodnaya
Slav'sya strana my gordimsya toboy!

II
Ot yuzhnykh morey do polyarnogo kraya
Raskinulis' nashi lesa i polya.
Odna ty na svete odna ty takaya
Khranimaya bogom rodnaya zyemlya!

TRADUÇÃO
:: EMBAIXADA DA FEDERAÇÃO DA RÚSSIA EM BRASÍLIA

I
Ó Rússia – nosso Estado sagrado!
Ó Rússia – nosso amado País!
Vontade de ferro e glória grande
Pertencem agora e sempre a ti.

Coro
Viva a nossa Pátria livre,
Povos irmãos – união secular,
Sabedoria dos antepassados.
Viva, ó Pátria, de ti orgulhamos!

II
Dos mares do sul aos gelos polares[1]
Estendem-se nossos espaços sem fim.
No mundo és única, uma de todas,
Ó terra natal, protegida por Deus!

---

1 Esta é uma referência ao tamanho do território da Federação Russa, que se estende latitudinalmente desde as ilhas árticas próximas às calotas glaciais do Pólo Norte até os mares que demarcam o Sul de suas fronteiras, como o mar Negro e o mar Cáspio (que na verdade é um imenso lago salgado). A Rússia é territorialmente o maior país do mundo, com uma área total de 17.075.400 km², estendendo-se no sentido longitudinal desde o enclave de Kaliningrado, na zona do mar Báltico, até a península de Kamchatka e os arquipélagos no Extremo Oriente, em particular as ilhas Curilas.

III
Shirokiy prostor dlya mechty i dlya zhizni
Gryaduschiye nam otkryvayut goda.
Nam silu dayot nasha vernost' Otchiznye
Tak bylo, tak yest' i tak budet vsyegda!

III
As vastas larguras dos sonhos e vida
Os anos vindouros prometem a nós.
Fidelidade à Pátria dá-nos a força.
Tem sido assim e será para sempre!

SAMOA

O hino nacional de Samoa, chamado "A Bandeira da Liberdade", foi composto por Sauni liga Kuresa (1900-1978). O título é uma referência à bandeira do país, que foi adotada e apresentada com o hino, em 1º de janeiro de 1962, quando o país se tornou independente.

HINO

Samoa Tula'i

Samoa, tula'i ma sisi ia
Lau fu'a, lou pale lea;
Samoa, tula'i ma sisi ia
Lau fu'a, lou palelea;
Vaai i na fetu o loo ua agiagia ai;
Le faailoga lea o Iesu na maliu ai mo
Samoa Oi! Samoa e,
Uu mau lau pule ia faavavau.
'Aua e te fefe, o le Atua lo ta fa'a vae
O lota Sa'o lotoga,
Samoa, tula'i, ia
Agiagia lau Fu'a lou pale lea!

TRADUÇÃO :: TIAGO JOSÉ BERG

A Bandeira da Liberdade

Samoa, erga-se e agite
A bandeira que é sua coroa.
Oh! Veja e sinta as estrelas
No pendão drapejante.
Elas são o sinal
Que a Samoa pode se conduzir.
Oh! Samoa, assegure firmemente
Sua liberdade para sempre!
Não tema, pois foste criada por Deus;
Nossa estima é a preciosa liberdade.
Samoa, erga-se e agite
Sua bandeira que é sua coroa!

SAN MARINO

O *Inno Nazionale* (Hino Nacional), como é chamado o título do hino da República de San Marino foi adotado em 11 de setembro de 1894. A música é de autoria do compositor italiano Federico Consolo (1841-1906), baseada em um coral do século X de um breviário da *Biblioteca Medicea Laurenziana*. O hino não possui uma letra oficial, apesar de que foi atribuído ao poeta italiano Giosué Carducci (1835-1907) a composição de alguns versos para ele. Várias sugestões para a adoção de uma letra surgiram, mas nenhuma se tornou oficial. Uma das versões mais populares é chamada de *Oh antica Repubblica* (Oh antiga República!).

SANTA LÚCIA

Em 1967, a então colônia britânica de Santa Lúcia obteve maior autonomia para administrar os assuntos internos da ilha. Foi nesse ano que o país adotou seu hino nacional, com letra do historiador e reverendo Charles Jesse (1897-1985) e música do compositor Leton Felix Thomas (1926-), que mais tarde se tornaria Ministro da Educação do país. O hino foi reconfirmado em 1979, quando Santa Lúcia conquistou sua independência completa.

. . . .

HINO

I
Sons and daughters of Saint Lucia
Love the land that gave us birth.
Land of beaches, hills and valleys,
Fairest isle of all the earth.
Wheresoever you may roam, love,
Oh love, our island home.

II
Gone the days when nations battled
For this Helen of the West.
Gone the days when strife and discord,
Dimmed her children's toil and rest.
Dawns at last a brighter day,
Stretches out a glad new way.

III
May the Good Lord bless our island;
Guard her sons from woe and harm.
May our people, live united,
Strong in soul and strong in arm.
Justice, truth and charity,
Our ideals forever be.

TRADUÇÃO :: TIAGO JOSÉ BERG

I
Filhos e filhas de Santa Lúcia,
Amem a terra que nos deu o nascer.
Terra de praias, montes e vales,
A ilha mais nobre de toda a Terra.
Ame-a, donde puder percorrer,
Oh ame, nossa ilha natal.

II
Passados os dias quando as nações batalharam,
Por esta Helena do Ocidente.[1]
Passados os dias quando a luta e discórdia,
Fustigaram o trabalho e descanso a teus filhos,
Amanhece afinal, um dia brilhante,
Espalhando um alegre rumo novo.

III
Que o Bom Senhor abençoe nossa ilha;
Guarde teus filhos da angústia e injúria.
Que nosso povo viva unido,
De alma forte e com braço forte.
Justiça, verdade e caridade,
Sejam nossos ideais eternamente.

---

1 Nome associado a Helena de Tróia, que na mitologia grega era conhecida por sua beleza; uma metáfora às formosas paisagens da ilha.

SÃO CRISTÓVÃO E NÉVIS

A pequena federação caribenha de São Cristóvão e Névis tornou-se independente em 19 de setembro de 1983. Naquele ano, a composição de Kenrick Anderson Georges (1955-) foi adotada como hino nacional do país.

HINO

O Land of Beauty!
Our country where peace abounds,
Thy children stand free
On the strength of will and love.
With God in all our struggles,
Saint Kitts and Nevis be
A Nation bound together
With a common destiny.

As stalwarts we stand,
For justice and liberty,
With wisdom and truth
We will serve and honour thee.
No sword nor spear can conquer,
For God will sure defend.
His blessings shall for ever
To posterity extend.

TRADUÇÃO :: TIAGO JOSÉ BERG

Oh Terra de Belezas!
Nosso país onde a paz abunda,
Teus filhos levantam-se livres,
Na pujança da vontade e amor.
Com Deus em todos os nossos empenhos,
São Cristóvão e Névis sejam,
Uma nação que avança junto
A um destino em comum.

Destemidos nós resistimos,
Por justiça e liberdade,
Com sabedoria e verdade,
Serviremos e honraremos a ti.
Nem espada, nem lança podem conquistar,
A segura defesa de Deus por vontade.
Suas bênçãos devem para sempre
Se estender pela posteridade.

SÃO TOMÉ E PRÍNCIPE

São Tomé e Príncipe, país insular localizado na região do Golfo da Guiné, na África Ocidental, adotou seu hino nacional logo após conquistar a independência de Portugal, em 12 de julho de 1975. O hino foi escrito pela poetisa Alda Neves da Graça do Espírito Santo (1926-), que entre 1975 e 1991 ocupou os cargos de ministra da Cultura, dos Assuntos Sociais e da Educação. A música foi composta por Manuel dos Santos Barreto de Sousa e Almeida (1933-).

HINO

Coro
Independência total,
Glorioso canto do povo,
Independência total,
Hino sagrado de combate.
Dinamismo
Na luta nacional,
Juramento eterno
No país soberano de São Tomé e Príncipe.

I
Guerrilheiro da guerra sem armas na mão,
Chama viva na alma do povo,
Congregando os filhos das ilhas
Em redor da Pátria Imortal.

II
Independência total, total e completa,
Construindo, no progresso e na paz,
A nação mais ditosa da Terra,
Com os braços heróicos do povo.

Coro
Independência total,
Glorioso canto do povo.
Independência total,
Hino sagrado de combate.

III
Trabalhando, lutando, lutando e vencendo,
Caminhamos a passos gigantes
Na cruzada dos povos africanos,
Hasteando a bandeira nacional.

IV
Voz do povo, presente, presente em conjunto,
Vibra rijo no coro da esperança
Ser herói na hora do perigo,
Ser herói no ressurgir do País.

Coro
Independência total,
Glorioso canto do povo,
Independência total,
Hino sagrado de combate.
Dinamismo
Na luta nacional,
Juramento eterno
No país soberano de São Tomé e Príncipe.

SÃO VICENTE E GRANADINAS

O hino desta nação caribenha foi adotado em 1969, quando as ilhas conseguiram maior autonomia perante o governo britânico. A letra foi escrita por Phyllis Joyce McClean Punnett (1917-2004) e a música ficou a cargo de Joel Bertram Miguel (1938-). Em 27 de outubro de 1979, durante a cerimônia da independência, o primeiro ministro Robert Milton Cato hasteou a bandeira enquanto o hino foi cantado pelo coral.

HINO

I
Saint Vincent! Land so beautiful,
With joyful hearts we pledge to thee
Our loyalty and love, and vow
To keep you ever free.

Coro
Whate'er the future brings,
Our faith will see us through.
May peace reign from shore to shore,
And God bless and keep us true.

II
Hairoun! Our fair and blessed Isle,
Your mountains high, so clear and green,
Are home to me, though I may stray,
A haven, calm, serene.

III
Our little sister islands are
Those gems, the lovely Grenadines,
Upon their seas and golden sands
The sunshine ever beams.

TRADUÇÃO :: TIAGO JOSÉ BERG

I
São Vicente! Terra tão bela,
Com corações joviais a ti empenhamos,
Nossa lealdade, amor e votos,
Para manter-lhe sempre livre.

Coro
Tudo o que o futuro trouxer,
Nossa fé nos verá lado a lado.
Que a paz reine de costa a costa,
E a graça de Deus nos mantenha sinceros.

II
Hairoun![1] Nossa digna e abençoada Ilha,
Tuas altas montanhas, tão claras e verdes,
São um lar para mim, aonde posso ficar,
Como um céu, calmo e sereno.

III
Nossas pequenas ilhas irmãs são
Estas gemas, as amadas Granadinas,
Sobre estes mares e areias douradas
À luz do sol que sempre irradia.

---

1 Nome local dado à ilha pertencente a São Vicente.

SEICHELES

No dia 18 de junho de 1996, o parlamento da República de Seicheles adotou um novo hino nacional, conhecido por *Koste Seselwa* (Uníssonos Seichelenses), substituindo o antigo hino criado em 1978. A letra e a música foram compostas por David François Marc André (1958-) e Georges Charles Robert Payet (1959-). Além do hino, foram apresentados ao público neste dia a nova bandeira e o novo brasão de armas do país.

HINO

Koste Seselwa

Sesel ou menm nou sel patri
Kot nou viv dan larmoni
Lazwa, lanmour ek lape
Nou remersye Bondye

Preserv labote nou pei
Larises nou losean
En leritaz byen presye
Pour boner nou zafan

Reste touzour dan linite
Fer monte nou paviyon
Ansanm pou tou leternite
Koste Seselwa.

TRADUÇÃO :: TIAGO JOSÉ BERG

Uníssonos Seichelenses

Seicheles, só tu és nossa pátria
Onde nós vivemos em harmonia,
A jóia, o amor e a paz
Que nós agradecemos a Deus.

Preservemos a beleza de nosso país,
As riquezas de nosso oceano,
Uma herança preciosa:
Para o bem de nossos filhos.

Somos sempre unidos
Ao hastear nosso pavilhão.
Juntos, por toda a eternidade,
Uníssonos Seichelenses!

SENEGAL

O hino nacional de Senegal foi adotado logo após sua independência da França, em 1960. A letra foi escrita por Leopold Sedar Senghor (1906-2001), que além de poeta foi o primeiro presidente do país. A música é do compositor francês Herbert Pepper (1912-2001), que também compôs o hino nacional da República Centro-Africana.

HINO

I
Pincez, tous, vos koras,
Frappez le balafons!
Le Lion rouge a rugi.
Le Dompteur de la Brousse
D'un bond s'est élancé,
Dissipant les ténèbres,
Soleil sur nos terreurs,
Soleil sur notre espoir.
Debout, frères! Voici l'Afrique rassemblée.

Coro
Fibres de mon cœur vert,
Épaule contre épaule.
Mês plus-que frères, ô Sénégalais, debout!
Unissons la mer et les sources, unissons
La steppe et la forêt. Salut Afrique Mère!

II
Senegal, toi le fils de l'écume du Lion,
Toi surgi de la nuit
Au galop des chevaux
Rends-nous, oh! Rends-nous
L'honneur de nos Ancêtres.

TRADUÇÃO :: TIAGO JOSÉ BERG

I
Toquem, todos, vossos koras,[1]
Soem os balafões![2]
O rubro Leão rugiu:
O domador das selvas
De um salto lançou-se,
Dissipando as trevas,
Alvor de nossos temores,
Alvor de nossa esperança.
De pé, irmãos! Eis a África reunida.

Coro
Fibras de meu vivo coração,
Ombro a ombro.
Meus maiores irmãos, ó Senegaleses, de pé!
Uníssonos ao mar e às fontes, uníssonos
À estepe e à floresta. Saúdam a África Mãe!

II
Senegal, tu és filho do suor do Leão,
Tu surgiste da noite
Ao galope dos cavalos
Reavemos, oh! Reavemos
A honra de nossos ancestrais.

---

[1] Instrumento musical vibrado pelo polegar, cujo som aparenta o de uma harpa.
[2] O balafo é um instrumento musical africano semelhante a um xilofone.

Splendides comme ébène	Esplêndidos como ébano
Et forts comme le muscle,	E fortes como o músculo,
Nous disons droits –	Nós diremos com razão –
L'épée n'a pas une bravure.	Sem a espada não há bravura!

III

III

Sénégal, nous faisons nôtre	Senegal, nós faremos nosso
Ton grand dessein	O teu grande desígnio
Rassembler les poussins à l'abri des milans	Ao reunir os pintinhos a salvo dos falcões
Pour en faire, de l'Est à l'Ouest,	Em fazer, do Leste ao Oeste,
Du Nord au Sud,	Do Norte ao Sul,
Dressé, um même peuple,	Endireitando, um mesmo povo,
Um peuple sans couture,	Um povo a congregar,
Mais um peuple tourné vers	Mas um povo que enfrentará
Tous les vents du monde.	Todos os ventos do mundo.

IV

IV

Sénégal, comme toi,	Senegal, como tu,
Comme tous nos héros,	Como todos os nossos heróis,
Nous serons durs sans haine	Nós seremos firmes sem odiar
Et les deux brás ouverts.	E de braços abertos.
L'épee, nous la mettons dans la paix	A espada, durante a paz
Du fourreau,	Nós guardamos na bainha,
Car le travail sera notre arme et la parole.	Pois o trabalho será nossa palavra e arma,
Le Bantou est un frère,	O Banto[3] é um irmão,
At l'Arabe et le Blanc.	Como o Árabe e o Branco.

V

V

Mais que si l'Ennemi incendie nos frontières,	Mas, se o Inimigo inflamar nossas fronteiras,
Nous serons tous dressés	Nós estaremos todos de pé,
Et les armes au poing:	Com as armas em punho:
Un Peuple dans sa foi	Um povo em sua fé
Défiant tous les malheurs,	Desafiando todos os males,
Les jeunes et les vieux,	Os jovens e os velhos,
Les hommes et les femmes.	Os homens e as mulheres.
La Mort oui! Nous disons la Mort,	À Morte, sim! Nós diremos à Morte,
Mais pas la honte.	Mas não à vergonha.

---

3 Os bantos são uma etnia da África Equatorial e Meridional.

SERRA LEOA

Serra Leoa, país localizado na costa da África Ocidental, adotou seu hino nacional na mesma data da independência: 27 de abril de 1961. A letra é de autoria de Clifford Nelson Fyle (1933-2006) e a música de John Joseph Akar (1927-1975).

HINO

I

High we exalt thee,
Realm of the free,
Great is the love we have for thee;
Firmly united, ever we stand
Singing thy praise, o native land.
We raise up ours hearts
And our voices on high
The hills and valleys re-echo our cry
Blessing and peace be ever thine own
Land that we love, our Sierra Leone.

II

One with faith that wisdom inspires
One with a zeal that never tires
Ever we seek to honour thy name
Ours is the labour, thine fame
We pray that no harm
On thy children may fall
That blessing and peace
May descend on us all;
So may we serve thee ever alone
Land that we love, our Sierra Leone.

TRADUÇÃO :: TIAGO JOSÉ BERG

I

Nós te exaltamos aos céus,
Reino dos livres,
Grande é o amor que nós temos por ti;
Firmemente unidos, sempre de pé,
Cantando a teu louvor, ó terra natal.
Nós elevamos nossos corações
E nossas vozes aos céus,
Os montes e vales ressoam nosso clamor;
Tua paz e graça sejam para sempre,
A terra que amamos, nossa Serra Leoa.

II

Só com uma fé que a sabedoria inspira,
Só com um zelo que nunca se cansa,
Nós sempre buscamos honrar teu nome,
E é o nosso labor, a tua fama.
Rogamos para que nada
Aconteça a teus filhos,
Que a graça e a paz
Descendam em todos nós,
Assim sempre podemos só a ti servir,
A terra que amamos, nossa Serra Leoa.

III
Knowledge and truth
Our forefathers spread
Mighty the nations whom the lead
Mighty they made thee, so too may we
Show forth the good
That is ever in thee
We pledge our devotion,
Our strength and our might
Thy cause to defend
And to stand for thy right
All that we have be ever thine own
Land that we love our Sierra Leone.

III
Sabedoria e verdade
Nossos ancestrais difundiram,
Para aqueles que regem a força das nações;
Vigorosa te fazem, assim também seguiremos,
Conduzindo adiante a bondade
Que sempre há em ti.
Nós garantimos nossa devoção,
Nossa força e poder,
Para defender a tua causa
E por teus direitos lutar;
Tudo o que sempre fomos é próprio de ti,
A terra que amamos, nossa Serra Leoa.

SÉRVIA

O hino nacional da Sérvia, chamado *Bože pravde* (Deus, o Justo) foi escrito em 1872 por Jovan Djordjević (1826-1900) e a música composta por Davorin Jenko (1835-1914). Ele seria adotado pela primeira vez entre 1904 e 1918. Um novo hino, sob o título de *Hej Sloveni* (Hei, Eslavos!) foi adotado com a criação da Iugoslávia, país que duraria até 1992, cujo nome seria mantido até 2003, quando foi mudado para Federação da Sérvia e Montenegro. *Bože pravde* foi restaurado no final de 2006, depois do fim da Federação que a Sérvia mantinha com Montenegro.

HINO

Bože Pravde

Bože pravde, ti što spase
Od propasti dosad nas,
Čuj i odsad naše glase
I od sad nam budi spas

Moćnom rukom vodi, brani
Budućnosti srpske brod,
Bože spasi, Bože hrani
Srpske zemlje, srpski rod!

Složi srpsku braću dragu
Na svak dičan slavan rad
Sloga biće poraz vragu
A najjači srpstvu grad.

Nek na srpskoj blista grani
Bratske sloge znatan plod
Bože spasi, Bože hrani
Srpske zemlje, srpski rod!

TRADUÇÃO
: EMBAIXADA DA REPÚBLICA DA SÉRVIA EM BRASÍLIA

Deus, o Justo

Deus, o Justo, Tu que nos salvaste
Da ruína até agora
Ouças as nossas vozes
E sejas a nossa salvação, agora também.

Com a Tua mão poderosa guie e proteja
O barco do futuro da Sérvia
Deus ajude e salve
O povo sérvio e suas terras!

Una a nossa querida irmandade
Na construção gloriosa do país
A nossa unidade fará a derrota do diabo
E será a nossa melhor arma.

Que os frutos dourados brilhem
Da árvore da unidade sérvia
Deus ajude e salve
O povo sérvio e suas terras!

Nek na srpsko vedro čelo
Tvog ne padne gneva grom
Blagoslovi Srbu selo polje
Njivu, grad i dom!

Kad nastupe borbe dani
K' pobedi mu vodi hod
Bože spasi, Bože hrani
Srpske zemlje, srpski rod!

Iz mračnoga sinu groba
Srpske slave novi sjaj
Nastalo je novo doba
Novu sreću, Bože daj!

Otadžbinu srpsku brani
Pet vekovne borbe plod
Bože spasi, Bože brani
Moli ti se srpski rod!

Senhor! Afaste de nós Tua vingança,
Trovão de Tua temida ira;
Abençoe cada cidade e vila,
Montanha, prado, coração e torre sérvios.

Quando avançarmos em direção à batalha
Guie-nos até a vitória
Deus ajude e salve
O povo sérvio e suas terras!

Depois da escuridão
Aparece a luz
E do desespero da mais cruel escravidão
A Sérvia mais uma vez renasce!

Proteja a nossa pátria
Fruto da luta de cinco séculos
Deus ajude e salve-nos
Assim roga o povo sérvio!

SÍRIA

O hino nacional da República Árabe Síria foi escrito em 1936 por Khalil Mardam Bey (1895-1959) e a música composta por Mohammad Salim Flayfel (1899-1986) e Ahmad Salim Flayfel (1906-1991). Em 1958 a Síria constituiu com o Egito a chamada "República Árabe Unida" e foi estabelecido um "hino híbrido" sírio-egípcio. Em 1961, quando a união entre os dois países acabou, a Síria retomou o hino adotado originalmente em 1936.

HINO

Humath al diari aleikum salam
Abt aan tozala al nafusu al kiram
Aareiunu al urubthi beyton haram
Wa Aarshu al shumusu himan la yudam

Robughu al shami buruju al Aala
Tuhaki al suma'a bia'ali alsana
Fa ardon za het bilshumus al widaa'a
Samaon lamroka ou ka sama.

TRADUÇÃO :: TIAGO JOSÉ BERG

Defensores da pátria, a paz sobre vós,
Nosso nobre espírito não será subjugado,
A base do arabismo, santuário consagrado,
Assento das estrelas, proteção inviolável.

As planícies da Síria são fortalezas nas alturas
Como um céu abaixo das nuvens
Uma terra resplandecente com dias brilhantes
Se tornando outro céu, ou quase um céu.

SOMÁLIA

Entre 1960 e 2000 a Somália adotou um hino sem letra, com melodia do compositor italiano Giuseppe Blanc (1886-1969). Em virtude da crise política que viveu o país durante a década de 1990, o governo provisório da Somália adotou um novo hino no ano de 2000, chamado de *Somaliyaay toosoo* (Desperta-te Somália). A autoria da letra é atribuída a Ali Mire Awale e o compositor da música é desconhecido. Fontes[1] informam que o hino data de 1947, mas informações mais precisas a respeito do conteúdo da letra não foram divulgadas pelo governo provisório da Somália.

---

1 Segundo o serviço consular de Washington, nos Estados Unidos, a embaixada da Somália naquele país não funciona desde 8 de maio de 1991. Na Missão Permanente do país nas Nações Unidas não se conseguiu da mesma forma uma resposta satisfatória. As informações adicionais foram retiradas de sites de representações não-oficiais da República da Somália.

SRI LANKA

Em janeiro de 1948, o governo do Sri Lanka organizou um concurso para a escolha de seu futuro hino nacional. A composição criada por Ananda Samarakone (1911-1962) sagrou-se vencedora e foi executada pela primeira vez no dia da independência, em 4 de fevereiro de 1948, por um grupo de quinhentos alunos do Colégio Musaeus, da capital Colombo e transmitida por uma emissora de rádio local. Além da versão original, escrita por Samarakone em idioma cingalês, foram adicionados mais tarde à letra os versos em idioma tamil, cuja autoria é desconhecida. O hino foi oficializado quatro anos depois, em 1952.

HINO (CINGALÊS)

Sri Lanka Matha, apa Sri Lanka,
Namo Namo Namo Namo Matha.
Sundara siri barini, surndi athi
Sobamana Lanka.
Dhanya dhanaya neka mal pala thuru piri,
Jaya bhoomiya ramya.
Apa hata spa siri setha sadana,
Jee vanaye Matha!
Piliganu mana apa bhakti pooja,
Namo Namo Matha.
Apa Sri Lanka, Namo Namo
Namo Namo Matha.

Obave apa vidya obamaya apa
Sathya obave apa shakti
Apa hada thula bhakti oba apa aloke
Apage anuprane oba apa
Jeevana ve apa muktiya obave
Nava jeevana demine nithina apa
Pubudu karan matha
Gnana veerya vadawamina ragana yanu
Mana jaya bhoomi kara
Eka mavekuge daru kala bavina

HINO (TAMIL)

Sri Lanka Thaayé, nam Sri Lanka,
Namo Namo Namo Namo Thaayé.
Nallelil poli Seeranee,
Nalangal yaavum Niraivaan mani Lanka
Gnaalam puhala vala vayal nathi malai
Malar narum solai kol Lanka.
Namathuru puhalidam ena olir vaai,
Namathuyire Thaayé!
Namathalai ninathadi mail vyththomé
Namo Namo Thaayé.
Nam Sri Lanka, Namo Namo
Namo Namo Thaayé.

Yamu yamu wee nopama
Prema vadamu sama bheda durara da
Namo Namo Matha.
Apa Sri Lanka, Namo Namo
Namo Namo Matha.

TRADUÇÃO :: TIAGO JOSÉ BERG

Mãe Lanka[1] nós te adoramos!
Abundante em prosperidade,
Formosa em virtude e amor;
Ornada com cereais e saborosos frutos
E perfumadas flores de cores radiantes,
Profira a vida e todos os valores,
Nossa terra de júbilo e vitória,
Receba nosso grato elogio sublime,
Lanka, Nós te adoramos!

Tu nos deste saber e verdade,
Tu és nossa força e íntima fé,
Nossa divina luz e existência,
Alento de vida e libertação.
Conceda-nos a inspiração,
E inspire-nos para sempre.
Em sabedoria e vigor renovados,
Toda má vontade,
Ódio e discórdia cessaram,
Envolvida no amor, uma poderosa nação
Marchando adiante, como uma só,
Nos conduza, oh Mãe,
À mais completa liberdade.

---

[1] Neste caso, no recurso literário usado pelo autor, a pátria assume o sentido metafórico de "mãe". Com relação ao nome "Lanka", na língua hindustani e cingalesa significa, em linguagem sacra, "resplandecente". O prefixo "Sri" precede muitos nomes geográficos da região e significa "santo" ou "sagrado". Assim, seu nome significa "a ilha sagrada e resplandecente" (OTERO, 2006).

SUAZILÂNDIA

O Reino da Suazilândia localiza-se na África austral, na divisa entre a África do Sul e Moçambique. No dia da independência, em 6 de setembro de 1968, o país também adotou seu hino nacional, com letra de Andrease Enoke Fanyana Simelane (1934-) acompanhada da melodia composta pelo britânico David Kenneth Rycroft (1924-1997).

HINO

Nkulunkulu Mnikati
Wetibusiso temaSwati;
Siyatibonga tonkhe tinhlanhla,
Sibonga iNgwenyama yetfu,
Live netintsaba nemifula.

Busisa tiphatsimandla takaNgwane
Nguwe wedvwa Somandla wetfu;
Sinike kuhlakanipha
Lokungenabucili
Simise, usicinise, Simakadze.

TRADUÇÃO :: TIAGO JOSÉ BERG

Ó Senhor, nosso Deus,
Conceda graças aos suazi;[1]
Nós Te agradecemos por toda felicidade,
Nós ofertamos graças e louvores a nosso rei,
Nesta digna terra, com estes rios e montes.

Que tuas graças possam reger esse país,
A força e o poder estão em Ti;
Nós Te rogamos, nos dê o saber,
Para os males vencer,
Constitua-nos, fortifique-nos, Pai Eterno.

---

1 Os suazi são uma etnia banto no Sul da África, constituindo a maior parte da população da Suazilândia.

SUDÃO

O hino nacional da República do Sudão foi composto inicialmente para ser o hino das Forças Armadas do país. A letra foi escrita por Sayed Ahmad Muhammad Salih (1896-1971) acompanhada da música de Ahmad Murjan (1905-1974). Como após a declaração de independência, em 1º de janeiro de 1956, o governo sudanês ainda não tinha definido um hino oficial, decidiu adotar a canção como hino nacional.

HINO

Nahnu Djundullah
Djundulwatan.
In Da A Da Il Fida Lam Nakhun.
Natahaddal Maut Endalmihan.
Nashta Ril Madjd
Bi Aghlathaman.
Hathihil Ard Lana! Falyaish Sudanuna,
Alaman Bayn Al Umam.
Ya Benissudan, Hatharamzukum;
Yah Miluleb, Wa Yahmi Ardakum.

TRADUÇÃO :: TIAGO JOSÉ BERG

Nós somos o exército de Deus
E de nossa terra.
Não falharemos se chamados ao sacrifício.
Que na brava morte, sofrimento ou dor,
Daremos nossas vidas
Como o preço da glória.
Que nossa terra, o Sudão, viva muito tempo!
Mostrando a todas as nações o caminho.
Filhos do Sudão, chamados a servir agora:
Assumam a tarefa de proteger vosso país!

SUÉCIA

A letra de *Du gamla, du fria* (Ó velho, ó livre) foi escrita pelo folclorista e autor de baladas Richard Dybeck (1811-1877) e adaptada a uma melodia popular na província de Västmanland, por volta de 1844. No final do século XIX ela começou a ser cantada mais freqüentemente e, com o decorrer do tempo, passou a ser considerada o hino nacional da Suécia.

. . . .

HINO

Du Gamla, du Fria

Du gamla, du fria, du fjällhoga Nord,
Du tysta, du glädjerika sköna!
Jag halsar dig,
Vänaste land uppå jord,
Din sol, din himmel,
Dina ängder gröna,
Din sol, din himmel,
Dina ängder groan.

Du tronar på minnen från
Fornstora da'r,
Då ärat ditt namn
Flög över jorden.
Jag vet att du är och du blir, vad du var.
Ja, jag vill leva,
Jag vill dö i Norden,
Ja, jag vill leva,
Jag vill dö i Norden.

TRADUÇÃO
:: EMBAIXADA REAL DA SUÉCIA EM BRASÍLIA[1]

Ó Velho, ó Livre

Ó velho, ó livre, ó montanhoso Norte,
Ó beleza silenciosa, cheia de alegria!
Eu te saúdo,
Ó mais adorável país sobre a Terra,
O teu sol, o teu céu,
Os teus prados verdejantes,
O teu sol, o teu céu,
Os teus prados verdejantes.

O teu trono repousa sobre as memórias
Dos grandes dias de outrora,
Quando o teu nome glorioso
Voou através do Mundo.
Eu sei que tu és e serás o que tu foste.
Oh, eu quero viver,
Eu quero morrer na terra nórdica!
Oh, eu quero viver,
Eu quero morrer na terra nórdica!

---

1 Fonte: Instituto Sueco. Dados sobre a Suécia, dezembro de 1997.

SUÍÇA

No verão de 1841, o sacerdote e compositor Alberich Zwyssig (1808-1854), natural do cantão de Uri, recebeu uma carta que continha um poema patriótico escrito por Leonhard Widmer (1808-1867). Zwyssig fez um arranjo musical com os versos do poema em alemão, intitulando-o *Schweizerpsalm* (Salmo Suíço). Ele seria cantado pela primeira vez no dia 22 de novembro daquele mesmo ano na comuna de Zug, próximo da cidade de Zurique. O hino foi ganhando popularidade entre os cantões do país e entre 1894 e 1953 o Conselho Federal pleiteou a aprovação do hino; entretanto, para isso, ele determinou que o hino nacional suíço não deveria ser imposto por decreto, mas escolhido livremente pelo povo através do seu uso regular. Finalmente, em 1961, o "Salmo Suíço" foi adotado, substituindo outros dois hinos que também eram usados pelos suíços e aprovado em 1º de abril de 1981, quase 140 anos depois de ter sido cantado pela primeira vez. O hino é cantado em quatro línguas: além do poema em alemão, a versão em francês é da autoria de Charles Chatelanat (1833-1907) e a letra em idioma italiano é de Camillo Valsangiacomo (1898-1978). Já a versão em romanche foi adicionada pelo governo suíço.[1]

HINO (ALEMÃO)

Schweizerpsalm

I
Trittst im Morgenrot daher,
Seh'ich dich im Strahlenmeer,
Dich, du Hocherhabener, Herrlicher!
Wenn der Alpen Firn sich rötet,
Betet, freie Schweizer, beret.
Eure fromme Seele ahnt
Gott im hehren Vaterland!
Gott, den Herrn, im hehren Vaterland!

HINO (FRANCÊS)

Cantique Siusse

I
Sur nos monts, quand le soleil
Annonce un brillant réveil,
Et prédit d'un plus beau jour le retour,
Les beautés de la patrie
Parlent à l'âme attendrie;
Au ciel montent plus joyeux
Les accents d'un cœur pieux
Les accents émus d'un cœur pieux.

---

1 A autoria da tradução em romanche é de Gion Antoni Bühler (1825-1897) e em sulverish (uma variação do retoromanche falada no vale do Reno) é de Alfons Tuor (1871-1904).

II
Kommst im Abendglühn daher,
Find'ich dich im Sternenheer,
Dich, du Menschenfreundlicher, Liebender!
In des Himmels lichten Räumen
Kann ich froh und selig träumen;
Denn die fromme Seele ahnt
Gott im hehren Vaterland!
Gott, den Herrn, im hehren Vaterland!

III
Ziehst im Nebelflor daher,
Such'ich dich im Wolkenmeer,
Dich, du Unergründlicher, Ewiger!
Aus dem grauen Luftgebilde
Bricht die Sonne klar und milde,
Und die fromme Seele ahnt
Gott im hehren Vaterland!
Gott, den Herrn, im hehren Vaterland!

IV
Fährst im wilden Sturm daher,
Bist du selbst uns Hort und Wehr,
Du, allmächtig Waltender, Rettender!
In Gewitternacht und Grauen
Laßt uns kindlich ihm vertrauen!
Ja, die frommer Seele ahnt
Gott, im hehren Vaterland,
Gott, den Herrn, im hehrem Vaterland

II
Lorsqu'un doux rayon du soir
Joue encore dans les bois noir,
Le cœur se sent plus heureux près de Dieu.
Loin dês vains bruits de la plaine
L'âme em paix est plus sereine;
Au cieu montent plus joyeux
Les accents d'un cœur pieux
Les accents émus d'un cœur pieux.

III
Lorsque dans la sombre nuit
La foudre éclate avec bruit,
Notre cœur present encore le Dieu fort;
Dans l'orage et la détresse,
Il est notre forteresse.
Oiffrons-lui des cœurs prieux,
Dieu nous bénira des cieux,
Dieu nous bénira du haut des cieux.

IV
Des grands monts vient le secours,
Suisse, èspere en Dieu toujours!
Garde la foi des aïeux, vis comme eux!
Sur l'autel de la patrie
Mets tes biens, ton cœur, ta vie!
C'est le trésor précieux
Que Dieu bénira des cieux,
Que Dieu bénira du haut des cieux.

HINO (ITALIANO)

Salmo Svissero
I
Quando bionda aurora
Il mattin c'indora
L'alma mia t'adora. Re del ciel!
Quando l'alpe già rosseggia

HINO (ROMANCHE)

Psalm Svizzer
I
En l'aurora la damaun
Ta salida il carstgaun,
Spiert etern dominatur, Tutpussent!
Cur ch'ils munts straglischan sura,

A pregare allor t'atteggia;
In favor del patrio suol,
Cittadino Iddio lo vuol,
Cittadino Dio, sì Dio lo vuol.

II
Se di stelle è un giubilo
La celeste sfera
Te ritrovo a sera. O Signor!
Nella notte silenziosa
L'alma mia in Te riposa:
Libertà, concordia, amor,
All'Elvezia serba ognor,
All'Elvezia serba ognor.

III
Se di nubi un velo
M'asconde il tuo cielo
Pel tuo raggio anelo. Dio d'amore!
Fuga o sole quei vapori
E mi rendi i tuoi favori:
Di mia patria deh! Pietà
Brilla, o sol di verità,
Brilla sol, o sol di verità!

IV
Quando rugge e strepita
Impetuoso il nembo
M'è ostel tuo grembo. O Signor!
In te fido Onnipossente
Deh, proteggi nostra gente;
Libertà, concordia, amor,
All'Elvezia serba ognor
All'Elvezia serba ognor.

Ura liber Svizzer, ura.
Mia olma senta ferm,
Mia olma senta ferm Dieu en tschiel,
Il bab etern, Dieu en tschiel, il bab etern.

II
Er la saira en splendur
Da las stailas en l'azur
Tai chattain nus, creatur, Tutpussent!
Cur ch'il firmament sclerescha en noss cors
Fidanza crescha.
Mia olma senta ferm,
Mia olma senta ferm Dieu en tschiel,
Il bab etern, Dieu en tschiel, il bab etern.

III
Ti a nus es er preschent
En il stgir dal firmament,
Ti inperscrutabel spiert, Tutpussent!
Tschiel e terra t'obedeschan
vents e nivels secundeschan.
Mia olma senta ferm,
Mia olma senta ferm Dieu en tschiel,
Il bab etern, Dieu en tschiel, il bab etern.

IV
Cur la furia da l'orcan
Fa tremblar il cor uman
Alur das ti a nus vigur, Tutpussent!
Ed en temporal sgarschaivel
Stas ti franc a nus fidaivel.
Mia olma senta ferm,
Mia olma senta ferm Dieu en tschiel,
Il bab etern, Dieu en tschiel, il bab etern.

TRADUÇÃO :: TIAGO JOSÉ BERG
Salmo Suíço

I
Sobre nossos montes, quando o sol
Anuncia um brilhante despontar,
E prediz mais um belo dia a retornar;
As belezas de nossa pátria
Dizem à alma enternecida;
Ao céu sobem mais felizes
Os suspiros dos corações devotos,
Os suspiros intensos dos corações devotos.

II
Quando um brando raio da tarde
Ainda toca sobre os negros bosques,
O coração se sente mais feliz perto de Deus.
Longe dos vãos rumores da planície
A alma em paz é mais serena;
Ao céu sobem mais felizes
Os suspiros dos corações devotos,
Os suspiros intensos dos corações devotos.

III
Quando sobre a escura noite
O raio luz com o trovoar,
Nosso coração pressente o Deus forte;
Na tempestade e na angústia,
Ele é a nossa fortaleza.
Ofereça-lhes os corações devotos,
Deus nos abençoará dos céus,
Deus nos abençoará do alto dos céus.

IV
Dos grandes montes vêm a ajuda,
Suíça, sempre a espere em Deus!
Guarde a fé dos ancestrais, viva como eles!
Sobre o altar da pátria
Siga tuas bondades, teu coração, tua vida!
É este o tesouro precioso
Que Deus abençoará dos céus,
Que Deus abençoará do alto dos céus.

SURINAME

A música do hino do Suriname nasceu por volta de 1876, composta por Johannes Corstianus de Puy (1835-1924), quando o país era uma colônia holandesa. Em 1893, Cornelis Atses Hoekstra (1852-1911) escreveu os versos em holandês para a música. Mais tarde foi acrescentada a versão em sranan (língua nativa do país) por Henry de Ziel (1916-1975). O hino seria adotado oficialmente em 1959 e confirmado após a independência do país, em 25 de novembro de 1975.

HINO (HOLANDÊS)

God zij met ons Suriname
Hij verheft ons heerlijk land
Hoe wij hier ook samen kwamen
Aan zij grond zijn wij verpand
Werkend houden we'n gedachten
Recht en waarheid maken vrij
Al wat goed is te betrachten
Dat greeft aan ons land waardij.

TRADUÇÃO (HOLANDÊS)
:: EMBAIXADA DA REPÚBLICA DO SURINAME EM BRASÍLIA

Deus está conosco Suriname
Ele exalta nosso agradável país
Como chegamos juntos aqui
Estamos comprometidos com sua terra
Ao trabalhar temos um pensamento
Direito e verdade criam a liberdade
Praticar tudo que é bom
Isto dará valor ao nosso país.

HINO (SRANAN)

Opo konderman oen opo,
Sranan gron e kari oen
Wans ope tata komopo
Wi moe seti kondre boen
Stre f'ste wi no as freed
Gado de wi fesi man
Heri libi te na dede
Wi sa feti go Sranan.

TRADUÇÃO (SRANAN)
:: EMBAIXADA DA REPÚBLICA DO SURINAME EM BRASÍLIA

Levanta-se compatriotas
A terra do Suriname chama vocês
Não importa de onde vieram seus antepassados
Temos que cuidar bem de nosso país
Nós lutaremos sem ter medo
Deus nos protegerá
A vida inteira até a morte
Lutaremos pelos Suriname.

TAILÂNDIA

Composto por Phra Chenduriyang (1883-1968), filho de um imigrante alemão e cujo nome original era Peter Feit, o hino tailandês foi apresentado pela primeira vez em 24 de junho 1932, logo após o Sião adotar o regime de monarquia constitucional. A melodia teve sua primeira letra escrita por Khun Wichitmatra, mas quando o Sião mudou seu nome para Tailândia, em 1939, surgiu a necessidade de reformular a letra. Organizou-se então um concurso para a escolha de uma nova letra, sagrando-se vencedor o poema de Luang Saranuprapan (1896-1954), um coronel do Exército Real tailandês. Em 10 de dezembro de 1939 o hino foi declarado oficial pelo governo do país.

HINO

Pra thet thai ruam nu'a chat chu'a thai,
Pen pra cha rat pha thai
Kho'ng thai thuk suan.
Yu dam rong khong wai dai thang muan
Duay thai luan mai rak sa mak khi
Thai nii rak sa ngop
Tae thu'ng rop mai khalt
Eek ka rat cha mai
Hai khrai khom khi Sa la luat thuk
Yat pen chat phli
Tha loeng pra
Thet chat thai
Tha wi mi chat
Chai yo.

TRADUÇÃO :: TIAGO JOSÉ BERG

Tailândia que une em seu bojo o povo thai,[1]
A terra tailandesa
Pertence aos thais.
Longa deve manter-se vossa soberania,
Pois o povo thai sempre foi unido.
Nós, os thais
Somos pacíficos e carinhosos,
Mas na guerra também somos corajosos,
Nossa independência
Nunca há de ser roubada,
Daremos nosso sangue
Por nossa pátria amada,
Por nossa segurança,
Liberdade e prosperidade.

---

1 Thai (ou Tai) é a principal etnia constituinte da população tailandesa.

TAIWAN (REPÚBLICA DA CHINA)

O hino nacional de Taiwan, escrito por Sun Yat-Sen (1866-1925), foi apresentado durante um discurso para estudantes da Academia Militar de Whampoa em 16 de junho 1924. Conhecido por *San Min Chu-i* (Os três princípios do Povo), o manuscrito se tornou mais tarde a canção do partido nacionalista chinês: o Kuomintang. Em 1928, Cheng Mao-Yun (1900-1957) compôs a música da canção partidária que se tornaria oficialmente o hino nacional da República da China[1] em 1937. A canção seria escolhida o mais belo hino nacional durante os Jogos Olímpicos de Berlim, na Alemanha, em 1936. Quando o governo nacionalista chinês foi estabelecido a partir de 1949 em Taiwan, os símbolos nacionais foram mantidos.

HINO

San Min Chu-i
Wu tang so tsung,
I chien min kuo.
I chin ta tung tsu erh to shih.
Wei min chien feng
Su yeh fei hsieh.
Chu i shih tsung.
Shih chin shih yung pi hsin pi chung.
I hsin I the kuan chen shih chung!

TRADUÇÃO :: TIAGO JOSÉ BERG

San Min Chu-i,[2]
Nossa meta será fundar uma nação livre,
A paz é nosso símbolo,
Adiante correligionários, sois a vanguarda,
Mantendo firme vossa meta.
Pelo sol e as estrelas,
Sejam decididos e bravos,
Vossa pátria deve salvar-se.
Um coração, uma alma, uma mente!

---

1 Devemos distinguir a "República da China", fundada em 1912 no território continental e estabelecida depois de 1949 na ilha de Taiwan (conhecida também por Formosa) da "República Popular da China", fundada em 1º de outubro de 1949 pelo Partido Comunista Chinês e que ocupa o atual território continental de aproximadamente 9 milhões de quilômetros quadrados.
2 Esta frase pode ser traduzida literalmente como "Os três princípios do povo" – uma doutrina político-filosófica fundada em 1898 pelo dr. Sun Yat-Sen que estabelecia: o direito à soberania, à democracia e ao bem-estar do povo através do "governo do povo, pelo povo e para o povo".

TAJIQUISTÃO

Após declarar sua independência da União Soviética, na data de 9 de setembro de 1991, o Tajiquistão manteve a música de seu hino nacional, composto em 1946 pelo maestro de origem uzbeque Suleiman Yudakov (1916-1990), na época em que o país era uma República Socialista Soviética. Em 7 de setembro de 1994 uma nova letra foi adotada para o hino, escrita pelo poeta Gulzanar Keldi (1945-).

· ·

HINO

I
Diori arjmandi mo,
Ba bakhti mo sari azizi tu baland bod,
Saodati tu, davlati tu begazand bod.
Zi durii zamonaho rasidaem,
Ba zeri parchami tu saf kashidaem,
Kashidaem!

Coro
Zinda bosh, ey Vatan,
Tojikistoni ozodi man!

II
Baroi nangi nomi mo
Tu az umedi raftagoni mo nishonai,
Tu bahri vorisoni jahon jovidonai,
Khazon namerasad ba navbahori tu,
Ki mazrai vafo buvad kanori tu, kanori tu!

III
Tu modare yagonai,
Baqoi tu buvad baqoi khonadoni mo,
Maromi tu buvad
Maromi jismu joni mo.
Zi tu saodati abad nasibi most,
Tu hastivu hama jahon habibi most,
Habibi most!

TRADUÇÃO :: TIAGO JOSÉ BERG

I
Nosso amado país,
Alegra-nos ver a tua dignidade,
Eterna e próspera seja vossa felicidade.
Que desde outrora alcançamos,
De pé, sob teu pendão,
Teu pendão!

Coro
Vida longa, minha Pátria,
Meu livre Tajiquistão!

II
Tu és um símbolo de nossa esperança
De honra e dignidade ancestral,
Tu és um eterno mundo para teus filhos,
Tua fonte nunca há de secar,
Nós resistimos leais a ti, leais a ti!

III
Tu és uma mãe para todos nós,
Teu futuro é também nosso futuro,
Teu sentido é o sentido
De nossos corpos e almas,
Nos conceda a eterna felicidade.
Por tua causa, amamos o mundo,
Amamos o mundo!

TANZÂNIA

Após conquistar sua independência no dia 9 de dezembro de 1961, a República de Tanganica adotou um hino nacional baseado na música de *Nkosi Sikelel' iAfrica* (Deus Abençoe a África), canção muito popular que foi composta por Enoch Mankayi Sontonga (1860-1904) na Missão de Lovedale, Província do Cabo, na África do Sul, em 1897. O hino foi escrito coletivamente na língua kiswahili e seria mantido quando o arquipélago de Zanzibar se uniu ao país para formar a República Unida da Tanzânia, em 26 de abril de 1964.

HINO

Mungu Ibariki Afrika

I
Mungu ibariki Afrika
Wabariki viongozi wake
Hekima, umoja na amani
Hizi ni ngao zetu
Afrika na watu wake.

Coro
Ibariki, Afrika
Ibariki, Afrika
Tubariki, watoto wa Afrika.

II
Mungu ibariki Tanzania
Dumisha uhuru na umoja
Wake kwa waume na watoto
Mungu, Ibariki
Tanzania, na watu wake.

Coro
Ibariki, Tanzania
Ibariki, Tanzania
Tubariki, watoto wa Tanzania.

TRADUÇÃO :: TIAGO JOSÉ BERG

Deus Abençoe a África

I
Deus abençoe a África,
Abençoe seus líderes.
Que a sábia unidade,
E a Paz sejam a proteção,
Da África e seu povo.

Coro
Abençoe a África.
Abençoe a África.
Abençoe-nos, filhos da África.

II
Deus abençoe a Tanzânia,
Permita eterna liberdade e unidade
A seus filhos e filhas.
Deus, abençoe.
A Tanzânia e seu povo.

Coro
Abençoe a Tanzânia.
Abençoe a Tanzânia.
Abençoe-nos, filhos da Tanzânia.

TIMOR LESTE

O hino nacional de Timor Leste nasceu na véspera da declaração de independência, em 27 de novembro de 1975. No ano seguinte, o país seria anexado pela Indonésia e os símbolos nacionais foram proibidos. A letra do hino[1] foi escrita pelo poeta e jornalista Fransisco Borja da Costa (1946-1976), com música de Afonso Maria do Santíssimo Redentor Araújo (1946-1979). Quando Timor Leste recuperou sua independência nacional, em 20 de maio de 2002, o hino foi adotado.

HINO

Pátria, Pátria, Timor Leste, nossa Nação.
Glória ao povo e aos heróis da nossa libertação.
Pátria, Pátria, Timor Leste, nossa Nação.
Glória ao povo e aos heróis da nossa libertação.
Vencemos o colonialismo, gritamos:
Abaixo o imperialismo.
Terra livre, povo livre
Não, não, não à exploração!
Avante unidos firmes e decididos.
Na luta contra o imperialismo.
O inimigo dos povos, até à vitória final.
Pelo caminho da revolução!

---

1 Atualmente a maior parte da população timorense fala a língua tétum e não existe ainda uma tradução oficial do poema escrito em português.

TOGO

O hino nacional togolês, com letra e música de Alex Casimir-Dosseh (1923-2007) foi originalmente adotado durante a independência do país, em 27 de abril de 1960. Ele duraria até o ano de 1979, quando foi substituído por uma nova canção em virtude do regime político de partido único que vigorava no país. Restaurado em abril de 1991, com a volta do multipartidarismo, o hino foi reconfirmado pela nova constituição de 14 de outubro de 1992.

HINO

I
Salut à toi, pays de nos aieux!
Toi qui les rendais forts, paisibles et joyeux,
Cultivant vertu, vaillance
Pour la postérité.
Que viennent les tyrans,
Ton cœur soupire vers la liberté.
Togo, debout! Luttons sans défaillance,
Vainquons ou mourons, mais dans la dignité.
Grand Dieu, Toi seul nous as exaltés
Du Togo pour la prospérité,
Togolais, viens! Batissons la Cité!
II
Dans l'unité nous voulons te servir,
C'est bien là de nos cœurs
Le plus ardent désir.
Clamons fort notre devise
Que rien ne peut ternir.
Seuls artisans de ton bonheur
Ainsi que de ton avenir,
Brisons partout
Les chaînes, la traîtrise
Et nous te jurons toujours fidélité
Et aimer, servir, se dépasser,
Faire encore de toi sans nous lasser
Togo Chéri, l'Or de l'Humanité.

TRADUÇÃO :: TIAGO JOSÉ BERG

I
Salve a ti, país de nossos ancestrais!
Tu que lhes fizeste fortes, pacíficos e felizes,
Cultivando a virtude, o valor...
Pela posteridade.
Que venham os tiranos?
Teu coração suspira por liberdade.
Togo, de pé! Lutamos sem cessar,
Vençamos ou morramos, mas em dignidade.
Grande Deus, só Tu a nos exaltar,
Do Togo rumo à prosperidade,
Togoleses, venham! Edificamos a Nação!
II
Em unidade nós queremos te servir,
Eis aqui o mais ardente
Desejo de nossos corações.
Brademos nossa divisa
Que nada pode ofuscar...
Únicos artesãos de tua ventura
E também de teu futuro,
Rompamos por toda a parte
As correntes, a traição
E nós te juramos fidelidade para sempre
E amar, servir, se admirar,
Fazer ainda mais por ti sem nos cansar
Togo Querido, o Ouro da Humanidade.

TONGA

Com letra do príncipe Uelingatoni Ngu Tupoumalohi (1854-1885) e música do alemão Karl Gustavus Schmitt (1834-1900), o hino nacional do Reino de Tonga é usado desde sua primeira apresentação, em 1874, quando as ilhas eram um protetorado britânico. O país se tornaria independente em 4 de junho de 1970, preservando seu hino centenário.

HINO

'E 'Otua Mafimafi,
Ko ho mau 'Eiki Koe,
Ko Koe Koe fa la la 'anga,
Mo ia 'ofa ki Tonga;

'Afio hifo 'emau lotu,
'Aia 'oku mau fai ni,
Mo Ke tali homau loto,
'O mala'i 'a Tupou.

TRADUÇÃO :: TIAGO JOSÉ BERG

Oh Deus Onipotente no céu,
Tu és nosso Senhor, seguro defensor,
Em bondade, nós confiamos em Ti,
E nossa Tonga Te ama;

Ouça nossa prece, ainda que no além,
Saibamos que abençoaste nossa terra,
Conceda nossa sincera súplica,
E proteja Tupou,[1] o nosso Rei.

---

[1] George Tupou I (1797-1893) foi o primeiro rei de Tonga. Durante seu reinado ele conseguiu unificar o arquipélago, fundando inclusive a capital do país, Nuku'alofa, em 1845. O atual rei de Tonga é George Tupou V (1948-).

TRINIDAD E TOBAGO

O hino foi originalmente composto pelo guianense Patrick Stanislaus Castagne (1916-2000) para ser o hino da "Federação das Índias Ocidentais", formada em janeiro de 1958 por várias ilhas caribenhas. Em maio de 1962 a federação foi dissolvida e a composição tornou-se o hino nacional de Trinidad e Tobago na data de sua independência, em 31 de agosto do mesmo ano.

HINO

Forged from the love and liberty,
In the fires of hope and prayer,
With boundless faith in our destiny,
We solemnly declare:
Side by side we stand,
Islands of the blue Caribbean Sea.
This our native land,
We pledge our lives to thee.
Here ev'ry creed and race
Find an equal place,
And may God bless our nation.
Here ev'ry creed and race
Find an equal place,
And may God bless our nation.

TRADUÇÃO :: TIAGO JOSÉ BERG

Forjados do amor e liberdade,
Nas chamas de esperança e louvor,
Com ilimitada fé em nosso destino,
Nós declaramos solenemente:
Lado a lado estamos de pé,
Ilhas do azul Mar do Caribe.
Esta é nossa terra natal,
Empenhamos nossas vidas por ti.
Aqui toda crença e raça
Acham um lugar igual,
E que Deus abençoe nossa nação.
Aqui toda crença e raça
Acham um lugar igual,
E que Deus abençoe nossa nação.

TUNÍSIA

O hino nacional da Tunísia foi adotado em 12 de novembro de 1987, substituindo o primeiro hino, escolhido em 1958, após a independência do país. A letra, que foi escrita na década de 1930, é de autoria dos poetas Mustafá Sadik Al-Rafii (1880-1937) e Aboul Kacem Chabbi (1909-1934), acompanhada da música do egípcio Mohamad Abdel Wahab (1915-1991), que também compôs o hino nacional dos Emirados Árabes Unidos.

HINO

Humata 'L-hima Ya Humata 'L-hima
Halummu, Halummu, Li-majdi 'Z-zaman
Laqad Sarakhat Fil-'uruqi 'D-dima
Namutu, Namutu, Wa-yahya 'L-watan
Li-tadwi 'S-samawatu Bira 'diha
Li-tarmi 'S-sawa'iqu Niranaha
Ila 'Izzi Tunis Ila Majdiha
Rijala L-biladi Wa-shubbanaha
Fala Asha Fi Tunisa Man Khanaha
Wa-la Asha Man Laysa Min Jundiha
Namutu Wa-nahya 'Ala 'Ahdiha
Hayata 'L-kirami Wa-mawta 'L-'izam.

TRADUÇÃO :: TIAGO JOSÉ BERG

Ó defensores da Pátria!
Reencontremos a glória de nosso tempo!
Corre o sangue em nossas veias,
Nós morremos por nossa terra.
Que os céus rujam com o trovão,
Que o raio reluza com o fogo;
Os homens e jovens da Tunísia,
Se levantem por sua glória e poder.
Nenhum lugar aos traidores na Tunísia,
Somente à aqueles que a defendam!
Nós vivemos e morremos leais à Tunísia,
Em uma vida digna e uma morte gloriosa!

TURCOMENISTÃO

O título oficial do hino nacional turcomeno é: "Independente, Neutral, Hino Estatal do Turcomenistão". Ele faz referência ao ex-presidente do país: Saparmurat Atayevich Niyazov (1940-2006), um *Turkmenbashi*.[1] A letra foi escrita por uma comissão presidencial e ratificada pelo próprio Niyazov em 2000.[2] A música foi composta em 1997 por Veli Mukhatov (1916-2005).

HINO

Garassyz, Baky Bitarap,
Türkmenistanyn Döwlet Gimni

Coro
Türkmenbaşyň guran beýik binasy
Berkarar döwletim, jigerim - janym.
Başlaryn täji sen, diller senasy
Dünýä dursun, sen dur, Türkmenistanym!

I
Janym gurban sana,
Erkana ýurdum
Mert pederleň ruhy
Bardyr könülde.
Bitarap, Garaşsyz
Topragyn nurdur
Baýdagyn belentdir
Dünýan önünde.

TRADUÇÃO :: TIAGO JOSÉ BERG

Independente, Neutral,
Hino Estatal do Turcomenistão

Coro
Turkmenbashi, sua criação é imortal,
Oh estado soberano – terra natal,
Oh Turcomenistão, canção e país ilustre,
Viva eternamente e sempre prospere!

I
Eu darei a minha vida
Por esta terra natal,
O espírito ancestral
Em seu coração não sucumbirá.
Minha bandeira sagrada
Pelo mundo tremulará,
Como um símbolo de grandeza,
Oh estado neutral.

---

1 Antigo líder tribal e guia supremo da unidade do povo turcomeno. Esse título foi instituído pelo próprio presidente Saparmurat Niyazov, que governou o país até a sua morte. Ele se autodeclarava um *Turkmenbashi*.
2 Com a morte do presidente Niyazov, em 21 de dezembro de 2006, o hino está passando por um processo de mudança.

II
Gardaşdyr tireler,
Amandyr iller
Owal-ahyr birdir
Bizin ganymyz.
Harasatlar almaz,
Syndyrmaz siller
Nesiller döş gerip
Gorar şanymyz.

III
Arkamdyr bu daglar,
Penamdyr düzler
Ykbalym, namysym,
Togabym, Watan!
Sana şek ýetirse,
kör bolsun gözler
Geçmişim, geljegim,
Dowamym, Watan!

II
A nação une-se
Nas veias de cada tribo;
O sangue dos ancestrais
Flui eternamente,
Nem tempestade,
Nem infortúnio temeremos,
Só a fama e glória
Nós expandiremos.

III
Montanhas, rios e flores
Nas belas estepes,
Tudo me está intrínseco
Ao destino e amor,
Encubra-se todo olhar
Que lhe seja ameaçador,
Por mim e meus ancestrais,
Viverá, oh Pátria!

TURQUIA

Istiklâl Marşi (A Marcha da Independência) é o título do hino nacional da Turquia, adotado no dia 12 de março de 1921. Concorreram para a escolha do hino 724 poemas, sagrando-se vencedora a letra escrita pelo renomado poeta Mehmet Akif Ersoy (1873-1936). Logo depois, a República da Turquia seria fundada, em 29 de outubro de 1923. A primeira música para o hino, que durou de 1924 a 1930 foi criada por Ali Rifat Çagatay (1869-1935). No ano de 1932, a música foi revisada e os arranjos do compositor Osman Zeki Üngör (1880-1958), que foi condutor da Orquestra Sinfônica Presidencial, deram novo acompanhamento à letra do hino nacional turco.

HINO

Istiklâl Marşi

Korkma, sönmez bu şafaklarda
Yüzen al sancak;
Sönmeden yurdumun
Üstünde tüten en son ocak.
O benim milletimin
Yildizıdir parlayacak;
O benimdir,
O benim milletimindir ancak.

Çatma, kurban olayim
Çehreni ey nazli hilal!
Kahraman irkima bir gül!
Ne bu siddet bu celal?
Sana olmaz dökülen
Kanlarimiz sonra helal,
Hakkidir, Hak'ka tapan,
Milletimin istiklal!

TRADUÇÃO :: TIAGO JOSÉ BERG

A Marcha da Independência

Não tema, bandeira carmesim,
Pairando neste alvor não irá cessar;
Antes que a última lareira ardente
Em minha nação se apagar.
Essa é a estrela de minha nação,
Ela brilhará;
Essa é minha
E à minha nação pertencerá.

Oh modesto crescente, te imploro,
Darei a minha vida por ti!
Sorria em minha heróica nação!
A qual raiva, a qual furor?[1]
Que nosso sangue derramado
Por ti não seja em vão,
Para a independência,
Direito de minha nação, que adora o Eterno!

---

1 Há um elemento literário na letra do hino e que não é notável de imediato. A bandeira turca é composta de um quarto crescente e uma estrela branca sobre um fundo carmesim. O poeta compara metaforicamente o crescente da bandeira à face de uma pessoa apreensiva pela última vitória (que parece difícil de alcançar, portanto, uma postura "modesta") ao mesmo tempo em que ela encoraja as tropas durante a batalha para alcançar a vitória final.

TUVALU

O pequeno arquipélago de Tuvalu, localizado na região da Polinésia, no oceano Pacífico, obteve sua independência da Grã-Bretanha em 1º de outubro de 1978. No mesmo ano, Afaese Manoa (1942-) compôs a letra e música do hino, inspirando-se na frase do brasão de armas do país: *Tuvalu mo te Atua*, que em tuvaluano significa "Tuvalu para o Todo-Poderoso".

HINO

Tuvalu mo te Atua

I
"Tuvalu mo te Atua"
Ko te Fakavae sili,
Ko te alu foki tena,
O te manuia katoa;
Loto lasi o fai,
Tou malo saoloto;
Fusi ake katoa
Ki te loto alofa;
Kae amo fakatasi
Ate atu fenua.
"Tuvalu mo te Atua"
Ki te se gata mai!

II
Tuku atu tau pulega
Ki te pule mai luga,
Kilo tonu ki ou mua
Me ko ia e tautai.
"Pule tasi mo ia"
Ki te se gata mai,
Ko tena mana
Ko tou malosi tena.
Pati lima kae kalaga
Ulufonu ki te tupu.
"Tuvalu ko tu saoloto"
Ki te se gata mai.

TRADUÇÃO :: TIAGO JOSÉ BERG

Tuvalu para o Todo-Poderoso

I
"Tuvalu para o Todo-Poderoso"
Cremos nestas preciosas palavras
Como povo ou como líderes,
De toda nossa Tuvalu.
Na sabedoria que Deus
Rege nos altos céus,
E que nós, nesta terra,
Unidos em Seu amor estamos.
Uma fiel fundação edificamos,
Quando na grande lei de Deus confiamos;
"Tuvalu para o Todo-Poderoso"
Seja eternamente nossa canção!

II
Doravante nossas vidas confiamos,
No Rei para o qual rogamos,
Com nossos olhos nele fitados;
Ele seja um exemplo a seguirmos.
"Que Ele em glória nos reja"
Seja eternamente nossa canção,
E seu onipotente poder seja
Nossa força de costa a costa.
Cante em alta voz com jubilação
Para o Rei no qual nós adoramos.
"Tuvalu unida e livre"
Seja eternamente nossa canção!

UCRÂNIA

O hino nacional da Ucrânia foi apresentado pela primeira vez em um teatro na cidade ucraniana de Lvov, em 1864. A letra, escrita em 1862 pelo etnógrafo Pavlo Platonovich Chyubynsky (1839-1884), recebeu música do sacerdote e compositor Mykhailo Verbytsky (1815-1870) no ano seguinte. O hino foi adotado durante a breve independência da Ucrânia (1917-1919). Ele renasceria em 5 de dezembro de 1991, após a declaração de independência da Ucrânia da União Soviética. Assim como as demais Repúblicas Socialistas Soviéticas, a Ucrânia possuía um hino estatal criado para ela entre 1949-1991. Em 6 de março de 2003 o parlamento aprovou a letra oficial do hino.

HINO

Shche ne vmerli Ukraini,
Ni slava, ni vola;
Shche nam, brattia molodii,
Usmikhnets'sia dola.

Zkynut' nashi vorozhen'ky,
Yak rossa na sonci,
Zapanuyem i my, brattia,
U svoii storonci.

Dushu tilo my polozhym
Za nashu svobodu!
I pokazhem, shcho my, brattia,
Kozakh'koro rodu!

TRADUÇÃO
:: CONSULADO GERAL DA UCRÂNIA EM CURITIBA

A Ucrânia ainda não morreu,
Nem a glória, nem a liberdade;
Ainda para nós, jovens irmãos,
Sorrirá o destino.

Perecerão nossos inimigos,
Como orvalho no sol,
E nós, irmãos, é que mandaremos
Nas nossas terras.

Entregaremos a alma e o corpo
Pela nossa liberdade!
E mostraremos que nós, irmãos,
Somos da estirpe dos cossacos![1]

---

1 Os cossacos eram conhecidos por serem habilidosos cavaleiros e soldados que surgiram por volta do século X, onde atualmente encontra-se a Ucrânia.

UGANDA

O hino nacional de Uganda é um dois mais curtos do mundo; sua partitura musical possui apenas nove compassos. Ele foi escrito e composto pelo professor de música George Wilberforce Kakoma (1923-) e oficializado em 9 de outubro de 1962, após vencer uma competição realizada para a escolha dos símbolos nacionais do país.

HINO

Oh Uganda! May God uphold thee,
We lay our future in thy hand.
United, free,
For liberty
Together we'll always stand.

Oh Uganda! The land of freedom.
Our love and labour we give,
And with neighbours all
At our country's call
In peace and friendship we'll live.

Oh Uganda! The land that feeds us
By sun and fertile soil grown.
For our own dear land,
We'll always stand,
The Pearl of Africa's Crown.

TRADUÇÃO :: TIAGO JOSÉ BERG

Oh! Uganda! Que Deus te proteja,
Nosso futuro está em tuas mãos.
Unidos, livres,
Por liberdade.
Juntos nós sempre estaremos.

Oh! Uganda! A terra da liberdade,
Nosso amor e labor ofertamos,
E com todos os vizinhos,
Ao chamado de nosso país,
Em paz e amizade viveremos.

Oh! Uganda! A terra que nos alimenta
Pelo sol e o fértil solo crescido.
Por nossa própria terra querida,
Nós sempre sustentaremos,
A Pérola da Coroa da África.

URUGUAI

O hino nacional do Uruguai foi escrito por Francisco Esteban Acuña de Figueroa (1791-1862) em 1833, acompanhado da música de Francisco José Debali (1791-1859), um compositor húngaro residente em Montevidéu. Figueroa e Debali também compuseram o hino do Paraguai. O hino uruguaio seria apresentado ao público pela primeira vez em 19 de julho de 1845.[1]

HINO

Coro
Orientales, la Patria, ó la tumba!
Libertad, ó con gloria morir!
Es el voto que el alma pronuncia,
Y que heroicos sabremos cumplir!

Libertad, libertad Orientales!
Ese grito a la Patria salvó,
Que a sus bravos en fieras batallas
De entusiasmo sublime inflamó.
De este don sacrosanto la gloria
Merecimos ¡Tiranos temblad!
Libertad en la lid clamaremos,
Y muriendo, también libertad!

TRADUÇÃO :: TIAGO JOSÉ BERG

Coro
Orientais,[2] a Pátria, ou a tumba!
Liberdade, ou com glória morrer!
És o voto que a alma pronuncia,
E que heróicos sabemos cumprir!

Liberdade, liberdade Orientais!
Este grito a Pátria salvou,
Que a seus bravos em ferozes batalhas
De entusiasmo sublime inflamou
Deste dom sacrossanto a glória
Merecemos. Tiranos tremei!
Liberdade na luta clamaremos,
E morrendo, também liberdade!

---

1 A versão completa do hino possui onze estrofes; a primeira é a mais cantada.
2 Os uruguaios denominam-se orientais devido à sua localização na margem oriental do rio Uruguai. No período colonial, as terras uruguaias eram conhecidas como "Banda Oriental" para diferenciá-las da margem ocidental, onde começava o atual território da Argentina.

UZBEQUISTÃO

Depois de se tornar uma das Repúblicas Socialistas que formaram a ex-União Soviética, um hino estatal foi composto para o Uzbequistão em 1947, com música de Mutal Burhonov (1916-2002). Quando o país declarou sua independência, em 1º de setembro de 1991, a música do hino nacional foi mantida e uma nova letra foi adotada em 1992, escrita pelo poeta e tradutor Abdulla Oripov (1941-).

HINO

I
Serquyash hur o'lkam,
Elge bakht najot
Sem o'zing do 'stlarga yo'ldosh, mehribon!
Yashnagay to abad limu fan, ijod
Shuhrating porlasin
Toki bor jahon!

Coro
Oltin bu vodiylar –
Jon O'zbekiston
Ajdodlar mardona
Ruhi senga yor!
Ulug' xalq qudrati jo'sh urgan zamon
Olamni mahliyo aylagan diyor!

II
Baghri keng o'zbekning
O'chmas iymoni
Erkin, yosh avlodlar
Senga zo'r qanot!
Istiqlol mash'ali, tinchlik posboni
Haqsevar, ona yurt, mangu bo'l obod!

TRADUÇÃO :: TIAGO JOSÉ BERG

I
Meu país, radiante e livre,
Salvação de teu povo,
Tu és um companheiro cordial aos amigos,
Floresça eternamente com ciência e saber,
Que a tua fama brilhe
Enquanto o mundo exista!

Coro
Estes vales áureos,
Querido Uzbequistão,
São o espírito varonil
De teus ilustres ancestrais!
Quando o grande poder do povo despertar
Tu serás o país a orgulhar o mundo!

II
A generosa fé dos uzbeques
Não há de cessar,
Livres, teus jovens filhos
São uma forte proteção!
A tocha da independência, guardiã da paz,
Virtuosa pátria, seja eternamente próspera!

VANUATU

Yumi, Yumi, Yumi (Nós, Nós, Nós) é assim chamado o hino nacional de Vanuatu em bislamá, língua melanésia falada neste arquipélago do Pacífico. François Vincent Ayssav (1955-) compôs a letra e música do hino, que foi adotado logo após a independência do país, em 30 de jullho de 1980.

HINO

Coro
Yumi, Yumi, Yumi i glat blong talem se,
Yumi, Yumi, Yumi i man blong Vanuatu!

God i givim ples ia long yumi,
Yumi glat tumas long hem,
Yumi strong moyumi fri long hem,
Yumi brata evriwan!

Plante fasin blong bifo i stap,
Plante fasin blong tedei,
Be yumi i olsem wan nomo,
Hemia fasin blong yumi!

Yumi save plante wok i stap,
Long ol aelan blong yumi,
God i help em yumi evriwan,
Hemi papa blong yumi.

TRADUÇÃO :: TIAGO JOSÉ BERG

Coro
Nós, nós, nós somos felizes em proclamar,
Nós, nós, nós somos o povo de Vanuatu!

Deus nos deu esta terra,
Por isso nos orgulhamos,
Somos fortes e livres nestas ilhas;
Somos nós todos irmãos!

Nós temos grandes tradições,
E descobrimos novos caminhos,
Agora seremos um único povo,
Nós seremos eternamente unidos!

Nós sabemos que há muito a ser feito
Em todas as nossas ilhas.
Deus ajude a todos nós,
Pois ele é o nosso Pai!

VATICANO

Em 1950, por ocasião da comemoração de mais um ano santo, Sua Santidade o papa Pio XII aprovou a "Marcha Pontifícia" de Charles-François Gounod (1818-1893) como hino nacional do Vaticano; executada oficialmente pela primeira vez em 24 de dezembro de 1949. A Marcha Pontifícia foi assim chamada por Gounod quando a compôs para homenagear o papa Pio IX, em 11 de abril de 1869. Com tal aprovação, ela passou a ser designada "Hino Pontifício", substituindo o antigo hino, composto por Vittorino Hallmayr em 1857 ao estilo da época. A letra em latim foi escrita por Raffaello Lavagna (1918-) e a versão em italiano por Salvatore Antonio Allegra (1905-1969).

HINO (LATIN)

O felix Roma – o Roma nobilis:
Sedes es Petri,
Qui Romae effudit sanguinem,
Petri cui claves datae
Sunt regni caelorum.
Pontifex, Tu successor es Petri;
Pontifex, Tu magister
Qui tuos confirmans fratres;
Pontifex, Tu qui Servus servorum Dei,
Hominumque piscator, pastor es gregis,
Ligans caelum et terram.
Pontifex, Tu Christi es Vicarius super terram,
Rupes inter fluctus, Tu es pharus in tenebris;
Tu pacis es vindex, Tu es unitatis custos,
Vigil libertatis defensor;
In Te potestas.
Tu Pontifex, firma es petra,
Et super petram
Hanc aedificata est Ecclesia Dei.
Pontifex, Tu Christi

HINO (ITALIANO)

Inno e Marcia Pontificale

Roma immortale,
Di Martiri e di Santi,
Roma immortale,
Accogli i nostri canti:
Gloria nei cieli, a Dio nostro Signore;
Pace ai fedeli, di Cristo nell'amore.
A Te veniamo, Angélico Pastore,
In Te vediamo, il mite Redentore.
Erede santo, di Vera e santa Fede,
Conforto e vanto, a chi combatte e crede.
Non prevarranno la forza ed il terrore;
Ma vinceranno: la Verità, l'Amore.
Salve, o Roma, patria eterna di memorie.
Cantano le tue glorie
Mille palme e mille altari.
Roma degli Apostoli,
Madre e guida dei redenti;
Roma, luce delle genti,
Il mondo spera in Te!
Salve, o Roma, la tua luce non tramonta.

Es Vicarius super terram,
Rupes inter fluctus,
Tu es pharus in tenebris;
Tu pacis es vindex, Tu es unitatis custos,
Vigil libertatis defensor; in Te potestas.
O felix Roma – O Roma nobilis.

Vince l'odio e l'onta,
Lo splendor di tua beltà.
Roma degli Apostoli,
Madre e guida dei redenti;
Roma, luce delle genti,
Il mondo spera in Te!

TRADUÇÃO[1] :: DOM MARCOS BARBOSA (O.S.B.)

Hino e Marcha Pontífice

Ó Roma eterna, dos Mártires, dos Santos,
Ó Roma eterna, acolhe os nossos cantos:
Glória no alto ao Deus de majestade,
Paz sobre a terra, justiça e caridade.
A ti corremos, Angélico Pastor,
Em ti nós vemos o doce Redentor.
A voz de Pedro[2] na tua o mundo escuta,
Conforto e escudo de quem combate a luta.
Não vencerão as forças do inferno.
Mas a verdade, o doce amor fraterno!

Salve, salve Roma, é eterna a tua história:
Cantam-nos tua glória monumentos e altares.
Roma dos Apóstolos, Mãe e mestra da verdade,
Roma, toda a cristandade, o mundo espera em ti!
Salve, salve Roma, o teu sol não tem poente,
Vence, refulgente, todo erro e todo mal.
Salve, Santo Padre, vivas tanto mais que Pedro!
Desça qual mel do rochedo a bênção paternal!

---

1   Na tradução para o português, os dois últimos versos do hino apresentam uma versão diferente da letra original em que repete-se o 3º e 4º versos da segunda estrofe, chamada de "Marcha Pontífice".
2   Refere-se a São Pedro, que foi o primeiro papa da Igreja Católica Apostólica Romana. Santo Padre é um dos títulos dados ao papa. O atual papa e chefe de Estado do Vaticano é Bento XVI [Joseph Alois Ratzinger] (1927-), que tomou posse em 19 de abril de 2005.

VENEZUELA

¡Gloria al bravo Pueblo! é o título do hino nacional da Venezuela, cuja autoria é do médico e poeta Vicente Salias (1786-1814), com música do compositor Juan José Landaeta (1780-1814). O hino foi escrito em meados de 1810, durante a luta pela independência, e é considerado o hino nacional mais antigo de toda América Latina. Ele seria oficializado por um decreto presidencial em 25 de maio de 1881.

. . . .

HINO

TRADUÇÃO :: TIAGO JOSÉ BERG

¡Gloria al Bravo Pueblo!

Glória ao Bravo Povo!

Coro
Gloria al bravo Pueblo
Que el yugo lanzó,
La Ley respetando
La virtud y honor.

Coro
Glória ao bravo Povo!
Que o jugo lançou,
A Lei respeitando
A virtude e honra.

I
¡Abajo cadenas!
Gritaba el Señor;
Y el pobre en su choza
Libertad pidió:
A este santo nombre
Tembló de pavor
El vil egoísmo
Que otra vez triunfó.

I
Abaixo correntes!
Gritava o Senhor;
E o pobre em sua choça,
Liberdade pediu:
A este santo nome
Tremeu de pavor
O vil egoísmo
Que outrora triunfou.

II
Gritemos con brío:
¡Muera la opresión!
Compatriotas fieles,
La fuerza es la unión;
Y desde el empíreo
El Supremo Autor,
Un sublime aliento
Al pueblo infundió.

III
Unida con lazos
Que el cielo formó,
La América toda
Existe en Nación;
Y si el despotismo
Levanta la voz
Seguid el ejemplo
Que Caracas dio.

II
Gritemos com brio:
Morra a opressão!
Compatriotas fiéis,
A força é a união;
E desde o firmamento
O Supremo Criador,
Um sublime alento
Ao povo infundiu.

III
Unida com laços
Que o céu formou,
A América toda
Existe em uma Nação,
E se o despotismo
Levantar a voz
Segui o exemplo
Que Caracas deu.

VIETNÃ

O hino nacional vietnamita foi criado em 1944 pelo compositor e escritor Nguyen Van Cao (1923-1995). Depois de alcançar a independência, em 2 de setembro de 1945, o país seria dividido em 1954, formando a República Democrática do Vietnã (Vietnã do Norte) e a República do Vietnã (Vietnã do Sul). Enquanto o país do Sul criou símbolos nacionais próprios, este hino (adotado em 1946) permaneceu como símbolo da nação do Norte. Após a reunificação, ocorrida em 2 de julho de 1976, a composição se tornou o hino nacional da República Socialista do Vietnã.

HINO

I

Đoàn quân Việt Nam di
Chung lòng cú'u quốc
Bu'ó'c chân dồn vang trên
Du'ò'ng gập ghềnh xa
Cò' in máu chiến thắng
Mang hồn nu'ó'c,
Súng ngoài xa chen khúc
Quân hành ca.
Đu'ò'ng vinh quang xây xác
Quân thù,
Thắng gian lao cùng
Nhau lập chiến khu.
Vì nhân dân chiến dấu không ngừ'ng,
Tiến mau ra sa tru'ò'ng,
Tiến lên, cùng tiến lên.
Nu'ó'c non Việt Nam ta vũ'ng bền.

TRADUÇÃO :: TIAGO JOSÉ BERG

I

Soldados do Vietnã, marchemos adiante,
Com o único afã de salvar a pátria.
Nossos passos apressados
Na longa e árdua senda.
Nossa insígnia, tingida
Pelo sangue da vitória, leva a alma da pátria.
O distante rugir dos canhões
Se une a nossa canção de marcha.
O caminho para a glória
Passa sobre os corpos do inimigo.
Vencendo as dificuldades,
Edificaremos nossa resistência.
Lutamos sem cessar pela causa do povo,
Vamos apressados ao campo de batalha.
Adiante! Todos juntos avancemos!
Nosso Vietnã é forte e eterno.

II
Đoàn quân Việt Nam di
Sao vàng
Phấp phó'i
Dắt giống nòi quê hu'o'ng
Qua no'i lầm than
Cùng chung sú'c
Phấn dấu xây dò'i mó'i,
Đú'ng dều lên gông
Xích ta dập tan.
Tù' bao lâu ta nuốt căm hò'n,
Quyết hy sinh dò'i ta
Tu'o'i thắm ho'n.
Vì nhân dân chiến dấu không ngừ'ng,
Tiến mau ra sa tru'ò'ng,
Tiến lên, cùng tiến lên.
Nu'ó'c non Việt Nam ta vũ'ng bền.

II
Soldados do Vietnã, marchemos adiante,
A estrela dourada de nossa
Bandeira ondulando ao vento
Conduz nosso povo, a nossa pátria,
A sair da miséria e sofrimento.
Unamos nossos esforços
Na luta pela construção de uma nova vida.
Levantemos e rompamos as correntes.
Por muito tempo
Temos engolido nosso ódio.
Estamos prontos para o sacrifício
E nossa vida será radiante.
Lutamos sem cessar pela causa do povo,
Vamos apressados ao campo de batalha.
Adiante! Todos juntos avancemos!
Nosso Vietnã é forte e eterno.

ZÂMBIA

A música do hino nacional da Zâmbia, assim como no caso do hino da Tanzânia, foi inspirada na melodia de *Nkosi Sikelel' iAfrica* (Deus Abençoe a África), uma canção africana muito popular composta por Enoch Mankayi Sontonga (1860-1904) na Missão de Lovedale, Província do Cabo, na África do Sul, em 1897. A letra original foi traduzida para várias línguas africanas e o governo da Zâmbia organizou concurso para a escolha de uma nova letra específica para o hino do país. Em 24 de outubro de 1964 a versão final, escrita coletivamente em inglês e bemba, foi adotada como oficial.

HINO (INGLÊS)

I
Stand and sing of Zambia, proud and free,
Land of work and joy in unity,
Victors in the struggle for the right,
We've won freedom's fight,
All one, strong and free.

II
Africa is our own motherland,
Fashion'd with and blessed
By God's good hand,
Let us all her people join as one,
Brother under the sun.
All one, strong and free.

III
One land and one nation is our cry,
Dignity and peace 'neath Zambia's sky,
Like our noble eagle in its flight,
Zambia – praise to thee.
All one, strong and free.

Coro
Praise be to God,
Praise be, praise be, praise be.
Bless our great nation,
Zambia, Zambia, Zambia.

HINO (BEMBA)

I
Lumbanyeni Zambia, no kwanga,
Ne cilumba twange tuumfwane,
Mpalume sha bulwi twa cine,
Twaliilubula.
Twikatane bonse.

II
Bonse tuli bana ba Africa,
Uwasenaminwa
Na Lesa,
Nomba bonse twendele pamo,
Twaliilubula.
Twikatane bonse.

III
Fwe lukuta lwa Zambia lonse,
Twikatane tubyo mutende,
Pamo nga lubambe mu mulu,
Lumbanyeni Zambia.
Twikatane bonse.

Coro
Lumbanyeni,
Lesa, lesa, wesu,
Apale calo,
Zambia, Zambia, Zambia.

Free men we stand	Fwe bantungwa
Under the flag of our land.	Mu luunga lwa calo.
Zambia – praise to thee.	Lumbanyeni Zambia.
All one, strong and free.	Twikatane bonse.

TRADUÇÃO :: TIAGO JOSÉ BERG

I
Levante e cante Zâmbia, orgulhosa e livre,
Terra do trabalho e feliz em unidade,
Vitoriosos no esforço por direito,
Triunfamos na luta pela liberdade,
Todos juntos, fortes e livres.
II
A África é nossa própria pátria,
Criada e abençoada com a boa mão de Deus,
Que todo o seu povo se junte.
Irmãos sob o sol.
Todos juntos, fortes e livres.
III
Uma terra e uma nação são o nosso clamor,
Dignidade e paz sob o céu da Zâmbia,
Como nossa nobre águia em seu vôo,
Zâmbia – te louvamos.
Todos juntos, fortes e livres.

Coro
Louvado seja Deus,
Louvado seja, louvado seja, louvado seja.
Abençoe nossa grande nação,
Zâmbia, Zâmbia, Zâmbia.
Homens livres de pé
Sob a bandeira de nossa terra.
Zâmbia – te louvamos.
Todos juntos, fortes e livres.

ZIMBÁBUE

Em 18 de abril de 1994 o Zimbábue adotou oficialmente seu novo hino nacional, substituindo o antigo, criado em 1980. Após a realização de um concurso de âmbito nacional, o poema escrito pelo professor Solomon Mangwiro Mutswairo (1924-2005), acompanhado da melodia de Fred Lecture Changundega (1954-) foi escolhido para ser o mais novo símbolo nacional do país, redigido nas três línguas mais usadas no Zimbábue: ndebele, shona e inglês.

HINO (NDEBELE)

Kalibusiswe Ilizwe leZimbabwe

I
Phakamisan iflegi yethu yeZimbabwe
Eyazalwa yimpi yenkululeko;
Legaz' elinengi lamaqhawe ethu
Silivikele ezithan izonke;
Kalibusisiwe ilizwe leZimbabwe.

II
Khangelan' iZimbabwe yon' ihlotshiwe
Ngezintaba lang' miful' ebukekayo,
Izulu kaline, izilimo zande;
Iz' sebenzi zenam', abantu basuthe;
Kalibusisiwe ilizwe leZimbabwe.

III
Nkosi busis' ilizwe lethu leZimbabwe
Ilizwe labokhokho bethu thina sonke;
Kusuk' eZambezi kusiy' eLimpopo
Abakhokheli babe lobuqotho;
Kalibusisiwe ilizwe leZimbabwe.

HINO (SHONA)

Simudzai Mureza weZimbabwe

I
Simudzai mureza wedu weZimbabwe
Yakazvarwa nomoto wechimurenga;
Neropa zhinji ramagamba
Tiidzivirire kumhandu dzose;
Ngaikomborerwe nyika yeZimbabwe.

II
Tarisai Zimbabwe nyika yakashongedzwa
Namakomo, nehova, zvinoyevedza
Mvura ngainaye, minda ipe mbesa
Vashandi vatuswe, ruzhinji rugutswe;
Ngaikomborerwe nyika yeZimbabwe.

III
Mwari ropafadzai nyika yeZimbabwe
Nyika yamadzitateguru edu tose;
Kubva Zambezi kusvika Limpopo,
Navatungamiri vave nenduramo;
Ngaikomborerwe nyika yeZimbabwe.

HINO (INGLÊS)

Blessed Be the Land of Zimbabwe

I

Lift high the banner,
The flag of Zimbabwe
The symbol of freedom
Proclaiming victory;
We praise our heroes' sacrifice,
And vow to keep
Our land from foes;
And may the Almighty protect
And bless our land.

II

Oh lovely Zimbabwe,
So wondrously adorned
With mountains,
And rivers cascading, flowing free;
May rain abound,
And fertile fields;
May we be fed,
Our labour blessed;
And may the Almighty protect
And bless our land.

III

Oh God, we beseech Thee
To bless our native land;
The land of our fathers bestowed upon us all;
From Zambezi to Limpopo
May leaders be exemplary;
And may the Almighty protect
And bless our land.

TRADUÇÃO
:: (J. R. N.) EMBAIXADA DO ZIMBÁBUE EM BRASÍLIA

Abençoada Seja a Terra do Zimbábue

I

Erguei alto o estandarte,
A bandeira do Zimbábue
O símbolo da liberdade
Proclamando a vitória;
Louvamos o sacrifício dos nossos heróis,
E juramos proteger
A nossa terra dos inimigos;
E possa o Todo-Poderoso proteger
E abençoar a nossa terra.

II

Oh adorável Zimbábue,
Tão belamente adornado
Com montanhas,
Rios e cascatas correndo livremente;
Que chova abundantemente,
E os campos sejam férteis;
Que sejamos alimentados,
O nosso trabalho abençoado
E que o Todo-Poderoso proteja
E abençoe a nossa terra.

III

Oh Deus, a vós suplicamos
Que abençoes nossa terra natal;
A terra herdada por nós de nossos pais;
Do Zambeze[1] ao Limpopo,[2]
Possam os líderes ser exemplares;
E que o Todo-Poderoso proteja
E abençoe a nossa terra.

---

1   Este rio estabelece a fronteira entre a Zâmbia e o Norte do Zimbábue.
2   Rio que serve como fronteira natural do Sul do Zimbábue com a Botsuana.

FATOS E CURIOSIDADES

COMO SE CHAMA O ESTUDO DOS HINOS NACIONAIS?
Não existe uma palavra específica na língua portuguesa para o estudo dos hinos nacionais. O canadense David Kendall cunhou em 2003 os termos *Anthematology* e *Anthematologist*, que poderíamos traduzir a princípio como: "Hinologia" e "Hinologista": o estudo e a coleção das informações sobre os hinos nacionais.

HINO MAIS ANTIGO
LETRA | JAPÃO: baseado em um poema do século IX.[1]
MÚSICA | HOLANDA (PAÍSES BAIXOS): a melodia já era conhecida antes de 1572.

O HINO MAIS NOVO
NEPAL, adotado em 3 de agosto de 2007.

HINO MAIS CURTO
LETRA | JAPÃO: apenas 64 letras e 18 palavras (transliteradas no alfabeto latino).
MÚSICA | UGANDA: a partitura do hino possui apenas nove compassos.

HINOS MAIS LONGOS
LETRA | GRÉCIA: possuía um hino com 158 estrofes! Mas os gregos cantam apenas duas delas.
MÚSICA | URUGUAI: a partitura musical possui um total de 105 compassos.

O HINO QUE DUROU MENOS TEMPO
SOMALILÂNDIA: cinco dias apenas. De 26 de junho de 1960 a 1º de julho de 1960. Após essa data o país se fundiu com o território da Somália.

PALAVRAS MAIS USADAS EM HINOS NACIONAIS
Deus, Pátria, Liberdade.

---

[1] Há controvérsias a respeito do hino mais antigo. O hino nacional do Japão foi baseado em um poema tradicional do século IX, da obra Kokinshū; porém, ele não foi escrito com a intenção de se tornar um hino nacional. Da mesma forma, a melodia do hino nacional holandês fora adaptada de uma canção soldadesca francesa e, aos poucos, ganhou o status de hino nacional.

NAÇÕES QUE APRESENTAM MELODIAS SEMELHANTES EM SEU HINO NACIONAL

FINLÂNDIA – ESTÔNIA

REINO UNIDO – LIECHTENSTEIN

TANZÂNIA – ZÂMBIA (com leves diferenças)

AS ÚNICAS NAÇÕES QUE USAM O MESMO HINO

GRÉCIA e CHIPRE

O MAIS ANTIGO COMPOSITOR VIVO

Aku Tongmi (1913-) – BUTÃO

O MAIS ANTIGO AUTOR VIVO

Sergei Vladimirovich Mikhalkov (1913-) – RÚSSIA

COMPOSITORES CLÁSSICOS DE HINOS NACIONAIS

PAÍS	COMPOSITOR
ALEMANHA	Franz Joseph Haydn (1732-1809)
ÁUSTRIA	Wolfgang Amadeus Mozart (1756-1791)[1]
BANGLADESH	Rabindranath Tagore (1861-1941)
CINGAPURA	Zubir Said (1907-1987)
CORÉIA DO SUL	Ahn Eaktay (1905-1965)
GEÓRGIA	Zakharia Paliashvili (1871-1933)
ÍNDIA	Rabindranath Tagore (1861-1941)
NORUEGA	Rikard Nordraak (1842-1866)
VATICANO	Charles-François Gounod (1818-1893)

---

1 A autoria deste hino é controversa. Fontes apontam que partes da música derivam de uma obra do compositor Johann Holzer (1753-1818).

ESTADISTAS QUE ESCREVERAM HINOS NACIONAIS

PAÍS	AUTOR	CARGO
ANTÍGUA E BARBUDA	Novelle Hamilton Richards (1917-1986)	Presidente do Senado
BÉLGICA	Charles Latour Rogier (1800-1885)	Primeiro-Ministro
BURQUINA-FASSO	Thomas Isidore Noël Sankara (1949-1987)	Presidente do país
BURUNDI	Jean-Baptiste Ntahokaja (1920-)	Presidente do país
CAZAQUISTÃO	Nursultan Abishevich Nazarbayev (1940-)	Atual presidente do país
COLÔMBIA	Rafael Nuñez (1825-1894)	Presidente do país
COSTA DO MARFIM (CÔTE D'IVOIRE)	Mathieu Ekra (1917-) e Joachim Bony (1927-)	Ministro da Informação e ministro da Educação
EL SALVADOR	Juan José Cañas (1826-1918)	Subsecretário das Relações Exteriores
EQUADOR	Juan León Mera (1832-1894)	Secretário de Estado
JAMAICA	Robert Charles Lightbourne (1909-1995)	Ministro do Comércio e Indústria
JORDÂNIA	Abdul-Mone'm al-Rifai' (1917-1985)	Primeiro-Ministro
LIBÉRIA	Daniel Bashiel Warner (1815-1880)	Presidente do país
MALÁSIA	Tunku Abdul Rahman (1903-1990)	Primeiro-Ministro
SENEGAL	Léopold Sédar Sengh'or (1906-2001)	Presidente do país
TAIWAN	Sun Yat-Sen (1866-1925)	Presidente do país

ESTRANGEIROS QUE COMPUSERAM HINOS NACIONAIS

PAÍS	COMPOSITOR	NACIONALIDADE
ALBÂNIA	Ciprian Porumbescu (1853-1883)	Romeno
ALEMANHA	Franz Joseph Haydn (1732-1809)	Austríaco
ARGÉLIA	Mohamed Fawzi (1918-1966)	Egípcio
ARGENTINA	Blas Parera (1776-1840)	Espanhol
BANGLADESH	Rabindranath Tagore (1861-1941)	Indiano
BOLÍVIA	Leopoldo Benedetto Vincenti (1815-1914)	Italiano
CHILE	Ramón Carnicer y Battle (1780-1855)	Espanhol
COLÔMBIA	Oreste Sindici (1837-1904)	Italiano
CHIPRE	Nikolaos Mantzaros (1795-1873)	Grego
EQUADOR	Antonio Neumane (1818-1871)	Alemão
EL SALVADOR	Juan Aberle (1846-1930)	Italiano
EMIRADOS ÁRABES UNIDOS	Mohamad Abdel Wahab (1915-1991)	Egípcio

ESTÔNIA	Friedrik Pacius (1809-1891)	Alemão
FINLÂNDIA	Friedrik Pacius (1809-1891)	Alemão
GUINÉ-BISSAU	Xiao He (1918-)	Chinês
HONDURAS	Carlos Hartling (1869-1920)	Alemão
IRAQUE	Mohammad Salim Flayfel (1899-1986) e Ahmad Salim Flayfel (1906-1991)	Libaneses
MALÁSIA	Pierre Jean de Beranger (1780-1857)	Francês
MALDIVAS	Wannakuwattawaduge Don Amaradeva (1927-)	Cingalês (do Sri Lanka)
MAURITÂNIA	Tolia Nikiprowetzky (1916-1997)	Franco-Soviético
MÉXICO	Jaime Nunó (1824-1908)	Espanhol
NAURU	Laurence Henry Hicks (1912-1997)	Australiano
NOVA ZELÂNDIA	John Joseph Woods (1849-1934)	Australiano
PANAMÁ	Santos Jorge (1870-1941)	Espanhol
PAPUA NOVA GUINÉ	Thomas Shacklady (1917-2006)	Britânico
REPÚBLICA CENTRO-AFRICANA	Herbert Pepper (1912-2001)	Francês
SAN MARINO	Federico Consolo (1841-1906)	Italiano
SENEGAL	Herbert Pepper (1912-2001)	Francês
SÉRVIA	Davorin Jenko (1835-1914)	Esloveno
SUAZILÂNDIA	David Kenneth Rycroft (1924-1997)	Britânico
SÍRIA	Mohammad Salim Flayfel (1899-1986) e Ahmad Salim Flayfel (1906-1991)	Libaneses
TAJIQUISTÃO	Suleiman Yudakov (1916-1990)	Uzbeque
TANZÂNIA	Enoch Mankayi Sontonga (1860-1904)	Sul-africano
TONGA	Karl Gustavus Schmitt (1834-1900)	Alemão
TRINIDAD E TOBAGO	Patrick Stanislaus Castagne (1916-2000)	Guianense
TUNÍSIA	Mohamad Abdel Wahab (1915-1991)	Egípcio
URUGUAI	Francisco José Debali (1791-1859)	Húngaro
VATICANO	Charles-François Gounod (1818-1893)	Francês
ZÂMBIA	Enoch Mankayi Sontonga (1860-1904)	Sul-africano

ÍNDICE DE COMPOSITORES E AUTORES DE HINOS NACIONAIS

PAÍS	COMPOSITOR (MÚSICA)	AUTOR (LETRA)
AFEGANISTÃO	Babrak Wasa (1948-)	Abdul Bari Jahani (1948-)
ÁFRICA DO SUL	Enoch Mankayi Sontonga (1860-1904) e Marthinus Lourens de Villiers (1885-1977)	Enoch Mankayi Sontonga (1860-1904) e Cornelis Jacob Langenhoven (1873-1932)
ALBÂNIA	Ciprian Porumbescu (1853-1883)	Aleksander Stavre Drenova (1872-1947)
ALEMANHA	Joseph Haydn (1732-1809)	August Heinrich Hoffmann von Fallersleben (1798-1874)
ANDORRA	Enric Marfany Bons (1871-1942)	Joan Benlloch i Vivó (1864-1926)
ANGOLA	Rui Alberto Vieira Dias Mingas (1939-)	Manuel Rui Alves Monteiro (1941-)
ANTÍGUA E BARBUDA	Walter Garnet Picart Chambers (1908-2003)	Novelle Hamilton Richards (1917-1986)
ARÁBIA SAUDITA	Abdel Arman Al-Khateeb (1923-)	Ibrahim Khafaji (1935-)
ARGÉLIA	Mohamed Fawzi (1918-1966)	Moufdi Zakariah (1930-1978)
ARGENTINA	Blas Parera (1765-1830)	Vicente López y Planes (1785-1856)
ARMÊNIA	Barsegh Kanachyan (1885-1967)	Miqáyel Ghazari Nalbandyan (1829-1866)
AUSTRÁLIA	Peter Dodds McCormick (1834-1916)	Peter Dodds McCormick (1834-1916)
ÁUSTRIA	Wolfgang Amadeus Mozart (1756-1791) ou Johann Holzer (1753-1818)	Paula von Preradovic (1887-1951)
AZERBAIJÃO	Uzeir Hajibeyov (1885-1948)	Ahmed Javad (1892-1937)
BAHAMAS	Timothy Gibson (1903-1978)	Timothy Gibson (1903-1978)
BANGLADESH	Rabindranath Tagore (1861-1941)	Rabindranath Tagore (1861-1941)
BARBADOS	Roland Edwards (1912-1985)	Irvine Louis Burguie (1924-)
BAREIN	Compositor desconhecido	Mohamed Sudqi Ayyash (1925-2000)
BELARUS (BIELORRÚSSIA)	Nester Sakalouski (1902-1950)	Minkhas Klimkovich (1899-1954) e Uladzimir Karyzna (1938-)
BÉLGICA	François van Campenhout (1779-1848)	Charles Rogier (1800-1885) [francês]; Victor Ceulemans (1887-1969) [holandês]
BELIZE	Selwyn Walford Young (1899-1977)	Samuel Alfred Haynes (1898-1971)
BENIN	Gilbert Jean Dagnon (1926-)	Gilbert Jean Dagnon (1926-)
BOLÍVIA	Leopoldo Benedetto Vincenti (1815-1914)	Ignácio Sanjinés (1786-1864)
BÓSNIA-HERZEGOVINA	Dušan Šestić (1946-)	Sem letra
BOTSUANA	Kgalemang Tumedisco Motsete (1900-1974)	Kgalemang Tumedisco Motsete (1900-1974)
BRASIL	Francisco Manuel da Silva (1795-1865)	Joaquim Osório Duque Estrada (1870-1927)
BRUNEI	Awang Haji Besar bin Sagap (1914-1988)	Pengiran Haji Mohamed Yusuf bin Abdul Rahim (1923-)
BULGÁRIA	Tsvetan Tsvetkov Radoslavov (1863-1931)	Tsvetan Tsvetkov Radoslavov (1863-1931)

PAÍS	COMPOSITOR (MÚSICA)	AUTOR (LETRA)
BURQUINA FASSO	Compositor desconhecido	Thomas Isidore Noël Sankara (1949-1987)
BURUNDI	Marc Barengayabo (1934-)	Jean-Baptiste Ntahokaja (1920-)
BUTÃO	Aku Tongmi (1913-)	Gyaldun Dasho Thinley Dorji (1914-1966)
CABO VERDE	Adalberto Higino Tavares Silva (1961-)	Amilcar Spencer Lopes (1948-)
CAMARÕES	Samuel Minkio Bamba (1911-?)	René Djam Afane (1910-1981) [letra original]
		Moïse Nyatte Nko'o (1910-1978) [francês]
		Bernard Nsokika Fonlon (1924-1986) [inglês]
CAMBOJA	Compositor desconhecido	Chuon Nat (1883-1969)
CANADÁ	Calixa Lavallée (1842-1891)	Adolphe-Basile Routhier (1839-1920) [francês]
		Robert Stanley Weir (1856-1926) [inglês]
CATAR	Abdul Aziz Nasser Obaidan (1952-)	Sheikh Mubarak bin Saïf al-Thani (1953-)
CAZAQUISTÃO	Shamshi Kaldayakov (1930-1992)	Zhumeken Nazhimedenov (1935-1983) e
		Nursultan Abishevich Nazarbayev (1940-)
CHADE	Paul Villard (1899-1986)	Louis Gidrol (1922-?)
CHILE	Ramón Carnicer y Battle (1780-1855)	Bernardo de Vera y Pintado (1789-1826) e
		Eusebio Lillo Robles (1826-1910)
CHINA	Nie Er (1912-1935)	Tian Han (1898-1968)
(REPÚBLICA POPULAR)		
CHIPRE	Nikolaos Mantzaros (1795-1873)	Dionysios Solomos (1798-1857)
CINGAPURA	Zubir Said (1907-1987)	Zubir Said (1907-1987)
COLÔMBIA	Oreste Sindici (1837-1904)	Rafael Núñez (1825-1894)
COMORES	Kamildine Abdallah (1943-1982) e	Said Hachim Sidi Abderemane (1942-)
	Said Hachim Sidi Abderemane (1942-)	
CONGO (REPÚBLICA)	Française Jacques Tondra (s.d.)	Levent Kimbangui (s.d.)
CONGO	Simon-Pierre Boka Di Mpasi Londi	Simon-Pierre Boka Di Mpasi Londi
(REP. DEMOCRÁTICA)	(1929-2006)	(1929-2006)
CORÉIA DO NORTE	Kim Won-Gyun (1917-2002)	Pak Se Yong (1902-1989)
CORÉIA DO SUL	Ahn Eaktay (1905-1965)	Yun Ch'i-Ho (1865-1946) ou
		An Ch'ang-Ho (1878-1938)
COSTA DO MARFIM	Pierre Marie Coty (1927-) e	Mathieu Ekra (1917-?); Joachim Bony (1927-)
(CÔTE D'IVOIRE)	Pierre Michel Pango (1926-)	e Pierre Marie Coty (1927-)
COSTA RICA	Manuel Maria Gutiérrez (1829-1887)	José María Zeledón Brenes (1877-1949)
CROÁCIA	Josip Runjanin (1821-1878)	Antun Mihanović (1796-1861)
CUBA	Pedro Figueredo (1819-1870)	Pedro Figueredo (1819-1870)
DINAMARCA	Hans Ernst Krøyer (1798-1879)	Adam Gottlob Oehlenschläger (1779-1850)
DJIBUTI	Abdi Robleh (1945-)	Aden Elmi (1950-)
DOMINICA	Lemuel McPherson Christian (1913-2000)	Wilfred Oscar Morgan Pond (1912-1985)
EGITO	Sayed Darwish (1892-1923)	Younis-al Qadi (s.d.)
EL SALVADOR	Juan Aberle (1846-1930)	Juán José Cañas (1826-1918)
EMIRADOS ÁRABES UNIDOS	Mohamad Abdel Wahab (1915-1991)	Sheikh Abdullah Al Hassan (s.d.)
EQUADOR	Antonio Neumane (1818-1871)	Juan León Mera (1832-1894)
ERITRÉIA	Abraham Meharezgi (1944-) e	Solomon Tsehaye Beraki (1956-)
	Aron Tekle Tesfatsion (1963-)	
ESLOVÁQUIA	–	Janko Matúska (1821-1877)
ESLOVÊNIA	Stanko Premrl (1880-1965)	France Prešeren (1800-1849)
ESPANHA	Compositor desconhecido	Sem letra

PAÍS	COMPOSITOR (MÚSICA)	AUTOR (LETRA)
ESTADOS UNIDOS	Compositor desconhecido	Francis Scott Key (1779-1843)
ESTÔNIA	Fredrik Pacius (1809-1891)	Johann Voldemar Jannsen (1819-1900)
ETIÓPIA	Solomon Lulu Mitiku (1950-)	Dereje Melaku Mengesha (1957-)
FIJI	Michael Francis Alexander Prescott (1928-2006)	Michael Francis Alexander Prescott (1928-2006)
FILIPINAS	Julian Felipe (1861-1944)	José Palma (1876-1903) [espanhol] Felipe Padilla de Leon (1912-1992) [tagalog]
FINLÂNDIA	Fredrik Pacius (1809-1891)	Johan Ludvig Runeberg (1804-1877) [sueco] Paavo Eemil Cajander (1846-1913) [finlandês]
FRANÇA	Claude-Josep Rouget de Lisle (1760-1836)	Claude-Josep Rouget de Lisle (1760-1836)
GABÃO	Georges Aleka Damas (1902-1982)	Georges Aleka Damas (1902-1982)
GÂMBIA	Jeremy Frederick Howe (1929-)	Virginia Julie Howe (1927-)
GANA	Philip Gbeho (1905-1976)	Governo de Gana (1957)
GEÓRGIA	Zakharia Paliashvili (1871-1933) Joseb Ketschakmadse (s.d.) [arranjos]	Dawit Magradse (s.d.)
GRANADA	Louis Arnold Masanto (1938-)	Irva Merle Baptiste-Blackett (1924-)
GRÉCIA	Nikolaos Mantzaros (1795-1873)	Dionysios Solomos (1798-1857)
GUATEMALA	Rafael Alvarez Ovalle (1860-1948)	José Joaquim Palma (1844-1911)
GUIANA	Robert Cyril Gladstone Potter (1899-1981)	Archibald Leonard Luker (1917-1971)
GUINÉ	Fodeba Keita (1922-1969)	Autor desconhecido
GUINÉ-BISSAU	Xiao He (1918-)	Amílcar Lopes Cabral (1924-1973)
GUINÉ EQUATORIAL	Atanásio Ndongo Miyono (1928-1969)	Atanásio Ndongo Miyono (1928-1969)
HAITI	Nicolas Geffrard (1871-1930)	Justin Lhérisson (1873-1907)
HOLANDA (PAÍSES BAIXOS)	Compositor desconhecido	Philips van Marnix (1540-1598)
HONDURAS	Carlos Hartling (1869-1920)	Augusto Constancio Coello (1883-1941)
HUNGRIA	Ferenc Erkel (1810-1893)	Ferenc Kölcsey (1790-1838)
IÊMEN	Ayoob Tarish Absi (1943-)	Abdulla Abdulwahab Noa'man (1916-1982)
ILHAS MARSHALL	Amata Kabua (1928-1996)	Amata Kabua (1928-1996)
ILHAS SALOMÃO	Panapasa Balekana (1929-)	Panapasa Balekana (1929-) e Matila Baleilekutu Balekana (1932-)
ÍNDIA	Rabindranath Tagore (1861-1941)	Rabindranath Tagore (1861-1941)
INDONÉSIA	Wage Rudolf Soepratman (1903-1938)	Wage Rudolf Soepratman (1903-1938)
IRÃ	Hassan Riahi (1945-)	Escrito coletivamente
IRAQUE	Mohammad Salim Flayfel (1899-1986) e Ahmad Salim Flayfel (1906-1991)	Ibrahim Hefeth Touqan (1905-1941)
IRLANDA	Patrick Heeney (1881-1911)	Peadar Kearney (1883-1942) [inglês] Liam O'Rinn (1888-1950) [gaélico]
ISLÂNDIA	Sveinbjörn Sveinbjörnsson (1847-1927)	Matthías Jochumsson (1835-1920)
ISRAEL	Samuel Cohen (1870-1940)	Naftali Herz Imber (1856-1909)
ITÁLIA	Michele Novaro (1822-1885)	Goffredo Mameli (1827-1849)
JAMAICA	Robert Charles Lightbourne (1909-1995)	Hugh Braham Sherlock (1905-1998)
JAPÃO	Hiromori Hayashi (1831-1896)	Autor desconhecido
JORDÂNIA	Abdul-Qader Al-Taneer (1901-1957)	Abdul-Mone'm Al-Rifai' (1917-1985)
KIRIBATI	Urium Tamuera Ioteba (1910-1988)	Urium Tamuera Ioteba (1910-1988)
KUAIT	Ibrahim Nasir Al-Soula (1935-)	Ahmad Meshari Al-Adwani (1923-1992)

PAÍS	COMPOSITOR (MÚSICA)	AUTOR (LETRA)
LAOS	Thongdy Sounthonevichit (1905-1968)	Sisana Sisane (1922-1999)
LESOTO	Ferdinand-Samuel Laur (1791-1854)	Jean-François Coillard (1834-1904)
LETÔNIA	Karlis Baumanis (1834-1904)	Karlis Baumanis (1834-1904)
LÍBANO	Wadih Sabra (1876-1952)	Rachid Nakhlé (1873-1939)
LIBÉRIA	Olmstead Luca (1826-1869)	Daniel Bashiel Warner (1815-1880)
LÍBIA	Mahmoud El-Sherif (1912-1990)	Abdalla Shams El-Din (1921-1977)
LIECHTENSTEIN	Compositor desconhecido	Jakob Joseph Jauch (1802-1859)
LITUÂNIA	Vincas Kudirka (1858-1899)	Vincas Kudirka (1858-1899)
LUXEMBURGO	Jean-Antoine Zinnen (1827-1898)	Michel Lentz (1820-1893)
MACEDÔNIA	Todor Skalovski (1909-2004)	Vlado Maleski (1919-1984)
MADAGASCAR	Norbert Raharisoa (1873-1964)	Pasteur Rahajason (1897-1971)
MALÁSIA	Pierre Jean de Beranger (1780-1857)	Tunku Abdul Rahman (1903-1990)
MALAUI	Michael-Fredrick Paul Sauka (1934-)	Michael-Fredrick Paul Sauka (1934-)
MALDIVAS	Wannakuwattawaduge Don Amaradeva (1927-)	Mohamed Jameel Didi (1915-1989)
MALI	Banzoumana Sissoko (1890-1987)	Seydou Badian Kouyatê (1928-)
MALTA	Robert Sammut (1870-1934)	Dun Karm Psaila (1871-1961)
MARROCOS	Léo Morgan (1919-1984)	Ali Squalli Houssaini (1932-)
MAURÍCIO	Philippe Gentil (1928-)	Jean Georges Prosper (1933-)
MAURITÂNIA	Tolia Nikiprowetzky (1916-1997)	Baba Ould Cheikh (?-1934)
MÉXICO	Jaime Nunó Roca (1824-1908)	Francisco González Bocanegra (1824-1861)
MIANMÁ	Saya Tin (1914-1947)	Saya Tin (1914-1947)
MICRONÉSIA	Emi Amy Mukaida (1917-)	Emi Amy Mukaida (1917-)
MOÇAMBIQUE	Justino Sigaulane Chemane (1923-2003)	Justino Sigaulane Chemane (1923-2003)
MOLDÁVIA	Alexandru Cristi (1955-)	Alexei Mateevici (1962-)
MÔNACO	Charles Christian Albrecht (1817-1895)	Theophile Bellando de Castro (1820-1903)
MONGÓLIA	Bilegiin Damdinsuren (1919-1991) e Luvsanjamts Murjorj (1919-1996)	Tsendiin Damdinsuren (1908-1986)
MONTENEGRO	Sekula Drljević (1885-1945)	Sekula Drljević (1885-1945)
NAMÍBIA	Axali Doeseb (1954-)	Axali Doeseb (1954-)
NAURU	Laurence Henry Hicks (1912-1997)	Margaret Hendrie (1924-1990)
NEPAL	Ambar Gurung (s.d.)	Pradeep Kumar Rai (1973-)
NICARÁGUA	Luis Abraham Delgadillo (1887-1961)	Salomón Ibarra Mayorga (1890-1985)
NÍGER	Robert Jacquet (1896-1976) e Nicolas Abel François Frionnet (1911-1998)	Maurice Albert Thiriet (1906-1969)
NIGÉRIA	Benedict Elide Odiase (1934-)	Escrito coletivamente
NORUEGA	Rikard Nordraak (1842-1866)	Bjørnstjerne Bjørnson (1832-1910)
NOVA ZELÂNDIA	John Joseph Woods (1849-1934)	Thomas Bracken (1843-1898) [inglês] Thomas Henry Smith (1824-1907) [maori]
OMÃ	James Frederick Mills (s.d.)	Rashid bin Uzayyiz Al-Khusaidi (s.d.)
PALAU	Ymesei Ezekiel (1926-1984)	Escrito coletivamente
PANAMÁ	Santos Jorge (1870-1941)	Jerônimo de la Ossa (1847-1907)
PAPUA NOVA GUINÉ	Thomas Shacklady (1917-2006)	Thomas Shacklady (1917-2006)
PAQUISTÃO	Ahmed Ghulamadi Chagla (1902-1953)	Abu-Al-Asar Hafeez Jullandhuri (1900-1982)

PAÍS	COMPOSITOR (MÚSICA)	AUTOR (LETRA)
PARAGUAI	Francisco José Debali (1791-1859) ou Francés Sauvageot de Dupuy (1813-1861) ou Louis Cavedagni (?-1916)	Francisco Esteban Acuña de Figueroa (1791-1862)
PERU	José Bernardo Alcedo (1788-1878)	José de La Torre Ugarte (1786-1831)
POLÔNIA	–	Josef Wybicki (1747-1822)
PORTUGAL	Alfredo Keil (1850-1907)	Henrique Lopes de Mendonça (1856-1931)
QUÊNIA	Composto coletivamente	Escrito coletivamente
QUIRGUISTÃO	Nasyr Davlesov (1929-) e Kalyi Moldobasanov (1929-2006)	Djamil Sadykov (1932-) e Eshmambet Kuluev (1942-)
REINO UNIDO	Compositor desconhecido	Autor desconhecido
REPÚBLICA CENTRO-AFRICANA	Herbert Pepper (1912-2001)	Barthelémy Boganda (1910-1959)
REPÚBLICA DOMINICANA	José Reyés (1835-1905)	Emilio Prud'homme (1856-1932)
REPÚBLICA TCHECA	František Jan Škroup (1801-1862)	Josef Kajetán Tyl (1808-1856)
ROMÊNIA	Anton Pann (1796-1854)	Andrei Muresianu (1816-1863)
RUANDA	Jean-Bosco Hoshakaimana (s.d.)	Faustin Murigo (s.d.)
RÚSSIA	Alexandr Vasilievich Alexandrov (1883-1946)	Sergei Vladimirovich Mikhalkov (1913-)
SAMOA	Sauni Iiga Kuresa (1900-1978)	Sauni Iiga Kuresa (1900-1978)
SAN MARINO	Federico Consolo (1841-1906)	Sem letra
SANTA LÚCIA	Leton Felix Thomas (1926-)	Charles Jesse (1897-1985)
SÃO CRISTÓVÃO E NÉVIS	Kenrick Anderson Georges (1955-)	Kenrick Anderson Georges (1955-)
SÃO TOMÉ E PRÍNCIPE	Manuel dos Santos Barreto de Sousa e Almeida (1933-)	Alda Neves da Graça do Espírito Santo (1926-)
SÃO VICENTE E GRANADINAS	Joel Bertram Miguel (1938-)	Phyllis Joyce McClean Punnett (1917-2004)
SEICHELES	David François Marc André (1958-) e Georges Charles Robert Payet (1959-)	David François Marc André (1958-) e Georges Charles Robert Payet (1959-)
SENEGAL	Herbert Pepper (1912-2001)	Leopold Sedar Senghor (1906-2001)
SERRA LEOA	John Joseph Akar (1927-1975)	Clifford Nelson Fyle (1933-2006)
SÉRVIA	Davorin Jenko (1835-1914)	Jovan Djordjević (1826-1900)
SÍRIA	Mohammad Salim Flayfel (1899-1986) e Ahmad Salim Flayfel (1906-1991)	Khalil Mardam Bey (1895-1959)
SOMÁLIA	Compositor desconhecido	Autor desconhecido
SRI LANKA	Ananda Samarakone (1911-1962)	Ananda Samarakone (1911-1962); autor da letra em idioma tamil desconhecido
SUAZILÂNDIA	David Kenneth Rycroft (1924-1997)	Andrease Enoke Fanyana Simelane (1934-)
SUDÃO	Ahmad Murjan (1905-1974)	Sayed Ahmad Muhammad Salih (1896-1971)
SUÉCIA	–	Richard Dybeck (1811-1877)
SUÍÇA	Alberich Zwyssig (1808-1854)	Leonhard Widmer (1808-1867) [alemão] Charles Chatelanat (1833-1907) [francês] Camillo Valsangiacomo (1898-1978) [italiano] Gion Antoni Bühler (1825-1897) [romanche]

PAÍS	COMPOSITOR (MÚSICA)	AUTOR (LETRA)
SURINAME	Johannes Corstianus de Puy (1835-1924)	Cornelis Atses Hoekstra (1852-1911) [holandês]
		Henry de Ziel (1916-1975) [sranam]
TAILÂNDIA	Phra Chenduriyang (1883-1968)	Luang Saranuprapan (1896-1954)
TAIWAN (REP. DA CHINA)	Cheng Mao-Yun (1900-1957)	Sun Yat-Sen (1866-1925)
TAJIQUISTÃO	Suleiman Yudakov (1916-1990)	Gulzanar Keldi (1945-)
TANZÂNIA	Enoch Mankayi Sontonga (1860-1904)	Escrito coletivamente
TIMOR LESTE	Afonso Maria do Santíssimo Redentor Araújo (1946-1979)	Fransisco Borja da Costa (1946-1976)
TOGO	Alex Casimir-Dosseh (1923-2007)	Alex Casimir-Dosseh (1923-2007)
TONGA	Karl Gustavus Schmitt (1834-1900)	Uelingatoni Ngu Tupoumalohi (1854-1885)
TRINIDAD E TOBAGO	Patrick Stanislaus Castagne (1916-2000)	Patrick Stanislaus Castagne (1916-2000)
TUNÍSIA	Mohamad Abdel Wahab (1915-1991)	Mustafá Sadik Al-Rafii (1880-1937) e Aboul Kacem Chabbi (1909-1934)
TURCOMENISTÃO	Veli Mukhatov (1916-2005)	Escrito coletivamente
TURQUIA	Osman Zeki Üngör (1880-1958)	Mehmet Akif Ersoy (1873-1936)
TUVALU	Afaese Manoa (1942-)	Afaese Manoa (1942-)
UCRÂNIA	Mykhailo Verbytsky (1815-1870)	Pavlo Platonovich Chyubynsky (1839-1884)
UGANDA	George Wilberforce Kakoma (1923-)	George Wilberforce Kakoma (1923-)
URUGUAI	Francisco José Debali (1791-1859)	Francisco Esteban Acuña de Figueroa (1791-1862)
UZBEQUISTÃO	Mutal Burhonov (1916-2002)	Abdulla Oripov (1941-)
VANUATU	François Vincent Ayssav (1955-)	François Vincent Ayssav (1955-)
VATICANO	Charles-François Gounod (1818-1893)	Raffaello Lavagna (1918-) [latim] e Salvatore Antonio Allegra (1905-1969) [italiano]
VENEZUELA	Juan José Landaeta (1780-1814)	Vicente Salias (1786-1814)
VIETNÃ	Nguyen Van Cao (1923-1995)	Nguyen Van Cao (1923-1995)
ZÂMBIA	Enoch Mankayi Sontonga (1860-1904)	Escrito coletivamente
ZIMBÁBUE	Fred Lecture Changundega (1954-)	Solomon Mangwiro Mutswairo (1924-2005)

REFERÊNCIAS BIBLIOGRÁFICAS

ALMANAQUE ABRIL. **Mundo**. 1ª ed. São Paulo. Editora Abril, 2005.

BREINER, P. **The complete national anthems of the world**. Slovak Radio Symphony Orchestra, Marco Polo, Naxos Rights International Ltd., 2005. (Box com 8 CDs).

CHINA, República Popular da. **China 1997**. Beijing: Editora Nova Estrela, 1997.

CORÉIA, República da. **Informações sobre a Coréia**. Seul: Serviço Coreano de Informação para o Exterior, 1996.

DUARTE, M. **O guia dos curiosos: Brasil**. São Paulo: Companhia das Letras, 1999.

ENCICLOPÉDIA GEOGRÁFICA UNIVERSAL. **Afeganistão-Zimbábue**. Rio de Janeiro, Editora Globo, 1995. V. 1-10.

FOLHA DE S. PAULO. **Atlas geográfico mundial**, São Paulo, 1994.

HOBSBAWM, E. J. **A era dos impérios: 1875-1914**. 9ª ed. Rio de Janeiro: Paz e Terra, 1988.

_____. **Era dos extremos: o breve século XX (1914-1991)**. São Paulo: Companhia das Letras, 1995.

_____.; RANGER, T. **A invenção das tradições**. 3ª ed. Rio de Janeiro: Paz e Terra, 1997.

LUZ, M. **A história dos símbolos nacionais: a bandeira, o brasão, o selo, o hino**. Brasília: Senado Federal, Secretaria Especial de Editoração e Publicações, 1999.

MALAYSIA, Information Division. **Malaysia in brief**. Ministry of Foreign Affairs, Kuala Lumpur: 1997.

MENUHIN, Y.; DAVIS, C. W. **A música do homem**, 2ª ed. São Paulo: Martins Fontes, 1990.

OTERO, E. D. **A origem dos nomes dos países**. São Paulo: Panda Books, 2006.

PAGDEN, A. **Povos e impérios: uma história de migrações e conquistas da Grécia até a atualidade.** Rio de Janeiro: Objetiva, 2002. (História Essencial).

REED, W. L; BRISTOW, M. J. **National anthems of the world**. 10ª ed. Londres: Cassell Publishers Limited, 2002.

SINGAPORE, Ministry of Information. **Singapore facts and pictures: 1998**. Ministry of Information and Arts, Singapore City, 1998.

VIETNÃ, República Socialista do. **Vietnam: su tierra y su hombres**. Hanói: Editorial Thê Giói, 2002.

PAPERS

A bandeira e o hino nacional do Japão. In: Fatos sobre o Japão. The international Society for Educational Information, Tokyo, 1998.

Emblemas e símbolos da República Francesa. Ministério das Relações Exteriores, Paris, 1993. (Ficha Técnica de Informação para Jornalistas).

O hino nacional britânico. Serviço Britânico de Informação. Embaixada do Reino Unido da Grã-Bretanha e Irlanda do Norte. Brasília, 2000. p. 4-6.

Os emblemas nacionais da Suécia. Dados sobre a Suécia. Instituto Sueco, dezembro de 1997.

EMBAIXADAS, CONSULADOS, REPRESENTAÇÕES GOVERNAMENTAIS E ORGANISMOS INTERNACIONAIS

ÁFRICA DO SUL, Consulado Geral da República da. São Paulo, 2000.

ALEMANHA, Consulado Geral da República Federal da. São Paulo, 1999.

ANDORRA, Embassy of the Principality of. Nova York, USA, 2001.

ANDORRE, Ambassade du Principauté. Paris. França, 2001.
ANGOLA, Embaixada da República de. Brasília, 1999.
ANTIGUA AND BARBUDA, Embassy of. Washington. EUA, 2003.
ARÁBIA SAUDITA, Embaixada do Reino da. Brasília, 2001.
ARGENTINA, Consulado Geral da República. São Paulo, 1999.
ARMÊNIA, Consulado Geral da República da. São Paulo, 2007.
AUSTRÁLIA, Embaixada da. Brasília, 1998.
ÁUSTRIA, Embaixada da. Brasília, 1998.
BANGLADESH, Embaixada da República Popular de. Brasília, 2000.
BAHRAIN, Embassy of the Kingdom of. Londres. UK, 2004.
BARBADOS, Embassy of. Washington. EUA, 2005.
BÉLGICA, Consulado Geral do Reino da. São Paulo, 1998.
BELIZE, Embassy of. Washington. EUA, 2000.
BENIN, Embassy of the Republic of. Washington. EUA, 2001.
BOLÍVIA, Embaixada da República da. Brasília, 2002.
BOSNIA-HERZEGOVINA, Embassy of. Washington. EUA, 2001.
BOTSWANA, Embassy of. Washington. EUA, 2002.
BRASIL-ESTADOS UNIDOS, União Cultural. São Paulo, 2000.
BRUNEI DARUSSALAM, Embassy of. Washington. EUA, 1999.
BULGÁRIA, Consulado Honorário da República da. Rio de Janeiro, 2002.
BURKINA FASO, Embassy of. Washington. EUA, 2001.
CABO VERDE, Embaixada da República de. Brasília, 2003.
CAMARÕES, Embaixada da República de. Brasília, 1998.
CAMBODGE, Ambassade Royale du. Paris. França, 2005.
CANADÁ, Consulado Geral do. São Paulo, 2001.
CHILE, Embaixada da República do. Brasília, 1998.
CHINA, Embaixada da República Popular da. Brasília, 1998.
COLÔMBIA, Embaixada da. Brasília, 1999.
COMMONWEALTH, Secretariat, Londres, UK, 2000.
CORÉIA, Embaixada da República da. Brasília, 1999.
COSTA RICA, Embaixada da República da. Brasília, 1999.
CÔTE D´IVOIRE, Embaixada da. Brasília, 1999.
CROÁCIA, Embaixada da República da. Brasília, 1999.
CUBA, Embaixada da República. Brasília, 1999.
CZECH REPUBLIC, Embassy of the. Washington. EUA, 2001.
CYPRUS, Embassy of the Republic of. Washington. EUA, 1999.
DINAMARCA, Embaixada do Reino da. Brasília, 1998.
DJIBOUTI, Ambassade de la République de. Paris, França, 2002.
DOMINICA, Office of the High Commissioner for the Commonwealth of. Londres. UK, 2003.
EGITO, Embaixada da República Árabe do. Brasília, 2001.
EMIRADOS ÁRABES UNIDOS, Embaixada dos. Brasília, 2001.
EQUADOR, Embaixada da República do. Brasília, 2000.
ESLOVACA, Embaixada da República. Brasília, 1999.
ESPANHA, Embaixada do Reino da. Brasília, 1999.

ESTONIA, Embassy of the Republic of the. Washington. EUA, 1999.
FIJI ISLANDS, Embassy of the Republic of the. Washington. EUA, 2000.
FILIPINAS, Embaixada da República das. Brasília, 1999.
FINLÂNDIA, Consulado Geral da República da. São Paulo, 1999.
FINLÂNDIA, Embaixada da República da. Brasília, 2007.
FRANCESA, Consulado Geral da República. São Paulo, 1999.
GANA, Embaixada da República de. Brasília, 1999.
GOETHE, Instituto. São Paulo, 2000.
GRENADA, Embassy of. Washington. EUA, 2000.
GRÉCIA, Embaixada da [República Helênica]. Brasília, 1999.
GUATEMALA, Embaixada da República de. Brasília, 2000.
GUIANA, Embaixada da República Cooperativista da. Brasília, 1999.
GUINÉE, Ambassade de la République de. Paris, França, 2002.
HAITI, Embaixada da República do. Brasília, 2002.
HONDURAS, Embaixada da República. Brasília, 1999.
HUNGRIA, Consulado Geral da República da. São Paulo, 2000.
ICELAND, Embassy of . Washington. EUA, 2001.
ÍNDIA, Embaixada da República da. Brasília, 1999.
INDONÉSIA, Embaixada da República da. Brasília, 1998.
IRÃ, Embaixada da República Islâmica do. Brasília, 2005.
IRLANDA, Embaixada da República da. Lisboa. Portugal, 1999.
ISRAEL, Consulado Geral do Estado de. São Paulo, 1998.
ITALIANA, Consulado Geral da República. São Paulo, 1999.
ITALIANO, Instituto de Cultura. São Paulo, 1999.
JAMAICA, Consulado Honorario da. Buenos Aires. Argentina, 2002.
JAPÃO, Consulado Geral do. São Paulo, 1999.
KUAIT, Embaixada do. Brasília, 1999.
KYRGYZ REPUBLIC, Embassy of the. Washington. EUA, 2000.
LAO, Ambassade de la Republique Democratique Populaire. Paris. França, 2002.
LATVIA, Embassy of the Republic. Washington. EUA, 2000.
LESOTHO, Embassy of the Kingdom of. Washington, EUA, 2001.
LÍBANO, Consulado Geral do. São Paulo, 2000.
LIECHTENSTEIN, Fürstentun. Vaduz, Liechtenstein, 1999.
LITUÂNIA, Consulado Geral da República da. São Paulo, 2001.
LUXEMBOURG, Embassy of Grand Duch of. Washington. EUA, 1999.
MACEDONIA, Embassy of the Republic of. Washington, EUA, 2000.
MALÁSIA, Embaixada da. Brasília, 1999.
MALI, Ambassade de la Republique du. Paris. França, 2002.
MALTA, Ministry of Foreign Affairs of. Valletta. Republic of Malta, 2000.
MARROCOS, Embaixada do Reino do. Brasília, 1999.
MARSHALL ISLANDS, Embassy of the Republic of the. Washington. EUA, 2002.
MARTIUS-STADEN, Instituto. São Paulo, 2000.
MAURICE, Abassade de la République de. Paris. França, 2002.
MAURITANIA, Embassy of the Islamic Republic of, Washington, USA, 2000.

MÉXICO, Consulado Geral (dos Estados Unidos) do. Rio de Janeiro, 2002.
MIANMAR, Embaixada da União de. Brasília, 2001.
MOÇAMBIQUE, Embaixada da República de. Brasília, 2002.
MÔNACO, Consulado Geral de. São Paulo, 1999.
NAÇÕES UNIDAS, Centro de Informação das. Rio de Janeiro, 1999.
NAMIBIA, Embassy of the Republic of the. Washington. EUA, 2000.
NAMÍBIA, Embaixada da República da. Brasília, 2007.
NAURU HOUSE. Republic of Nauru. Melbourne, Austrália, 1999.
NEW ZEALAND, Embassy. Buenos Aires. Argentina, 1998.
NICARÁGUA, Consulado da República da. Brasília, 1999.
NIGÉRIA, Embaixada da República Federal da. Brasília, 2002.
NORUEGA, Embaixada Real da. Brasília, 1998.
PAÍSES BAIXOS, Consulado Geral do Reino dos. São Paulo, 1999.
PANAMÁ, Embaixada da República do. Brasília, 1999.
PAPUA NEW GUINEA, Embassy of. Washington. EUA, 2000.
PAQUISTÃO, Embaixada da República Islâmica do. Brasília, 2003.
PARAGUAI, Embaixada da República do. Brasília, 1998.
PERU, Consulado Geral da República do. São Paulo, 1999/2007.
POLÔNIA, Consulado Geral da República da. São Paulo, 2000.
PORTUGUESA, Embaixada da República. Instituto Camões. Brasília, 1999.
REINO UNIDO, Consulado Geral do. São Paulo, 2000.
REPÚBLICA TCHECA, Consulado Geral da. São Paulo, 2002.
ROMÊNIA, Embaixada da. Brasília, 1998.
RÚSSIA, Embaixada da Federação da. Brasília, 2001/2007.
SAN MARINO, Consulado Geral da República de. São Paulo, 2000.
SEYCHELLES, Ministry of Foreign Affairs of. Mahé, Republic of Seychelles, 2001.
SENEGAL, Consulado Geral da República do. São Paulo, 2000.
SÉRVIA, Embaixada da República da. Brasília, 2007.
SIERRA LEONE, Embassy of the Republic of. Washington. EUA, 2001.
SINGAPORE, Ministry of Foreign Affairs. Singapore City, 1999.
SÍRIA, Embaixada República Árabe da. Brasília, 2003.
SLOVENIA, Ambasciata della Repubblica di. Roma. Italia, 2001.
SLOVENIA, Embassy of the Republic of the. Washington. EUA, 2000.
SRI LANKA, Embassy of the Democratic Socialist Republic of. Washington. EUA, 2003.
SRI LANKA, Embaixada da República Democrática Socialista do. Brasília, 2002.
SUÉCIA, Embaixada Real da. Brasília, 1998.
SUISSE, Chancelarie de la Confédération. Bern, Suíça, 1999.
SURINAME, Embaixada da República do. Brasília, 1999.
TAILÂNDIA, Embaixada do Reino da. Brasília, 1998.
TAIPÉ, Consulado Geral de. São Paulo, 2000.
TANZANIE, Ambassade de la République Unie de. Paris. França, 2003.
THOMAS JEFFERSON, Casa. Instituto Cultural Brasil-Estados Unidos, Brasília, 2001.
TOGOLESA, Consulado Honorário da República. São Paulo, 2003.
TRINIDAD E TOBAGO, Embaixada da República de. Brasília, 1999.

TUNISIENNE, Ambassade de la République. Paris, França, 2004.
TURKMENISTAN, Embassy of. Washington. EUA, 2000.
TURQUIA, Embaixada da República da. Brasília, 1999.
UCRÂNIA, Consulado Geral da. Curitiba, 2002.
URUGUAI, Embaixada da República Oriental do. Brasília, 1999.
UZBEKISTAN, Embassy of the Republic of the. Washington. EUA, 2002.
VATICANO, Embaixada da Santa Sé – Estado do. Brasília, 1999.
VENEZUELA, Embaixada da. Brasília, 1999.
VIETNÃ, Embaixada da República Socialista do. Brasília, 2000.
ZAMBIA, Embassy of Republic of. Washington. EUA, 2000.
ZIMBÁBUE, Embaixada do. Brasília, 2007.
ZIMBABWE, Embassy of the Republic of. Washington. EUA, 2001.

SITES VISITADOS (PRINCIPAIS)

National Anthems: General Information, disponível em ‹http://david.national-anthems.net/›, acessos entre 2003 e 2007.
BRISTOW, M. J. National Anthems of the World Organization: Books, disponível em: ‹http://www.national-anthems.org/books.htm›, acessos em 2007.
The Eletronic Embassy, disponível em: ‹http://www.embassy.org/embassies/›, acessos em 2006.
The First National Anthems Forum in English on the Internet, disponível em: ‹http://www.nationalanthems.us/›, acessos entre 2005 e 2007.
WIKIPÉDIA: A Enciclopédia Livre, disponível em: ‹http://pt.wikipedia.org/›, acessos em 2006 e 2007.

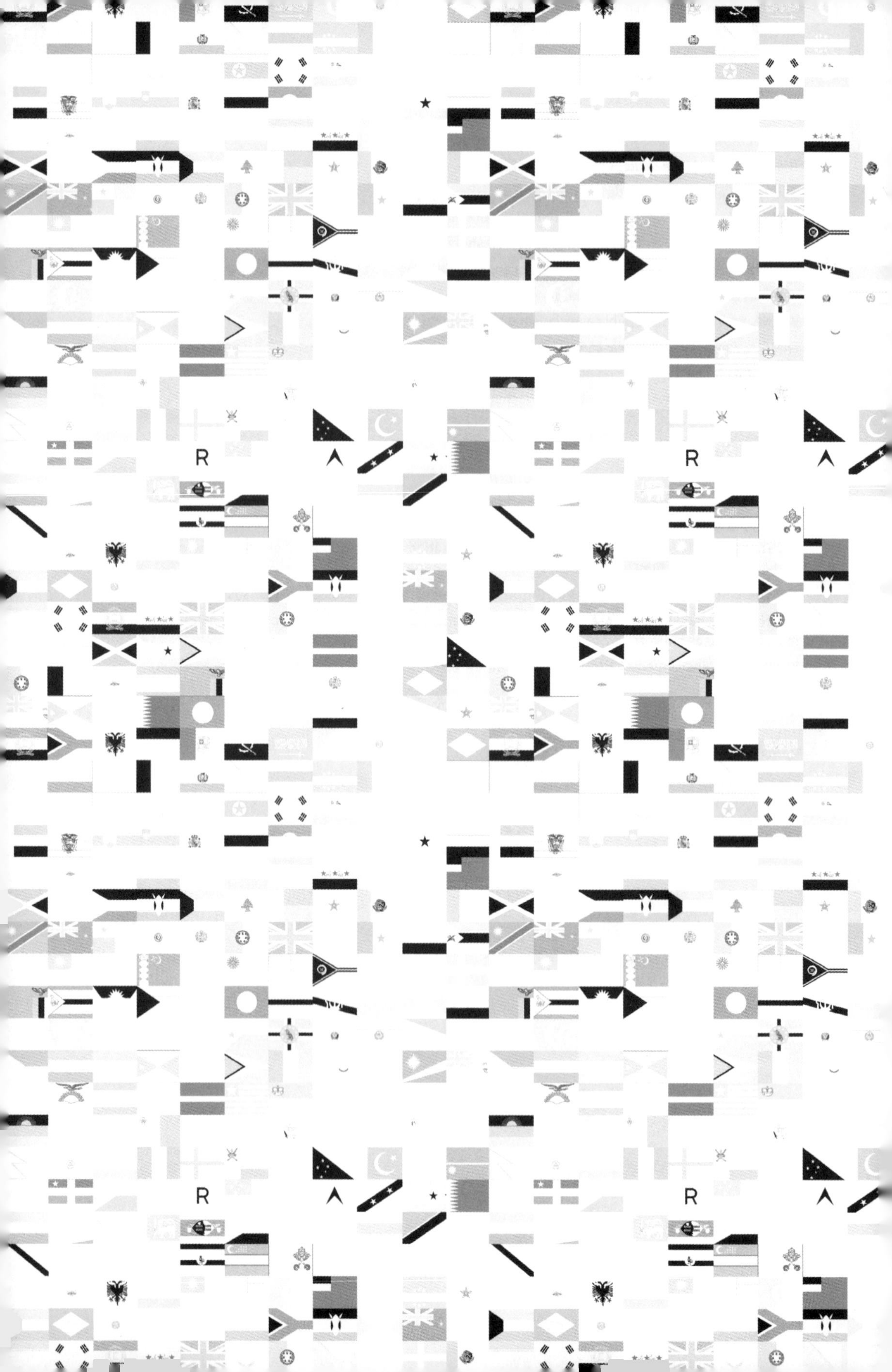